再検証

史料が語る新事実

書き換えられる日本史

村岡　薫　戸川　点

樋口州男　野口華世

武井弘一　藤木正史

／編著

小径選書 ❶

目次

【引用史料について】

①引用史料は書き下し文に改めた。

②漢字は新字体に改めた。

③適宜句読点を補った。

④ルビは新仮名遣いを用いた。

なお、ルビに関しては読者の便宜をはかり、編集委員の責任の下に、あえて総ルビを試みた。また、本文中においても、人名・歴史用語には極力ルビを多く振るよう心がけた。

1　天皇号はいつ成立したのか

●天皇号と木簡

「天皇」という称号はいつ成立したのだろうか。初代天皇の神武《じんむ》天皇の時以来だ、とお考えになる方もいるかもしれない。しかし、そもそも神武天皇は実在性に乏しく、こうした考え方には無理がある。それでは古代史の重要な史料である『＊日本書紀《にほんしょき》』は手がかりにならないのか。実は『日本書紀』の場合も神武天皇以来、天皇という称号を通時的に用いて記載しており、天皇号の成立を直接考えることはできないのである。そのため天皇号の成立時期には、＊欽明《きんめい》朝、推古《すいこ》朝、孝徳《こうとく》朝（大化改新《たいかのかいしん》）、天智《てんじ》朝、天武《てんむ》朝、持統《じとう》朝（飛鳥浄御原《あすかきよみはら》令《りょう》）、文武《もんむ》朝（大宝律令《たいほうりつりょう》）など多くの学説があった。そのような状況のなかで、一九九七（平成九）年に飛鳥池遺跡から出土した次の＊木簡《もっかん》は貴重な資料となった。

史　天皇聚（露カ）□弘寅□

〈奈良・飛鳥池遺跡出土木簡〉

右は何らかの出典に基づく文脈の可能性もあるが、そこには明らかに「天皇」と記されている。これとあわせて、「丙子《ひのえね》」という年代の特定できる木簡が同地で出土しており、これが六七六年にあたる。したがって天皇という称号はすくなくとも天武朝で成立していたことになる。また、これ以前の一九八五（昭和六十）年に出土していた木簡にも天武の子である大津《おおつ》に対して天皇号の成立を前提とした「皇」字が使用されている。

史　□大津皇

〈奈良・飛鳥京跡出土木簡〉

日本書紀　舎人《とねり》親王らが編纂《へんさん》した歴史書で、全三〇巻。神代から持統天皇の時代までを扱い、漢文、編年体（起きた出来事を年代順に記す記述方法）を採用。七二〇年成立。

〇〇朝　〇〇には天皇号が入り、多くはその天皇の在世期間を示す。

木簡　文字を記した木の札。墨書《ぼくしょ》によるものが多い。小刀で削ることで書き直しや再利用が可能だった。

この木簡は六八一年とみられる「辛巳年《かのとみのとし》」の木簡とあわせて出土しており、やはり天武朝の年代である。これらの史料によって天武朝に天皇号が使用されていたことは明白な事実となった。

しかし、これら二点の木簡は天皇号が天武朝に使用されていたことを示す資料であって、その時点での天皇号の成立をそのまま意味するものではない。今後、天皇関連のどのような同時代資料が発見されようと、よほどの記載内容がない限り先のような考えのなかにおさめるしかない。

●東アジア世界における「天皇」号

日本の天皇号の成立については、中国において先行する「天皇《てんこう》」という君主《くんしゅ》号、または道教《どうきょう》の観念を援用したという理解が主流である。中国では上元《じょうげん》元（六七四）年に唐の皇帝・高宗《こうそう》を「天皇」に、その皇后を「天后《てんごう》」に改称した記録がある。この「天皇」号を天武が採用したという考えである。時間的に不可能ではないがその可能性は低いであろう。なぜならば、日本は六六九年から七〇二年まで遣唐使《けんとうし》を派遣しておらず、この間の海外交流は唐ではなくおもに新羅《シルラ(しらぎ)》に限られているのである。その新羅でも、いくつかの金石文《きんせきぶん》*に「天皇」の銘文《めいぶん》があり、その新羅を経由して中国の「天皇」号が日本に伝わったとする説もある。またあるいは、東アジアにおける政府以外の交流のなかで「天皇」号の情報が日本にもたらされた、と考えるのも可能である。しかし、語句や情報の存在を証明しただけでは古代日本における天皇号採用の理由を説明していることにはならない。

そもそも日本と中国の君主観、すなわち天皇と皇帝との間には大きな違いがある。日本

金石文　金属や石などに刻まれた文字や文章のこと。文字の部分を彫る陰刻、文字以外の部分を彫る陽刻がある。石碑や刀剣銘、梵鐘《ぼんしょう》銘、板碑などがある。

の君主（天皇）が「神そのもの」であるのに対して（『*養老公式令《ようろうくしきりょう》』1詔書式条《しょうしょしきじょう》など）、中国の君主（皇帝）は天帝《てんてい》＝神から地上の支配を任された「統治権の代行者」である。代行者であるがゆえに不適格であればその更迭《こうてつ》が*易姓革命《えきせいかくめい》というかたちによって歴史上許されている。ところが、天皇家に姓がない日本では易姓革命は想定されず、天皇は覆《くつがえ》すことのできない絶対的秩序なのである。そのように「神」として設定されている日本の君主が、神（天帝）の「代行者」である中国の一時的な君主号「天皇」をコピーして成立したとすることは考えにくい。君主制としての論理がまったく異なるからである。

また、天皇号は中国の道教の観念に基づいて天武朝に成立したとみる学説も有力である。天武の*諡号《しごう》は「天渟中原瀛《あまのぬなかはらおきの》真人《まひと》」である。このなかの「瀛《えい／よう》」は道教で神山とされる「瀛《えい》洲山《しゅうざん》」に因《ちな》むものであり、これに続く「真人」は同地に住む仙人を意味する。これらの語句を諡号に採用していることから、天武は道教の観念に基づいて天皇という君主号を設定した、という解釈である。しかし、この説にも賛同しにくい。

まず「瀛」字であるが、その第一義は大海の意である（『大漢和辞典』当該項。以下、同じ）。確かに道教思想における瀛洲山の意味も存するがこれのみではない。また、「真人」の第一義は道教における仙人であるが、単に賢人、または仏教の真理を悟った人、という意味もある。両語句を必ずしも道教の観念でとらえずとも、別の解釈の成り立つ可能性もある。加えて、天武個人を表現した諡号と天皇制という国家システムの君主号に必ずしも相関性があるとは限らない。

右のように考えるのは、日本の天皇制には道教らしき要素はほとんど見出せないからで

『養老公式令』1詔書式条　養老律令の公式令の第一条は、詔書式といい、天皇の命令である詔《みことのり》やそれを記した文章である詔書について記された条文となっている。

易姓革命　中国の儒教に基づく王朝交替を説明する理論。君主（皇帝）は、天帝の命を受けて王朝を創始するが、その王朝が徳を失うと、天帝は別の者に天命を革《あらた》めて下し（革命）、王朝が交替する（易姓）。君主自らが位を譲る禅譲《ぜんじょう》、武力によってその位を追われる放伐《ほうばつ》がある。

諡号　君主の死後に奉る名前。その人の生前の事績に基づいて決められた。

ある。次の史料は、唐の皇帝＊玄宗《げんそう》が＊鑑真《がんじん》の渡航許可とあわせ、道士《どうし》（道教の僧侶）を派遣して日本での道教の布教を求めた際に示された遣唐使の返答である。

史 日本《にほん》の君王《くんしゅ》、先《さき》に道士《どうし》の法《ほう》を崇《あが》めず。

日本の君主である天皇は、これまで道教を崇拝してはおりません。

〈『唐大和上東征伝《とうだいわじょうとうせいでん》』〉

遣唐使の一行は、これまでの天皇が道教を信仰していないことを理由に、玄宗の要請を丁重に断ったのである。この言葉において、道教と天皇が切り離されていることがはっきりとわかる。そのほかの天皇関係の儀礼などからみても、天皇号制定における道教からの影響はないものと考えたほうがよい。

●古代日本の天皇号

その他、さまざまな中国・朝鮮の古代思想の影響を説く論考があるが、いずれも次の理由で却下される。これらすべての議論には天皇という語句が輸入された漢語であるという前提が必要であり、それ自体の証明がなされていないのである。そして、国語学的な見地からいえば天皇という語句はむしろ日本で創始された可能性のほうが高い。すなわち、天皇は日本に本来ある神祇《じんぎ》祭祀の思想に基づいたオリジナルの称号と考えたほうがよい。君主号に関する法制史料を中国と日本とで比較してみよう。

史 皇帝《こうてい》・天子《てんし》〈夷夏《いか》、通《つう》じて之《これ》を称《しょう》す〉 陛下《へいか》〈対揚《たいよう》・咫尺《ししゃく》・上表《じょうひょう》、通じて之を称す〉

※引用史料の〈 〉内は本文の注。以下、同じ。

〈『唐令《とうれい》』開元《かいげん》七年・二十五年令〉

「皇帝」「天子」とは異民族が用いる称号である。「陛下」とは君主の命令を天

玄宗 唐の第六代皇帝。その治世の前半は開元の治と呼ばれ善政を布《し》くが、後半は楊《よう》貴妃《きひ》を寵愛《ちょうあい》し、政争も激化、安史《あんし》の乱が起き、長安から成都へ逃れて退位を余儀なくされた。

鑑真 唐の時代の高僧。遣唐留学僧の栄叡《ようえい》らの招請《しょうせい》を受け、七五三年に来日。五度の渡航の失敗により失明。日本に戒律を伝え、東大寺戒壇院《かいだんいん》や唐《とう》招提寺《しょうだいじ》を創建した。唐招提寺の鑑真和上《わじょう》像は、日本最古の肖像彫刻。

下に下す、あるいは極めて近侍している場合、または上表文のなかで用いる称号である。

史 天子《てんし》〈祭祀《さいし》に称《しょう》する所《ところ》〉。天皇《てんのう》〈詔書《しょうしょ》に称する所〉。皇帝《こうてい》〈華夷《かい》に称する所〉。陛下《へいか》〈上表に称する所〉。〈『養老儀制令《ようろうぎせい*りょう》』一天子条〉

「天子」とは祭祀の場合に用いる称号である。「天皇」とは詔書の場合に用いる称号である。「皇帝」とは異民族に対して用いる称号である。「陛下」とは上表文のなかで用いる称号である。

唐令では「皇帝・天子↓陛下↓…」となっている用語・順番が、日本令では「天子↓天皇↓皇帝↓陛下↓…」となっている。これにより日本令が唐令を意図的に改変していることは明らかである。その日本令の筆頭にくる「天子」は『令義解《りょうのぎげ》』（養老令の注釈書）によれば日本の天神地祇《てんしんちぎ》を祭る際に称するものである。したがってこの場合の「天子」は中国のように天帝から地上支配を任されたという意味での天子ではなく、日本における「天《あま》つ神の御子《みこ》」（『続日本紀《*しょくにほんぎ》』文武元〔六九七〕年八月十七日条）という独自の意味をもつものである。先の養老儀制令によれば、この「天子」というオリジナリティを日本の君主＝天皇は第一義として設定されている。

これまでのことから、日本の天皇が中国の君主観念の流用ではなく、国内で独自に創造された君主であることがわかる。では、天皇号はいったいいつ成立したのであろうか。次の史料をみてみよう。

史 二月の壬寅《みずのとら》の朔《ついたち》、天皇《てんのう》、公卿《まえつぎみたち》等に詔《みことのり》して曰《い》はく、「卿《いましたち》等、天皇の世《よ》に仏殿《ぶつでん》・経蔵《きょうぞう》

律令 古代の刑罰法のことを律といい、行政法のことを令という。天智朝において、近江令が作成されたともいわれるが、持統朝の飛鳥浄御原令の施行を経て、七〇一年の大宝律令において本格的な律令が整備された。令には、朝廷の儀式に関する儀制令や、公文書の様式などを定めた公式令がある。

続日本紀 日本書紀に続く六国史《りっこくし》（飛鳥時代から平安時代初期に勅命で編纂された六つの正史）のひとつ。四〇巻。文武天皇から桓武《かんむ》天皇の時代を記す。七九七年成立。

を作《つく》りて月《つき》ごとの六斎《ろくさい》を行《おこな》へり。天皇、時々《ときどき》に大舎人《おおどねり》を遣《つかわ》して問訊《と》ひたまへり。朕《ちん》が世にも之《かく》の如《ごと》くせむ。故《ゆえ》に勤《いそ》しき心《こころ》をもちて仏法《ぶっぽう》を奉《たてまつ》るべし」とのたまふ。

〈『日本書紀』持統五（六九一）年二月一日条〉

二月一日、持統天皇は重臣たちを詔して言った。「お前たちは先の天武天皇の御世《みよ》に仏殿・経蔵を造って毎月六斎会《ろくさいえ》（殺生をひかえ、善事に励む精進の日）をおこなった。天武天皇は時々役人を派遣してこの様子をお尋ねになったものである。私の世でもそのようにしたいと思う。そのため誠意をもって仏教を信奉しなさい。」

右の史料では「天皇」が二人でてくる。在位中の持統とすでに亡くなっている天武である。通常は「天皇」といえば在位中の天皇を指し、この場合は持統がこれに該当する。しかし、その持統が重臣の前で先代の天武を単に「天皇」、天武朝を「天皇の世」と言っているのである。天武十四（六八五）年に先の記事に引用されている仏像・経典を整備して礼拝供養をさせる命令が出ているので（『日本書紀』同年三月二十七日条）、持統がいう「天皇」が天武を指すことはまちがいない。右の詔が発せられた状況において、在位中の持統ではなく、「天皇」が天武に特定される理由はいったい何なのであろうか。

これについては、天皇と呼称される人物がその時点で天武一人に特定できる、と考えるしかない。すなわち、右の時点では天皇とは天武であるという共通認識があり、そのため「天皇」＝天武の用法が成立しているのである。それは、その時点で天武が天皇と呼称された唯一の人物だからであり、天皇号自体が天武という強烈なカリスマと結びついて成立したためと考えられる。かりに、これ以前に天皇号が成立していれば天皇は複数いるわけで、単に天皇といってこれが天武個人を指す用法はとることができない。この史料解釈に基づけば天皇号は天武朝に成立したことになり、冒頭に示した二つの木簡の解釈とも合致する理解である。

●新たな君主制／天皇の創始

天武は、壬申《じんしん》の乱（六七二年）により天智王権を継承する大友皇子《おおとものおうじ》からいわばこれを奪い取るかたちで君主となった。そのため、以後における同様の反逆を阻止する新たな政治秩序、君主制の創出が課題となっていた。一方、対外関係においても旧・百済《ペクチェ（くだら）》を支配下に組み込んで対新羅関係の再構築をはかっており、王・大王を超越する君主号が必要であった。ここにおいて、天武は自身を天皇と称したのである。なお、その天皇という語義の由来については、西蕃《せいばん》（西方の異民族）に対する天子、自国の諸官人や公民に対する皇帝の意味を複合した、とする説があるが詳細はよくわからない。今後検討すべき課題であろう。

（関根　淳）

【引用史料刊本】

木簡―『木簡研究』一二号（一九九〇年）・二一号（一九九九年）
『唐大和上東征伝』―『寧楽遺文《ならいぶん》』下（東京堂出版）
『唐令』―仁井田陞《にいだたかし》『唐令拾遺』（東京大学出版会）
『養老律令』―『日本思想大系』（岩波書店）
『日本書紀』―『日本古典文学大系』（岩波書店）

【参考文献】

山尾幸久「古代天皇制の成立」(後藤靖編『天皇制と民衆』東京大学出版会、一九七六年)
東野治之「天皇号の成立年代について」(『正倉院文書と木簡の研究』塙書房、一九七七年)
関晃「中国的君主観と天皇観」(著作集四『日本古代の国家と社会』吉川弘文館、一九九七年)
大津透『古代の天皇制』(岩波書店、一九九九年)
関根淳「古代天皇制の成立と政変・国家」(『歴史学研究』八四六号、二〇〇八年)

2 藤原仲麻呂はどんな人物だったのか

●不恰好な書風

図1

「かなり右上りの緊張した字であるが、決して闊達《かったつ》とはいえず、宰相《さいしょう》の筆としては何か萎縮した感じさえ受ける。ややいじけた固苦しさが感じられる。」

藤原仲麻呂《なかまろ》（七〇六〜七六四）の筆跡を評してこう言ったのは岸俊男《きしとしお》氏である。全文が仲麻呂の自筆とされる天平宝字《てんぴょうほうじ》四（七六〇）年七月二十三日「東大寺封戸処分勅書《とうだいじふこしょぶんちょくしょ》」一三一字の墨痕《ぼっこん》は色濃くて力強いが、やはり極端に右上りしていることは気になる（図1）。そのほか仲麻呂の筆跡は署名のみ八点が伝わっており（図2—天平勝宝《てんぴょうしょうほう》八（七五六）年七月二十六日「東大寺《とうだいじ》＊献物帳《けんもつちょう》」など）、頭でっかちでゴツゴツしているのが特徴である。

署名は律令官人がもっとも頻繁におこなう書記作業であり、その筆跡には書き手の人間性もうかがい知ることができる。たとえば、仲麻呂が重用した安都雄足《あとのおたり》の署名などは、いかにも実務官人として書きなれた安定感あふれる字体である（図3—天平宝字元（七五七）

図2

献物帳　神仏に物品をささげる際に作成された目録リスト。東大寺献物帳は、聖武《しょうむ》太上天皇の没後にその遺品を東大寺に納めた際のもの。

図3

年十二月二十三日「越前国使等解《えちぜんのくにのつかいらの＊げ》」など）。日々数多《あまた》の書類に署名し、その実務処理の経験によって練り上げられた自負がそのような書風となって表れているのであろう。もちろん、そのような意味で雄足と比較するのは仲麻呂にとっては気の毒な話である。しかし、同時代のほかの官人の署名と比べてみても、仲麻呂のそれは不恰好な部類に入る。奈良朝政治史の主役の一人、革新的な政策を推進して日本の古代国家の最初のピークをつくりあげ、ついには反乱によって惨死した藤原仲麻呂とはいったいどういう人物であったのか。

●実践的な学問

政府が編纂《へんさん》した『続日本紀《しょくにほんぎ》』（以下、『続紀』と略記）に記載されている藤原仲麻呂の略伝を掲げよう。

史 押勝《おしかつ》は近江朝《おうみのみかど》の内大臣《うちのおみ》・藤原朝臣鎌足《ふじわらのあそんかまたり》の曾孫《ひまご》、平城朝《ならのみやこ》の贈太政大臣《ぞうだじょうだいじん》武智麻呂《むちまろ》の第《だい》二子《にし》なり。率性聡敏《そっせいそうびん》にして略書記《ほぼしょき》に渉《わた》る。大納言《だいなごん》阿倍少麻呂《あべのすくなまろ》に従《したが》ひて竿《さん》を学《まな》び、もっともその術《すべ》に精《くわ》し。
〈『続日本紀』天平宝字八（七六四）年九月十八日条〉

押勝（仲麻呂の別名）は天智《てんじ》朝の内大臣・藤原鎌足の曾孫で聖武朝の贈太政大臣・武智麻呂の第二子である。生来賢くてほとんどの書籍に通じていた。大納言・阿倍少麻呂にしたがって数学を学んでおり、もっともその法則に精通していた。

朝廷に反乱を起こして惨死した人物のそれとしては、望むべくもない高い評価であろう。その職務内容から当時の官人の学芸は文科系を中心に求められており、事実、先の略伝で仲麻呂も「略書記に渉る」とその方面での優秀さが認められている。そのなかで、数学

解 公式令に定められた文書形式のひとつ。下級役人から上級役人や太政官に意見を申し述べる際の書式。

（筭《さん》）の法則（術）に仲麻呂が精通していたことは注目に値する。

古代日本の数学は、ほかの諸学芸と同様に中国のそれを導入したものであった。その中心となっていたのが『九章算術《きゅうしょうさんじゅつ》』という中国の数学書である（『養老学令《ようろうがくりょう》』15書学生条《しょがくしょうのじょう》）。『九章算術』は後漢《ごかん》の初年ごろ（紀元一世紀）に編纂されたと考えられる例題集で、「方田《ほうでん》」「均輸《きんゆ》」「方程《ほうてい》」など表題の通り九章で構成されている。問題は全部で二四六題。田積《でんせき》など土地の測量法や税率の計算、均等な労働力の確保など非常に実践的な問題をあげてその計算、解法を求めている。ここで例として均輸法の章についてみてみよう。

均輸法とは前漢の武帝の時代、紀元前一〇四年に施行された地租を公平に徴収するための法令である。各地の粟米《あわこめ》の価格は等しくなく、その運搬費用も地域によって異なっている。これらの諸条件を考慮して租税の公平な徴収方法を求めるのである。このような状況で租税を公平に徴収するためには、各地の人民が納入するべき粟米の数量を市場価格と対比して計算し、労役《ろうえき》の対価とも調整をしなければならない。「均輸章」の第一・三・四題目は某地区各県から徴収する粟米の数量に関する問題である。また、同章の第二題目は運搬で徴発しなければならない役夫の人数を問題としている。このように、古代中国の数学は徴税や人夫の調達、土地開発のための測量などの社会的な実践課題のなかで形成されてきたものである。先の史料によれば仲麻呂はそれらの法則に精通していたのである。

●緻密な改革政策

仲麻呂が政治家として本格的に活動を開始したのは父・武智麻呂の死後、天平十三（七四一）年の民部卿《みんぶきょう》就任時と考えてよい。三六歳のときであった。民部卿とは土地や租税を担当する民部省の長官であり、国家財政上もっとも重要な役職である。天平十八（七四六）年に文官の人事を担当する式部卿《しきぶきょう》に転じるまでの約五年間、仲麻呂は同職を勤めあげた。

仲麻呂が民部卿在職中の天平十五（七四三）年、有名な墾田永年私財法《こんでんえいねんしざいほう》が発布される（『続紀』同年五月二十七日条）。すべての耕地を政府の所有とする公地主義を未開墾地にまで柔軟に拡大し、税収の増加をねらうものである。この政策を立案・推進した人物が史料上あきらかになっているわけではないが、それは藤原仲麻呂とみてまちがいないだろう。墾田永年私財法の発布の二十日ほど前、仲麻呂は参議《さんぎ》という国務大臣として国政に参加する立場になっている（『続紀』同年同月五日条）。墾田永年私財法を政府の新政策として推進していく時期と、これを担当する民部卿・仲麻呂の昇進の時期が重なっているのである。また同法令は仲麻呂の滅亡後に道鏡《どうきょう》（?〜七七二）によって停止されており（『続紀』天《てん》平《ぴょう》神護《じんご》元（七六五）年三月五日条）、これもやはり時期的に符合する。そして何より、この法令の中心となる部署が仲麻呂の管轄する民部省なのである。法令の発布・停止の時期やその内容から考えて、墾田永年私財法と民部卿・仲麻呂との関係を認めないわけにはいかない。

その二年後の天平十七（七四五）年、公廨稲《くげとう》が設置される（『続紀』同年十月二十七日条）。一種の租税である*公出挙《くすいこ》の未納が増加して財政上支障をきたしたので、その運用に一定のルールを与えてあらためてこれを正常化しようとしたものである。これは民間からの徴税強化策というより、地方財政の正常化を目指し、*国司《こくし》の不正な収奪を禁じたものとみ

公出挙　利子つきの稲などの貸借制度を出挙といい、律令制のもとで国家によるものを公出挙という。春に種もみを強制的に農民に貸し付け、秋の収穫時に元本とともに、五割の利子をつけて回収した。

国司　律令制において、中央から派遣されて各国の行政にあたった地方官。○○守・○○介・○○掾・○○目の四階級がある（○○の部分は「武蔵」などの国名）。

たほうがよい。表向きは「未納」と称して国司が私腹を肥やし、また規定外に私的な徴収をしていた可能性が高いからである。その後この政策は、仲麻呂が政権を掌握した天平宝字元（七五七）年に強化されている（『続紀』同年十月十一日条）。また、仲麻呂はこの年に雑徭《ぞうよう》を六〇日から三〇日に半減している（『続紀』同年八月十八日条）。雑徭は国司が地元で人民を架橋など公共の労役に駆使できる権限であり、国司はこれも私的に不正利用していたらしい。この利用規定を縮小、再確認することによって、それまで雑徭という名目で不正に吸収されていた民間の労働力に余力が生じることとなる。

　これら公廨稲の設置と雑徭の半減という二つの政策は、いずれも国司の私的な収奪を抑えて地方財政を合理的に運用することを目的としたものである。しかし、その結果として民間にはこれまでにない労働力が発生することになる。仲麻呂はその労働力が墾田永年私財法に基づく田地の開発に注がれることを期待したのである。つまり、公廨稲の設置と雑徭の半減の二つの政策は墾田永年私財法を補完するものであった。そして、この墾田永年私財法はその後の*院宮王臣家《いんぐうおうしんけ》の私的土地所有、中世の荘園公領制へとつながっていく。そのような意味で律令制本来の公地主義に見切りをつけ、これと対立しない私的土地所有権を認可した同法は重要である。墾田永年私財法と公廨稲の設置、雑徭の半減という一連の政策の内容と発想、連動性の背後に先の実践的な古代数学の素養を読みとることができるのではないだろうか。

　*橘奈良麻呂《たちばなのならまろ》の変《へん》（七五七年）の後、仲麻呂の権力はピークに達し、実にさまざまな改革が実行されていく。その象徴といえるのがすでに完成していた養老律令の施行《しこう》である

院宮王臣家　平安時代の初期、上皇・法皇・女院・親王などの皇親と、上級貴族の総称として使用された表現。有力農民と結びつき、大土地所有を展開した。

橘奈良麻呂の変　藤原仲麻呂を除こうとしたクーデター未遂事件。七五七年。密告により計画は露見、首謀者の奈良麻呂をはじめ逮捕された人物は拷問を受け、獄死した。

（『続紀』天平宝字元〔七五七〕年五月二十日条）。その目的は祖父・藤原不比等《ふじわらのふひと》の顕彰《けんしょう》などではなく、律令制を施行して半世紀以上が過ぎた当時の社会・政治情勢に対応しての法改正であり、同時に藤原氏における自らの正統性をアピールするものであった。その後、日本の古代国家は新たな律令を編纂することはなくこれが恒法《こうほう》となる。そのほか、官僚機構の再編や身分制の再構築など、仲麻呂のおこなった諸政策は奈良末期〜平安初期において確認、強化されるかたちで律令国家の完成にむけての骨組みとなっていく。秀才という型にはまっていたと評される仲麻呂であるが、それは時として先のような緻密な政策の連環となってあらわれており、それがその後の国家体制に大きな影響を及ぼしているのである。

●藤原仲麻呂という人間

先のような政治史の流れを仲麻呂個人に帰するのではなく、連綿と続く国家の政策史ととらえる見方はもちろん有効である。しかし、官僚や実務官人たちが立案した政策を実行に移すのは時の権力者であり、その取捨選択や成否は少数、あるいは個人の見識と判断にゆだねられる。その意味で、大幅な税制改革をふくむ仲麻呂の革新的な政治は彼にしか実行しえないものであった。仲麻呂が自己のなかで生み出す論理は緻密であり、またその政策は柔軟かつ合理的なものであった。彼は律令国家を一段階高いレベルに引き上げた人物といえ、その基礎をつくった祖父・藤原不比等と並んで高く評価されるべき人物である。

しかし、政敵に対する厳罰や晩年の＊孝謙太上天皇《こうけんだじょうてんのう》との反目、反乱の経過などをみると、周囲の感情を敏感に察知し、自己の置かれている状況を適切に判断する力には乏しかったといえる。そうでなければ、タイミングを逸した反乱や、「偽《いつわ》りて」「窃《ひそか》に」などと称され

孝謙太上天皇　阿倍内親王。父は聖武天皇、母は光明皇后。七四九年に聖武天皇の譲位により即位。淳《じゅん》仁《にん》天皇に譲位し、太上天皇（上皇）となると、道鏡を寵愛《ちょうあい》し、藤原仲麻呂と反目、ついには仲麻呂を滅ぼし、淳仁天皇を廃位させ、重祚《ちょうそ》して称徳《しょうとく》天皇となった。

る無謀な新天皇の擁立《ようりつ》（『続紀』天平宝字八年九月十八日・二十九日条）に踏み切ったことは理解しにくい。冒頭で紹介した仲麻呂の筆跡は自尊心を前面に出しており、周囲を威圧しようとしているかのようにみえる。このような書風が彼の運命を象徴しているとみるのは、ことさら不自然なことではない。

ここでは藤原仲麻呂という人物と政治について、その書風と学問という視点から考えてみた。歴史が人間の手によってつくられていくものである以上、このような史料の見方もまた新たな発見を生み出すものであろう。

（関根　淳）

【引用史料刊本】

『続日本紀』──『新日本古典文学大系』（岩波書店）

【参考文献】

岸俊男『藤原仲麻呂』（吉川弘文館、一九六九年）
『書の日本史』第一巻（飛鳥／奈良）（平凡社、一九七五年）
銭宝琮編／川原秀城訳『中国数学史』（みすず書房、一九九〇年）
東野治之「古代の書と文章」（『岩波講座　日本通史』六／古代五、岩波書店、一九九五年）
関根淳「藤原仲麻呂と安都雄足」（『続日本紀研究』三〇四号、一九九六年）
春名宏昭「藤原仲麻呂政権下の品部・雑戸と官奴婢」（義江彰夫編『古代中世の政治と権力』吉川弘文館、二〇〇六年）

3 早良親王は自殺したのか

●藤原種継暗殺事件

延暦《えんりゃく》四（七八五）年九月二十三日、中納言、そして長岡《ながおか》京の造宮長官だった藤原種継《たねつぐ》が何者かによって暗殺された。首謀者は長岡京遷都《せんと》に批判的な大伴《おおとも》氏らとされ、さらに当時皇太子であった早良親王《さわらしんのう》も関与が疑われた。その結果、早良親王は廃太子《はいたいし》となり、淡路《あわじ》に配流《はいる》される途中で亡くなっている。

この一連の事件については高校教科書にも記載され、また早良親王が「怨霊《おんりょう》」化したとも伝えられていることから、ご存知の方も多い事件であろう。

ところがこの事件、有名な割には真相はいまひとつはっきりしない事件なのである。ここでは、近年注目されている史料等も利用しながらこの事件の真相について迫ってみよう。

まず、この事件に関する基本的史料である『続日本紀《しょくにほんぎ》』の記事をみてみよう。

史（二十三日条）中納言正三位兼式部卿藤原朝臣種継《ちゅうなごんしょうさんみけんしきぶきょうふじわらのあそんたねつぐ》、賊《ぞく》に射《い》られて薨《こう》ず。

（二十四日条）車駕《きょが》（桓武天皇）平城《なら》より至《いた》りたまう。大伴継人《おおとものつぐひと》、同《おな》じく竹良《ちくら》あわせて党与《とうよ》数十人《すうじゅうにん》を捕獲《ほかく》し、推鞫《すいきく》する。並《なら》びに皆承伏《みなしょうふく》す。法《ほう》により推断《すいだん》して、或《ある》いは斬《ざん》し或いは流《る》す。それ種継は……初《はじ》め首《しゅ》として議《ぎ》を建《た》てて、都《みやこ》を長岡《ながおか》に遷《うつ》さんとす。宮室《きゅうしつ》草創《そうそう》するも百官未《ひゃっかんいま》だ就《な》らず。匠手《しょうしゅ》・役夫《えきふ》、日夜兼作《にちやけんさく》す。平城に行幸《ぎょうこう》するに至りて、太子《たいし》（早良親王）及《およ》び右大臣《うだいじん》藤原朝臣是公《これきみ》、中納言種継等《ら》。みな留守《るす》となれり。炬《ともしび》を照《て》らして催検《さいけん》するに、燭下《しょくか》に傷《きず》を被《お》いて、明《あ》くる日《ひ》、第《てい》に薨ず。
〈延暦四年九月二十三日・二十四日条〉

（二十三日条）中納言正三位兼式部卿藤原朝臣種継が賊に射られて死去した。

（二十四日条）桓武《かんむ》天皇が平城京より戻られた。大伴継人、竹良ら数十人を捕獲し、取り調べたところ、皆犯行を認めたので法により斬刑・流刑などに処した。種継は長岡遷都を提案した者である。宮室は作られたが、まだ工事は続いていた。桓武天皇が平城京に行幸する際、早良親王及び右大臣藤原是公、中納言種継らが留守を守っていた。種継は夜中、巡検している際に傷を被り、翌日死去した。

二十三日条は、種継が暗殺されたという事件を伝えるもの。二十四日条は、犯人として大伴継人や大伴竹良らが捕まったことを伝えるとともに、やや詳細に事件を伝えている。二十四日条によれば、種継は長岡京遷都を発案して工事を推進していた。桓武天皇が平城京に行幸した際にも、早良親王、右大臣藤原是公《これきみ》らとともに長岡京に留まり、夜間工事状況を視察していたが、その際に傷を被って翌日亡くなったことがわかる。

この事件は、その後の取調べで意外な展開を遂げる。まず首謀者として、前月である八月二十八日に亡くなったばかりの大伴家持《やかもち》の名があがる。さらには皇太子早良親王も関与していたとされ、捕らえられてしまう。この事件がわかりにくいのはこれらの点である。まず大伴家持は亡くなる直前、蝦夷《えぞ》征討《せいとう》のために陸奥《むつ》にいたはずであり、種継暗殺計画にどの程度関わっていたのか、不明である。大伴継人らが関与していたために、一族の重鎮として家持の名もあげられたのではなかろうか。

●早良親王は犯人か

それ以上に悩ましいのが早良親王が関与したかどうかである。この問題については二通りの考え方ができる。ひとつは、無実の早良親王が濡れ衣を着せられたという考え方である。桓武には実子安殿《あて》親王（後の平城《へいぜい》天皇）がいた。彼を皇太子にするには現在皇太子となっている早良親王が邪魔である。そのために種継暗殺という不幸な事件を桓武側が利用、早良親王に濡れ衣を着せ、皇太子の座を奪ったと考えることができる。

もうひとつは、実際に早良親王が種継暗殺に関わったというものである。実は、早良親王にはこの事件への関与を想定させるような前歴があるのである。それは若いころ出家をしていたという事実である。若いころ彼は大安寺《だいあんじ》・東大寺《とうだいじ》に居住し、＊親王宣下《しんのうせんげ》以後も＊還俗《げんぞく》せず親王禅師と呼ばれていたのである。その後還俗したが、東大寺との密接な関係は維持されていた。

桓武天皇は、平城京諸寺院の長岡京への移転や寺院の新造を認めていなかった。そのため、平城京諸寺院は長岡遷都反対の意向をもっていた。こうした諸寺院の意向の代弁者として早良親王が遷都反対を唱えていた可能性は十分考えられ、さらには事件に関与していたことも考えられるのである。

このように、早良親王の関与については二通り可能性が考えられるのである。では、どちらの説が正しいのだろうか。ここで早良親王に関する史料をみてみよう。『続日本紀』には早良親王を廃太子にしたという史料しかなく、この間の事情をうかがうことはできない。

親王宣下　親王と称することを許す宣司《せんじ》（命令書のひとつ）を下すこと。親王宣下がないと皇子でも親王とはなれなかった。

還俗　僧が俗人に戻ること。

そこでここでは『＊日本紀略《にほんきりゃく》』をみてみよう。

史 この日《ひ》、皇太子《こうたいし》……乙訓寺《おとくにでら》に出《いだ》し置《お》かしむ。これより後《のち》、太子自《みずか》ら飲食《いんしょく》せず、十余《じゅうよ》日《にち》を積《つ》む。宮内卿《くないきょう》石川垣守《いしかわかきもり》等《ら》を遣《つか》わし、船《ふね》に駕《ぎょ》し淡路《あわじ》に移送《いそう》せしむ。高瀬橋《たかせばし》の頭《ほとり》に至《いた》るころ、すでに絶《た》ゆ。屍《しかばね》を載《の》せて淡路に至りて葬《ほうむ》ると云々《うんぬん》。

〈延暦四年九月二十八日条〉

この日、早良親王を乙訓寺に置いたが、これ以後早良親王は飲食を断った。石川垣守らが船に乗せ淡路に移送するが、高瀬橋あたりで死去した。屍は淡路に葬った。

早良親王は、種継暗殺に関与しているとして乙訓寺に幽閉されたのである。ところがその後、早良親王は抗議のために自ら飲食を断った。そしてその結果、淡路に移送される途中で絶命したのである。自らの意志で絶命するまで絶食するというのは、よほどの強い抗議の意志がなければできないことだろう。ここまで強く抗議していることから見ると、早良親王が事件に関与していたとは考えにくいのではないか。この史料からはこのように考えられよう。

ところがこれとは全く異なる史料も存在するのである。「大安寺《だいあんじ》崇道《すどう》天皇《てんのう》御院《ぎょいん》八嶋《やしま》両所《りょうしょ》記文《きぶん》」に次のような記事がある。

史 埼唐律寺《（読み不明）》において小室《しょうしつ》に居《す》えしめ、固《かた》めてもって守衛《しゅえい》し、七日七夜《なのかななよ》水漿通《つう》ぜす。しかるにすなわち淡路《あわじ》に配流《はいる》す。船《ふね》に乗《の》り梶原寺前《かじわらでらまえ》に下向《げこう》す。筆《ふで》を召《め》し取《と》り作文《さくぶん》を御《ぎょ》製《せい》す。世路《よみち》多《おお》くこれ冷《つめ》たく、栄名《えいめい》また常《つね》に無《な》し。二三の我《わ》が弟子《でし》、別《わか》れたる後西方《のちさいほう》

日本紀略　平安後期成立の歴史書。三四巻。前半は六国史を抄録して作られ、六国史に欠けている点を補うことがある。

に会《あ》わん。即《すなわ》ち十月《がつ》十七日《にち》をもって海上《かいじょう》に薨《こう》ず。

〈醍醐寺本《だいごじぼん》『諸寺縁起集《しょじえんぎしゅう》』〉

埼唐律寺の小室に早良親王を入れ、固く守衛し、七日七夜水などを与えなかった。その後淡路に配流したが、梶原寺前で早良親王が作文を御製した。その作文は「世路多く冷たく、栄名も常ではない。二三の我が弟子よ、死別の後に西方浄土で会おう」というものだった。その後十月十七日海上にて死去した。

これは承保《しょうほ》三（一〇七六）年ごろに記されたものと考えられるので、事件よりかなり後世のものであるが、『日本紀略』とはだいぶ違う状況を伝えている。この史料によれば、早良親王は小室に押し込められ、七日七晩一切水分を与えられずに死に追いやられたことになる。この史料に注目した西本昌弘氏は、*『水鏡《みずかがみ》』下巻、桓武天皇条に「東宮《とうぐう》ヲ乙訓寺《おとくにでら》ニ押《おし》籠《こめ》奉《たてまつり》、供御《くご》ヲ止《やめ》奉リ給《たま》ヘリシニ」とあること、大同《だいどう》二年のいわゆる*伊予親王《いよしんのう》事件の処理について『日本紀略』大同二年十一月二日条に「（親王らを）一室《いっしつ》に幽《かく》し、飲食《いんしょく》を通《つう》ぜず」とあり、桓武治世直後の平城治世下で、同じ謀反の罪に問われた親王らが一室に監禁され、飲食を停《と》められていることなどから、早良親王についても自ら飲食を断ったのではなく、水分を与えられなかったために食物も取れずに衰弱死に至ったのであろうと指摘している。

氏が指摘するように、この史料のほうが真実を伝えているとすれば、早良親王が種継暗殺事件に関与していた可能性も出てくるのかもしれない。もちろん、この場合も桓武側が無実の早良親王に罪を着せて水分を与えずに葬ったとの解釈もできるのだが。

現状ではこの問題についてこれ以上明らかにすることはできないのだが、史料によって歴史像は大きく変わるのである。

水鏡　平安後期成立の歴史物語。

伊予親王事件　桓武天皇の皇子伊予親王が大同二（八〇七）年に謀反を企てたとして処罰された事件。

●『続日本紀』の史料性

さて、そもそもこの事件の真相がわかりにくい背景には、基本となる史料をめぐる政治的な問題がある。通常、奈良末・平安初期に関してもっとも基本となる史料は『続日本紀』である。『続日本紀』はよく知られるように延暦十年、桓武《かんむ》天皇の命によって編纂《へんさん》されたもので、つまり桓武が自身の治世についても記述させているものである。そのため、桓武にとって記載したくないことは削られることになる。この種継・早良親王に関する記事もそうした史料のひとつなのである。最後に『続日本紀』に続く正史である『日本後紀《にほんこうき》』の記事からその点をみてみよう。

史 また続日本紀《しょくにほんぎ》に載《の》する所《ところ》の崇道天皇《すどうてんのう》(早良親王)と贈太政大臣藤原朝臣《ぞうだいじょうだいじんふじわらのあそん》(種継)と好《このま》しからぬ事《こと》を皆《みな》ことごとく破却《はきゃく》賜《たま》いてき。しかるに更《さら》に人言《じんげん》によりて破却のこと本《もと》の如《ごと》く記《しる》し成《な》す。これもまた礼無《れいな》きのことなり。今《いま》、前《さき》のごとく改正《かいせい》の状《じょう》、参議正四位下《さんぎしょうしいのげ》藤原朝臣緒嗣《おつぐ》をつかわし畏《かしこ》み畏みも申《もう》したまわくと奏《そう》す。

〈『日本後紀』弘仁元（八一〇）年九月十日条〉

また桓武天皇は続日本紀に載る早良親王と藤原種継の好ましからぬことを皆削除した。しかし、種継の子供である仲成《なかなり》・薬子《くすこ》らはその削除された記事を本の如く記した。しかしこれもまた礼無きことであるので嵯峨《さが》天皇が桓武天皇が削除された状態に戻し、藤原緒嗣を桓武天皇の陵墓《りょうぼ》につかわして報告させた。

これは、八一〇年に起こった平城太上天皇《へいぜいだじょうてんのう》の変を解決した嵯峨天皇が、桓武天皇陵に奉《ほう》告《こく》した宣命《せんみょう》の一部である。平城太上天皇の変とは薬子の変ともいい、藤原種継の子藤原仲成、薬子兄弟が平城太上天皇と結んで平城太上天皇の重祚《ちょうそ》を画策《かくさく》した事件である。その計画を阻止した嵯峨天皇は、事件の処理について報告するとともに『続日本紀』に関することの報告もおこなったのである。

この記事によれば、本来『続日本紀』には早良親王と藤原種継とが対立したことが書かれていたが桓武天皇自身が破却してしまった。ところが平城天皇の時代になり、種継の子の仲成・薬子兄妹が権力を握ると父種継を顕彰する意図からか、桓武天皇が破却した部分をもとの如く復元した。これに対して、嵯峨天皇は礼無きこととして桓武天皇が破却した形に戻したというのである。このように早良親王と種継に関する記事は桓武天皇自身によって破却されていたのである。そのために『続日本紀』のこの事件に関する記事は少なく、詳細をつかみにくいのである。

（戸川　点）

【引用史料刊本】

醍醐寺本『諸寺縁起集』—藤田経世《つねよ》編『校刊美術史料』寺院編上巻

【参考文献】

西本昌弘「早良親王薨去の周辺」（『日本歴史』六二九号、二〇〇〇年）

高田淳「早良親王と長岡遷都」（林陸朗先生還暦記念会編『日本古代の政治と制度』続群書類従完成会、一九八五年）

山田英雄「早良親王と大安寺」（『南都仏教』一二、一九六二年）

北山茂夫「藤原種継暗殺事件の前後」（『日本古代政治史の研究』岩波書店、一九五九年）

4　健児は軍団兵士に取って代わった兵制か

●律令軍団兵士制停廃の官符について

桓武天皇の平安京への遷都《せんと》を二年後に控えた延暦《えんりゃく》十一（七九二）年、軍団兵士制が陸《む》奥《つ》・出羽《でわ》・九州諸国などの辺要地を除き廃止された。

史 夫《そ》れ、兵士《へいし》の設《もう》け非常《ひじょう》に備《そな》う、＊伝馬《つたえうま》の用《よう》は行人《こうじん》に給《たま》う。しかるに＊軍毅《ぐんき》は非理《ひり》に役《えき》使《し》し、国司《こくし》はほしいままに乗用《じょうよう》す。いたずらに公家《こうけ》の費《ついえ》をいたす、かえって奸吏《かんり》の資《し》となす。つらつら此《こ》れを言《い》うに弊《へい》と為《な》し良深す。よろしく京畿《けいき》及《およ》び七道諸国《しちどうしょこく》の兵士伝馬並《なら》びに停廃《ていはい》し以《も》って労役《ろうえき》を省《はぶ》くべし。但《ただ》し陸《む》奥《つ》出《で》羽《わ》佐《さ》渡《ど》等《など》の国《くに》及び大宰府《だざいふ》は、地《ち》これ辺要《へんよう》儲なくべからず。有《あ》るところの兵士よろしく旧《もと》によるべし。

〈＊『類聚三代格《るいじゅうさんだいきゃく》』延暦二十一年十二月日官符所引の延暦十一年六月七日勅書〉

兵士は非常事態に備えて設けているものであり、伝馬は行人のために給うものである。しかし、軍団を統率する軍毅はかってに兵士を使役し、国司は郡衙《ぐんが》に置かれた逓送《ていそう》用の伝馬に気ままに乗用している。これらは国家の浪費であり、かえって悪賢い役人のために使われて弊害ばかりが大きい。そこで、京畿及び七道諸国の兵士制と伝馬制を廃止する。ただし、陸奥出羽佐渡及び大宰府管内などの辺要地の兵士制は除く。

その七日後に次のような官符が出されている。

伝馬　使者や物資、情報などを輸送・伝達する交通制度。

軍毅　律令制において諸国に設置された軍事組織である軍団の、長官（大毅）、副官（少毅）をさす。

類聚三代格　平安中期に成立した法令集。弘仁《こうにん》格・貞観《じょうがん》格・延喜《えんぎ》格を集大成し、分類・整理した。格とは、律・令を補足、修正するために出された法令のこと。

史 太政官符《だじょうかんふ》す

健児《こんでい》を差《さ》すべき事《こと》

大和国《やまとのくに》三十人《にん》……。以前《いぜん》、右大臣《うだいじん》の宣《せん》を被《こうむ》り称《しょう》す、勅《みことのり》を奉《たてまつ》るに、今諸国兵士《いましょこくへいし》、辺《へん》要地《ようち》を除《のぞ》くの外《ほか》、皆停廃《みなていはい》に従《したが》う。その兵庫鈴蔵《*ひょうごれいぞう》及《およ》び国府《こくふ》等の類《たぐい》、よろしく健児《*こんでい》を差《さ》し以《も》って守衛《しゅえい》に宛《あ》てるべし。よろしく郡司子弟《ぐんじしてい》を簡差《えらびさ》して番《ばん》を作《つく》りて守《まも》らしむべし。

〈『類聚三代格』延暦十一年六月十四日官符〉

健児を差発すべき事。

大和国三〇人……。以前（延暦十一年六月七日勅書）、右大臣の宣に勅を奉じた。（その内容は）今、辺要地を除く諸国の兵士制が廃止された。そこで、兵庫や鈴蔵及び国府などは健児を差発《さはつ》して守衛させるようにする。その健児には郡司子弟を選んで差発し当番で守らさせるようにする。

右の延暦十一（七九二）年六月七日の勅書は陸奥・出羽・九州などの辺要地以外の軍団兵士を停廃したものであり、六月十四日の官符はその停廃措置を受けて、軍団兵士に代わって健児の国ごとの差発《さはつ》人数とその任務を規定したものである。

この一連の政策については、史料のなかにみえるように、軍団兵士が軍毅などによる私《し》役《えき》により弱体化するなかで、有名無実化した軍団兵士制を廃止し、かわって少数精鋭で騎馬兵中心の健児軍を新兵士制として創出したものと考えてきた。さらに、廃止した軍団兵士役などを他の徭役《ようえき》にあてることで、国家収入の増大を図ったもの、とする説も唱えられている。また、この時期には中国唐の衰亡にともない国際的緊張関係も緩和され、軍団の

兵庫鈴蔵　兵庫は古代の武器庫、鈴蔵は官吏の出張時に朝廷から支給された鈴（駅鈴）を納めた蔵。

健児　七九二年軍団兵士制停廃にともない、兵庫や国府などの要衝地守衛にあてられた地方兵制。以前にも七二〇～七三〇年代、七六〇年代に設置。

存在理由そのものが失われつつある状況となっていたことも、無用の長物化していた軍団兵士制の廃止の理由にあげられてきた。

このような考えは、高校日本史の教科書においても、「七九二（延暦十一）年には東北や九州などの地域をのぞいて軍団と兵士とを廃止し、かわりに郡司の子弟や有力農民の志願による少数精鋭の健児を採用した」〈『詳説日本史B』山川出版社〉と記述しており、今日ではほぼ通説的な理解となっている。しかし、この考えでは、軍団兵士制の主要な役割が健児の肩代わりした兵庫・鈴蔵・国府の守衛など、国内の重要施設の守備警固にあったと限定されて理解されている。はたして律令の軍団兵士制の役割は、そのような国内の守備警固的な警察的機能だけであったのだろうか。はじめに軍団兵士の本来の役割から検討してみよう。

●軍団兵士の役割

*大宝律令《たいほうりつりょう》が施行されて間もない慶雲《けいうん》元（七〇四）年に、次のような勅がでている。

史 勅《みことのり》したまはく、「諸国《しょこく》の兵士《へいし》は、団別《だんごと》に分《わか》ちて十番《じゅうばん》とし、番ごとに十日《とうか》、武芸《ぶげい》を教《おし》へ習《なら》はせて、必《かなら》ず斉整《ととの》へしめよ。令《れい》の条《じょう》より以外《ほか》は、雑《くさぐさ》に使《つか》うこと得《え》ざれ。……」

とのたまふ。〈*『続日本紀《しょくにほんぎ》』慶雲元年六月三日〉

諸国に設けられた兵士は、軍団ごとに十番に分け、番ごとに十日、武芸の教習を習い、必ず斉一に整えるように。兵士は律令に定める以外に勝手に使役してはいけない。

この勅は*軍団兵士で衛士や防人に差点された者以外の、国内にとどまる兵士の軍団への

大宝律令　七〇一年日本において律と令が初めて一緒に編纂された法典。律は刑罰、令は行政組織・官吏の勤務規定や人民の租税・労役など多岐にわたる。

続日本紀　六国史の二番目で、四〇巻。七九七年に菅野真道《すがののまみち》、藤原継縄《つぐただ》らが編纂。六九七年から七九一年までを記す。

軍団兵士　成人男性三～四人に一人の割合で徴発され、国内の軍団で訓練を受けた。

上番《じょうばん》について定めたものである。軍団に所属する兵士を十番に分けて、一番ごとに十日間の武芸の教習をおこない、兵士全員の訓練が均一均質になるように命じたものである。この上番兵士による武芸教習については、大宝律令成立前の持統三（六八九）年に、「兵士《へいし》は、一国《(団カ)》毎《ごと》に、四つに分《わか》ちて其《そ》のひとつを点《さだ》めて、武事《つはもののわざ》を習《なら》はしめよ」〈『日本書紀』*持統《じとう》三年閏《うるう》八月十日〉とみえる武事と同じものと考えられる。「一国《(団カ)》毎に、四つに分ちて其のひとつを点めて」も慶雲元年の記事と同様に兵士の国内上番についての規定と理解できる。この二つの記事は律令軍制の成立期のものであるが、兵士が差発されて軍団に上番する最大の目的が統一的な武芸の教習にあったことを示している。

しかし、律令軍制を規定した軍防令《ぐんぼうりょう》などには、上番兵士の役割としては軍団兵庫の修理・守掌《しゅしょう》、城隍《じょうこう》の修理、軍団兵器の定期的修理と破損兵器の修理、管内の関の守固《しゅこ》などをあげているが、武芸の教習については触れていない。だが、天平勝宝《てんぴょうしょうほう》五（七五三）年の官符には、「其《そ》の番上《ばんじょう》の兵士《へいし》、国府《こくふ》に集《あつ》らむ日《ひ》、国司次官《こくしすけ》巳上《いじょう》□教習《きょうしゅう》□止節度《せつど》、兼《かね》て剣《つるぎ》を撃《つ》き槍《ほこ》を弄《ろう》す、弩《おおゆみ》を発《はっ》し石《いし》を抛《なげう》つ」〈『類聚三代格《るいじゅうさんだいきゃく》』天平勝宝五年十月二十一日官符〉とみえ、軍団で武芸の教習を受けた上番兵士が、国府に集合して国司から試練を受けたようすが記されている。先の持統三年、慶雲元年の記事とあわせ、上番兵士の軍団での主要な任務が武芸の教習、すなわち非常時に備えた軍事訓練にあったことがわかる。

そこで、上番兵士に課せられた教習内容をみてみたい。

●軍団兵士の武芸教習の内容

先の天平勝宝五年の官符では「剣を撃き槍を弄す、弩を発し石を抛つ」とあり、武芸教

日本書紀　六国史の最初。全三〇巻。七二〇年舎人《とねり》親王らが撰し、神代から持統《じとう》天皇までを記す。

習の内容の一端を知ることができる。さらに後世のことになるが、元慶《がんぎょう》三（八七九）年三月、出羽《でわ》権守《ごんのかみ》の藤原保則《やすのり》が、かつて延暦年中（七八二〜八〇五）に出羽国に派兵されていた上野《こうづけ》・下野《しもつけ》の兵士と、元慶三年当時の出羽陸奥の兵士を比較してその質の悪さを嘆いている。その奏言《そうげん》のなかで、元慶三年時の兵士は、「会合《かいごう》に参差《しんし》あり、整頓《せいとん》に妨《さまた》げ有《あ》り、或《あるい》は陣《じん》に臨《のぞみ》ては、列《れつ》し難《がた》し、或は鼓《つづみ》を聴《き》くに迷《まよ》い易《やす》し」〈*『日本三代実録《にほんさんだいじつろく》』元慶三年三月二日〉と述べている。このことは、裏返せば延暦年中までの上野・下野国の兵士は、期日までに参集し、軍列も一糸乱れず、鼓音の合図で迷うことなく軍事行動がとれたのである。天平勝宝五年や延暦年中の記事からわかるように、進退動静の基本動作に習熟し実戦に耐えうる戦闘力に鍛え上げられた兵士が受けた訓練こそが、国内上番時の武芸教習の内容であったとみられる。このように上番兵士が軍団で受ける教習内容は、武器具を用いた戦闘訓練や鼓吹の音にあわせて軍の隊列を乱さずに進退動静するもので、それは歩兵を基本とした集団戦の訓練であった。このような教習内容は、対外戦（征戦）を想定したものと考えざるをえない。

　このように軍団では、上番兵士による対外集団戦を想定した基本的訓練を施していたのであり、軍防令などに規定する守衛・修理・追捕《ついぶ》・逓送《ていそう》などの兵士の役務は副次的なものであったと考えられる。平常時に、兵士は番を作って軍団に上番し武芸の教習を重ねていたのであり、いわば征軍要員として養成確保されていたのである。そのため軍団における軍事訓練も歩兵の集団戦法など、その内容は対外戦（征戦）を想定したものであったと考えざるをえない。このことは、律令軍団兵士制が一義的には対外的な征戦を想定した軍事

日本三代実録　六国史のひとつ。五〇巻。清和《せいわ》・陽成《ようぜい》・光孝《こうこう》の三天皇の時代を記す。宇《う》多《だ》天皇の命令により、菅原道真《みちざね》らが編纂にあたった。

組織であり、国内の主要施設などの警備を中心とした警察的な機能任務は二次的なものであったことを示している。

●坂東の安危この一挙に在り

ここで延暦十一（七九二）年の軍団兵士制停廃にもどって考えてみたい。この政策は先にみたように、軍毅などによる兵士の私役によって兵士制が弱体化していたので廃止して、代わって少数精鋭で騎兵中心の健児《こんでい》軍を新兵制として編成したものと考えてきた。しかし、先にみたように健児に肩代わりさせた兵庫・国府などの要衝地警固は、停廃された軍団兵士の二次的な任務に過ぎないのであり、それよりも軍団兵士は武芸の教習を受けた征軍要員としての役割が大きかったのである。だが、その役割も当時の中国唐は衰退が著しく、朝鮮の新羅とは良好な関係にあり、国際的な緊張も緩和しており、減退していたようにもみえる。

しかし、東北地方の蝦夷《えみし》とは極度の緊張関係にあった。延暦年間は征夷《せいい》と造都の事業に象徴される桓武天皇の治世であり、実際に大規模な征夷が延暦八（七八九）年、十三（七九四）年、二十（八〇一）年の三回おこなわれている。桓武朝の征夷は、蝦夷の反乱に起因するものではなく、蝦夷の生活圏への支配領域の拡張に主眼をおいた軍事侵攻であり、計画から実施まで数年の準備期間を要している。徴発された征夷軍兵士も延暦八年には五万二八〇〇人以上、十三年には一〇万人、二十年には四万人という大規模なものであった。折しも、軍団兵士制が停廃された延暦十一年は、その三年前の延暦八（七八九）年の征夷戦で大敗した政府が、再度の征討準備を推し進めている最中のことであった。

蝦夷　古代の東北地方を中心とした地域の住民に対する呼称。

延暦八年の蝦夷征討は、「*坂東《ばんどう》の安危《あんき》この一挙《いっきょ》に在《あ》り」〈『続日本紀』延暦七年十二月七日〉との征夷にかける桓武天皇の強い意志のもとにおこなわれた。胆沢《いさわ》の地の制圧を目指して三年前の延暦五年八月から準備してきたものである。延暦七年三月には東海・東山諸国の軍粮《ぐんろう》を陸奥国の*多賀城《たがじょう》に運ばせ、東海・東山・北陸などの国に*糒《ほしい》や塩を運ばせている。さらに、東海・東山・坂東の国々から歩騎《ほき》五万二八〇〇余人を、翌延暦八年三月までに多賀城に参集させるように命じている。延暦八年三月九日から、多賀城に参集した征討軍が軍事行動を開始した。だが、五月には衣川《ころもがわ》の営に三〇日も滞留したために、桓武天皇が征討軍を叱責している。そして六月、征東将軍から征夷戦の悲惨な戦況報告がなされている。「惣《すべ》て、賊《ぞく》の居《きょ》を焼《や》き亡《ほろぼ》せるは、十四村《そん》、宅《いえ》八百 許烟《ぴゃくばかりえん》なり。……官軍《かんぐん》の戦死《せんし》せる人《ひと》二十五人《にん》、矢《や》に中《あた》れる人二百四十五人、河《かわ》に投《い》りて溺《おぼ》れ死《し》ぬる人一千三十六人、裸身《はだか》にして泳《およ》ぎ来《く》る人一千二百五十七人」〈『続日本紀』延暦八年六月三日〉と征討軍の大敗が報告され、現地の征東将軍は中央政府の指示を待たずに征討軍を解散してしまったのである。この戦闘には中軍、後軍あわせて四〇〇〇人の征討軍が投入されており、半数以上の兵士を失っている。「坂東の安危」をかけた征夷戦は惨敗を喫して終わったのである。

この征夷戦に投入された征討軍は、征軍兵士と*輜重《しちょう》兵士によって編成されていた。先の延暦七年三月の記事によれば、歩騎五万二八〇〇人の坂東諸国の兵士徴発には、従軍叙勲《じょくん》者と常陸《ひたち》国神賤《しんせん》を先にとり、次に弓馬に堪える者を差発するとしていたが、彼らがこの征討軍に加わっていたことを示す記事はない。しかし、延暦九年には、「強《つよ》く壮《さかり》なるものは、筋力《きんりょく》を以《もっ》て軍《ぐん》に供《つか》へ、貧《まず》しく弱《よわ》き者《もの》は転餉《てんしょう》を以て役《えき》に赴《おもむ》けり。」〈『続日本紀』延暦九年十月

坂東　足柄《あしがら》峠・碓氷《うすい》峠より東の地域をさす語句。古代では、現在の関東から東北地方をさす広域名称として使われた。

多賀城　七三七年に多賀柵とみえるのが初見。十世紀半ばまで存続し、古代東北の政治・軍事の拠点となった。

糒　蒸した米を天日で乾燥させた保存食、携行食。

輜重兵士　軍の武器具や食料運搬など、後方支援兵士で、七八九年の征夷軍兵士のほぼ三分の一が輜重兵士であった。

二十一日〉とみえ、実際には「強壮者」は征軍兵士に、「貧弱者」は輜重兵士として徴発されていたのであり、その多くは坂東諸国の軍団兵士であったとみられる。

また、各国から徴発され多賀城に参集した兵士は直ちに征夷の軍事行動を開始しており、現地で征討軍としての統一した軍事訓練（武芸教習）を受けたようにはみられない。これは徴発された兵士が征軍要員として国内の軍団で軍事訓練を重ねていた軍団兵士であったことをうかがわせるのに十分である。

●延暦十三（七九四）年征夷の準備と軍団兵士制の停廃

征討軍が大敗を喫した翌年の延暦九（七九〇）年閏三月、桓武天皇は早くも次の征討を計画し、蝦夷を征するため駿河以東の東海道諸国と、信濃以東の東海道諸国に命じて、革の甲《かぶと》二千領を三年間で造らせる勅を出している。当初の計画では三カ年の準備期間をおいたことがわかる。

しかし、今度の征討軍の編成には、坂東諸国からの兵士の徴発に困難をきわめている。坂東の地は度重なる征夷に疲弊《ひへい》をきわめていたが、最大の征討軍の供給地にはかわりがなかった。延暦十（七九一）年正月には、蝦夷を征するために東海・東山の国々で軍士の簡閲や戎具《じゅうぐ》の点検がなされ、七月には征東大使や副使の任命がなされ、十月には東海・東山諸国に征箭《せいせん》の作成を命じた。軍粮《ぐんろう》の確保には、延暦九年閏三月、坂東諸国に糒一四万斛《こく》を、翌年十一月にも糒一二万斛の準備を命じている。合計すると二六万斛の糒を用意させたことになる。前回の征夷で用意させた糒が二万三〇〇〇余斛であったから、一〇倍以上の軍粮を用意させたことになる。これは前回の征夷で、軍粮の補給が大きな問題になったことを踏まえた措置であったとみられる。そんな征夷準備の最中の延暦十一（七九二）年六月に軍団兵士制が停廃されたのである。

この時の征夷行動が開始されたのは、準備が始まってから四年以上後の延暦十三（七九四）年六月、新京の平安京に遷都する四ヶ月前のことであった。後年のことになるが、弘仁《こうにん》二（八一一）年の記事に、「去《さ》る延暦《えんりゃく》十三年《ねん》の例《れい》を検《み》るに、征軍《せいぐん》十万《まん》、軍監《ぐんげん》十六人《にん》、軍曹《ぐんそう》五十八人」〈『＊日本後紀《にほんこうき》』弘仁二年五月十九日〉とみえ、延暦十三年の征夷はその前後に類をみない大規模な征夷軍編成であったことを伝えている。この征夷軍に編成されたのは、陸奥・出羽・坂東諸国などから広く徴発された兵士であった。用意した軍粮の量（戦地での軍粮の運搬は征夷軍の輜重兵によって担われており、延暦八年の征夷では兵士の三分の一があてられていた）といい、動員された兵士の人数といい、けた外れに多かったのである。このように延暦十一年の軍団兵士制の停廃は、延暦十三年の大規模な征夷の準備計画段階での措置であったことがわかる。このことは征夷軍編成の準備過程で、征夷兵士の供給母体であった軍団兵士制を停廃した措置と、征夷軍兵士の大量増員を可能とした軍事編成とが必ずしも矛盾するものでなかったことを示しており、かえって両者が密接な関係をもっていたことを示している。

●律令軍団兵士停廃と征夷軍編成

軍団兵士にとってかわった健児の役割である兵庫・鈴蔵・国府などの守衛は、上番兵士の任務の一部を受け継いだにすぎない。停廃後も坂東諸国などでは征夷軍兵士が以前にもまして増強され徴発されていたのである。この兵士は軍団兵士が停廃されているので、律

日本後紀　六国史のひとつ。四〇巻。藤原緒嗣らの撰で七九二年から八三三年までを記す。

令の点兵率に基づいて差点され、軍団に上番して軍毅に率いられ武芸教習を受けた軍団兵士ではない。停廃後は、*正丁《せいてい》はもとより、広く浪人・神賤・富豪層さらには浮囚などを含めた征夷軍の軍事編成（征討軍兵士と輜重兵士に分けられた）に変えることで、以前にも増して多くの征夷兵士の徴発が可能になったと考えられる。延暦八年の征夷では、任命された四人の征東副使は、坂東の国司が三人、坂東の豪族が一人であり、軍団兵士制が停廃されて以降は、このような国司や地方豪族が兵士を差発し、征夷軍に参加する軍事編成に変わっていったと考えられる。

　このように、延暦十一年の律令軍団兵士制の停廃を、坂東八ヵ国を中心とする東山・東海諸国における征夷軍の新たな軍事編成創設と関連づけて理解すると、軍団兵士制が健児にとってかわったとする教科書的理解は再考する必要がでてくる。健児が担ったのは、あくまで軍団兵士の上番時における二次的役割であった国内の重要施設の守備や警固などの警察機能のみであった。軍団兵士制の対外戦（征夷戦）を想定した兵士の差発は、その要員対象を全正丁に拡大するなかで、軍団を解体し、そこでの上番兵士の軍事教練を停め、軍毅などの影響力を排除し、国司の指揮下におくという政策転換がおこなわれたものと考える。これこそが延暦十一年の征夷準備の最中でおこなわれた軍団兵士制停廃の最大のねらいであったのである。

　一方「軍事（征夷）と造作（都造営）」の二大事業を強力に推進したことで知られる桓武天皇が、造営中の長岡京を棄て平安遷都*への意志を固めたのが、律令軍団兵士制の停廃された延暦十一（七九二）年の末のことであった。この二大事業が、延暦二十四（八〇五）

正丁　律令制のもとで課税対象者となる良民の二一歳から六〇歳の成年男子。丁《よぼろ》は、課役を負担する年齢区分のひとつ。

平安遷都　七九三年正月、山背《やましろ》国葛野《くずの》郡を視察させ、七九四年に長岡《ながおか》京を棄て、平安京への遷都の詔がだされた。

年の有名な徳政相論において、藤原緒嗣《おつぐ》が「方今《ほうこん》、天下《てんが》の苦《くる》しむ所《ところ》は軍事《ぐんじ》と造作《ぞうさ》なり。この両事《りょうじ》を停《や》むれば百姓《ひゃくしょう》安《やす》んぜん」〈『日本後紀』延暦二十四年十二月七日〉と述べているように、動員された全国の人々の生活を苦しめていたことはいうまでもない。

延暦十一（七九二）年に停廃された京畿・七道諸国の律令軍団兵士制は、東山・東海とりわけ坂東諸国では、新たに創設された征夷軍制の兵士に動員され、京畿内および西国諸国では、兵士役に代わる都造営の人夫など、賦役《ぶやく》全般の再編成のなかで駆りだされていたのである。

（村岡　薫）

【引用史料刊本】

『類聚三代格』―『国史大系』（吉川弘文館）

『続日本紀』―『国史大系』（吉川弘文館）、『新日本古典文学大系』（岩波書店）

『日本三代実録』―『国史大系』（吉川弘文館）

【参考文献】

川上多助「武士の勃興」（『日本古代社会史の研究』河出書房、一九四七年）

野田嶺志「日本律令軍制の特質」（『日本史研究』七六号、一九六五年）

下向井龍彦「日本律令軍制の基本構造」（『史学研究』一七五号、一九八七年）

村岡薫「延暦十一年、諸国軍団兵士制停廃の一考察」（『民衆史の課題と方向』三一書房、一九七八年）

村岡薫「八世紀末『征夷』策の再検討―律令軍制との関りで」（『古代天皇制と社会構造』校倉書房、一九八〇年）

5　木簡が語る古代村落

●木簡とは

一般に細長い木片に墨書《ぼくしょ》があるものを木簡《もっかん》と呼んでいる。そして、古代のものを示すことが多いが、中世・近世のものも存在する。いや、むしろ近年の発掘調査では、中世・近世木簡の出土点数のほうが増加傾向にあるように思われる。

そうすると、先の木簡の定義では中世の制札《せいさつ》、古代の井戸枠、さらに今日でも用いられている値札も木簡に含まれることになる。ここで取り上げる石川県加茂《かも》遺跡出土加賀《かが》郡牓《ぐんぼう》示札《じさつ》（重要文化財）も、郡の命令である郡符《ぐんぷ》の書式をとって、路頭に掲示され村や郷の人々に勧農《かんのう》や住民規範を諭《さと》したもので、中世の制札につながるものと考えられる。

木簡学会（一九七九年設立）では木簡の明確な定義づけをおこなっていない。というのは、研究が進んでいないうちに木簡を限定してしまうと、それに含まれないものが発掘調査等で棄てられたり、見過ごされてしまうからである。

木簡の研究方法には、①木簡を（文献）史料として扱う研究と、②木簡そのものの研究がある。大宝令以前に地域行政区分の郡《こおり》をどのように表記していたのかという、いわゆる*「郡評《ぐんぴょう》論争」を決着したのが藤原宮木簡であったように、①の方法も史料の少ない古代史研究では無視できなくなってきている。いや、むしろ現状では木簡に書かれた内容を中心とした①の研究のほうが多いように思われる。ところが、木簡は発掘調査で出土した史料

郡評論争　『日本書紀』では、六四六年にだされた大化の改新詔《みことのり》に、地方行政の単位として、「郡《こおり》」が設置されたという一文があった。しかし、同時代の金石文には「評《こおり》」とあり、改新詔の具体的内容や『日本書紀』の信憑性をめぐって論争がおきた。一九六〇年代の藤原宮跡の発掘調査で出土した木簡により、改新詔には七〇一年にだされた大宝令による潤色があると判明した。七〇一年を境に、「評」から「郡」へと改められたことが確認されたのである。

であるので、その意味で文献史料でもあり考古学的資料でもある。一点の木簡も②の研究抜きでは史料として用いることはできないのである。

そこでここでは、②の木簡そのものの研究の重要性がよくわかる例を紹介したい。それは加茂遺跡出土加賀郡牓示札（以下牓示札と略す）にほかならない。この牓示札の出土遺跡、出土遺構、形態に注意しながら、古代村落社会の一側面についてみてみたい。

●加賀郡牓示札と加茂遺跡

牓示札が出土した加茂遺跡は、金沢市に隣接する石川県津幡《つばた》町舟橋《ふなばし》・加茂地区に所在する。二〇〇〇年の一般国道八号線（津幡バイパス）改築工事に伴う発掘調査で、牓示札は出土した。加茂遺跡は弥生時代から室町時代の遺構が検出された複合遺跡で、古代（奈良～平安時代）の遺構としては、古代北陸道、これと直行する道路跡、大溝《おおみぞ》、掘立柱建物群《ほったてばしらたてものぐん》が検出された。出土遺物としては、土器などのほか、帯金具、瓦、*墨書土器、木簡（六点）、*漆《うるし》紙文書《がみもんじょ》が出土した。帯金具などは一般集落でまったく出土しないわけではないが、木簡や大量の墨書土器の出土とあわせて考えるならば、加茂遺跡は*官衙《かんが》的な遺跡と考えられる。

次に牓示札の出土遺構についてみていこう。牓示札は古代北陸道の西側溝から延びる平安時代前期の大溝で、この大溝は河北潟《かほくがた》に通じていたと考えられる。牓示札はこの大溝の底から五センチメートルほど堆積した下層上面から出土した。大溝から出土した遺物には、大量の墨書土器のほか、木製食器があり、さらに斎串《ゆぐし》や桃核《とうかく》といった祭祀《さいし》と関わるものも含まれていた。なお、この大溝からは、次のような過所様《かしょよう》木簡（通行手形のようなもの）も出土した。

墨書土器　文字や記号、絵画などが墨書された土器。所有者や使用者など、一文字から数文字程度記されている。

漆紙文書　役所などの廃棄文書を、漆液の入った容器の蓋として再利用したところ、漆が紙に浸透し、その部分の腐食がまぬがれ残った文書のこと。

官衙　国家や地方の行政機関のこと。

史（表）「往還人□丸羽咋郷長官
路□（作カ）□不可召遂（遂）」
（裏）「道公□乙兄羽咋□丸『保長羽咋
『二月廿四日』男□丸』」

この木簡は、表面に「往還人《おうかんにん》である□丸は、羽咋郷長《はくいごうちょう》に率いられ、官路《かんろ》を作る人夫として通行するので拘束しないでほしい」と書かれ、裏面に往還人のことと考えられる三人の名前と、それを保証する＊保長《ほちょう》の署名が記載されている。牓示札の出土した加茂遺跡については出土遺物から官衙的な遺跡としたが、古代北陸道沿いで、そこから河北潟に流れる運河（大溝）も検出され、さらにこの木簡が出土したことから、交通と関わる施設と考えられよう。

保長 律令制のもとで設置された、犯罪や逃亡の防止などを相互監視させた五保の長。

●牓示札の即物的検討

これまでの出土遺跡、出土遺構の検討を踏まえ、牓示札を検討してみたい。なお、釈文《しゃくもん》は調査機関である（財）石川県埋蔵《まいぞう》文化財センター（平川南監修（財）石川県埋蔵文化財センター編『発見！古代のお触れ書き石川県加茂遺跡出土加賀郡牓示札』大修館書店、二〇〇一年。以下報告書と略す）に従い、一部正字・異体字は常用体に改めた。なお、［ ］は報告書が欠損部分や判読困難な文字を推定した箇所を示す。（引用は一部省略した。）

史【釈文】

［郡］符深見村［諸］郷駅長并諸刀禰等

郡（加賀郡）が深見《ふかみ》村・諸郷・駅の長ならびに有力者（刀禰《とね》）らに施行すべき十ヵ条を命令する。

応奉行壱拾條之事

一、農民たるもの朝は寅《とら》の刻（午前三時〜五時）に田へ行き、

一田夫朝以寅時下田夕以戌時還私状
一禁制田夫任意喫魚酒状
一禁断不労作溝堰百姓状
一以五月卅日前可申田殖竟状
一可捜捉村邑内竄宕為諸人被疑人状
（中略）
一可填(慎カ)勧農業状［件］村里長人申百姓名
［検］案内被国去［正］月廿八日符併(偁カ)勧催農業
［有］法條而百姓等恣事逸遊不耕作喫
［酒］魚殴乱為宗（中略）郡宜承知並口示
［符］事早令勤作若不遵符旨稱倦懈
［之］由加勘決者謹依符旨仰下田領等宜
［各］毎村屡廻愉(諭カ)有懈怠者移身進郡符
［旨］国道之裔縻羈進之牓示路頭厳加禁
［田］領刀禰有怨憎隠容以其人為罪背不
［寛(宥カ)］有符到奉行
大領錦村主（以下郡司名省略）
嘉祥［二］年［二］月［十二］日
［二］月十五日請田領丈部浪麿

夕方は戌《いぬ》の刻（午後七時〜九時）に家に帰るように／一、農民が心のままに魚や酒を食らうことを禁ずる／一、溝や堰の維持を怠る農民を禁制する／一、五月三十日までに田植えが終わったことを報告せよ／一、村のなかに隠れて住民になりすましていると疑われる人を捜し捕らえよ／（中略）／一、謹んで農業を勧めよ。以上の村里長は違反した農民の名前を報告しなさい。先例を検討すると、国（加賀国）の去る正月二十八日の符（命令）によれば、「農業を勧めることは法に定められている。それにもかかわらず、農民は遊びほうけて耕作せず酒や魚を食らい乱れた生活をしている。（中略）郡は国の命令を承知して、その趣旨を農民に口頭で伝え、早く耕作に勤めさせよ。もし国符の趣旨に従わず怠る者がいれば、処罰せよ」とある。そこで謹んで国符の趣旨により田領《でんりょう》らに命令を伝える。村ごとにしばしば諭しなさい。怠る者がいればその身柄を郡家《ぐうけ》に移せ。この郡符の趣旨を国の道の辺《ほとり》に立てて掲示し、厳しく取り締まるように。田領や有力者が私情で他の人に罪を着せたり、罪を隠したりした場合は、その人を罰する。命令に背くことのないようにせよ。郡符が到着したら施行しなさい。（郡司の署名省略）
嘉祥《かしょう》（八四九）二年二月十二日

この牓示札（写真参照）の大きさは、縦二三・三センチメートル、横六一・三センチメートルで、板の中央にひとつ、下端部中央に二つ穿孔《せんこう》がある。また、上端部左右、下端部の右、さらに左側面下半部にそれぞれ切り込みがある。上端部、下端部とも切り込みと穿孔で割れており、報告書では本来縦二八〜二九センチメートル、横六一・三センチメートルであったと復元している。この大きさは一尺×二尺にあたり、古代の紙一枚分に相当する。材の表面は丁寧に調整され、そのうえで二八本の縦界線《たてかいせん》が引かれている（おそらく金属で引いたのだろう）。上下が切り込みや穿孔で割れていることからは、牓示札がこれらを用いて立てかけられており、その部分が弱くなり割れてしまったものと考えられる。また、文字は墨が一部を除き飛んでしまっているが、字画の部分が他の部分より盛り上がっており確認できる。ただ、いずれにしても釈読《しゃくどく》された調査関係者の苦労は大変なものであったに違いない。このように墨が飛んで、いわば文字が浮き上がってみえることからは、木簡が長期間屋外に置かれていたことがわかる。現在では少なくなったが、木製の表札が古くなると同じようになることを連想すればよい。以上の文字の状況と、上下が穿孔と切り込みで割れてしまったことからは、紙の文書の内容を木の札に書いて、屋外に立てかけていたことがわかる。本文に「牓示路頭《ぼうじろとう》」という文言があることからもそれは裏づけられよう。

内容は、嘉祥二（八四九）年二月に加賀郡司が部内の深見村などの有力者に宛てて（宛所に関しては議論がある—後述）出した命令文書で、八カ条（*事書《ことがき》には十カ条とある）の農民が守るべき規範を示したものである（先に引用したのはこのうちの六カ条）。農民は朝は寅《とら》の刻（午前四時前後）には田に行き、夕方は戌《いぬ》の刻（午後八時前後）に家に戻るよう

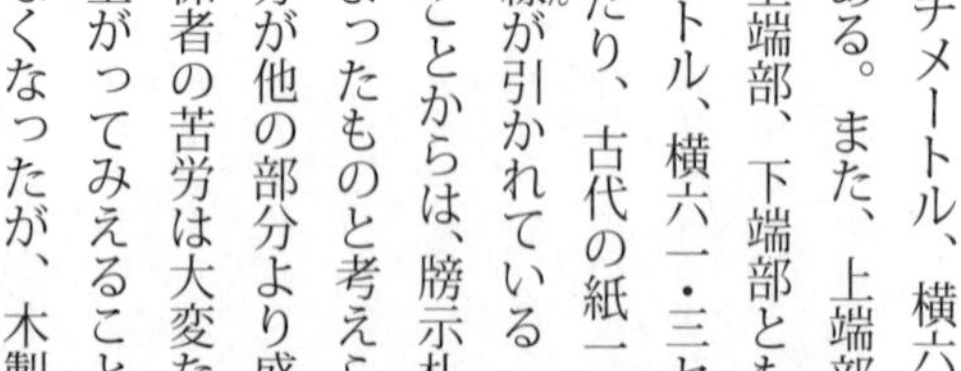

（石川県埋蔵文化センター蔵）

事書　文書の内容について「○○の事」と、その要点を記した部分。

にとか、農民が魚や酒を心のままに食らうことを禁じるなど、いわば農民が守るべき規範を示したものである。この牓示札が発見された当時、以上の内容から近世のお触書と共通する側面がマスコミ等で注目、報道された。牓示札の「牓示路頭」という記載からも郡符が路傍に掲示され、その前で住民規範が村や郷の有力者により口頭で伝えられたと考えてよかろう。ただ、発見当時報道され、報告書でも述べられているように、このような農民に対する住民規範が嘉祥二年に全国にむけて発せられ、加賀郡のほか全国各地に牓示札が立てられたかどうかは明らかではない。

　このことを含めて次に牓示札の機能について検討したい。

●牓示札が立てられるまで

　まず報告書で平川南《みなみ》氏が、

①中央政府から、農民が守るべき規範が全国に発せられる。
②①を受け加賀国府が国の命令（国符）を各郡に発す。
③②を受け加賀郡が郡符（牓示札）を立てる。

という牓示札が立てられるまでの文書等の動きを想定している。この報告書の説について鈴木景二《けいじ》氏は次のように批判している。

①報告書の①について、当該期の歴史書、法制史料に牓示札に書かれた法令がみられず、牓示札が引用する加賀国符も*太政官符《だいじょうかんぷ》など中央の命令を受けたことを明記していない。
②むしろ、牓示札の八カ条は『*朝野群載《ちょうやぐんさい》』所収の文書例「国司初任庁宣《こくししょにんちょうせん》」と共通する内

太政官符　太政官が所轄の官庁などに発令した公文書。符とは、上級の役所から下級の役所に対して命令を下すときの文書形式。

朝野群載　平安時代の各種の文書を分類編纂したもの。三〇巻、現存二一巻。行政事務に関する文書が多い。

容をもっている。

③このような新任国司が政始《まつりごとはじ》めの儀礼で下す文書の雛型《ひながた》があり、それを中央貴族が参照し、実際に任地で用いていた。

④牓示札の内容は当時の中央貴族の勧農政策、理想的農民像、国郡の文書行政の一端を示すが、全国一律にこのような牓示札が出されたかは疑問である。

とした。報告書では、嘉祥二年当時加賀郡牓示札と同様な牓示札が全国一律に出されたとするが、今後の発掘調査で同様な木簡が発見される可能性は残されるものの、少なくとも嘉祥二年のこの加賀郡牓示札に関しては、鈴木氏が指摘するように全国一律に同様な牓示札が立てられたとは想定しにくい。ただ、当時新任国司が政始めの儀礼で下す文書の雛型があり、加賀郡牓示札の内容がそれと大きく関わるとすれば、そこから中央貴族の勧農政策、理想的農民像の一端を知ることができ、貴重な史料であることにはかわりはない。

●牓示札と古代の「村」

次に牓示札の宛所（宛先）である「深見村《ふかみむら》□郷駅長《ごうえきちょう》并《ならびに》諸刀禰等《しょとねら》」について検討したい。

まず、村と郷の間の文字は読みづらいが、報告書では残画やほかの文字との大きさの比較から、一文字で「諸」か「数」ではないかとしている。ここでは報告書の「諸」とする説に従う。そこで「深見村［諸］郷駅長并諸刀禰等」とした場合、深見村と諸郷との関係が問題となる。平川氏は、諸郷は英多《あがた》郷・井家《いのえ》郷などのことであり、加茂遺跡を深見村や深見駅の中心地とするならば、深見村は英多郷・井家郷を含んでいたのではないかとした。一方、藤井一二氏は、「深見村［里］の郷長・駅長并に諸刀禰等」と訓《よ》み、深見の村里に居住または執務する郷長・駅長・刀禰らのこととした。つまり、村を里よりも下位の行政区分とする。そうすると、平川氏は村が郷（里）の上位の行政区分であるとし、藤井氏は逆に村が郷（里）の下位の行政区分であるとして、同じ村についての両者の見解は正反対となってしまうのである（下図参照）。

従来古代の「村」については、律令制の行政区分である里との違いが注目され、その性格については諸説出された。藤井氏の説はそのなかでも郷（里）の下に二、三の村が存在したとする説に近いが、平川氏の説は従来の説と大きく異なるのである。

ここで注意しなくてはならないのは、牓示札が九世紀半ばの史料であることである。八世紀の「村」の性格についても定説がないが、牓示札が立てられた九世紀半ばは古代村落が大きく変質する時期とされる。鈴木氏はこの時期の村落を中世村落への過渡期にあるとし、諸郷と深見村は上下の関係にあるのではなく、両者が並立して存在していたとする。私見では、牓示札にみえる宛所以外の郷（里）や村の表記が、「村邑」「里邑」「村里」「村」というように多様であり過渡期としての性格がうかがえ、鈴木氏の見解が妥当と考える。

以上、出土遺跡、出土遺構の検討や、即物的検討を踏まえ、牓示札から読みとれる古代村落社会の一端について紹介した。ここで取り上げた内容以外にも、牓示札の「魚酒」という文言からは古代村落の労働編成についてうかがえるし、その研究史もある。ほかにも多くの問題について考えることができると思われる。このように牓示札は古代村落社会についての貴重な史料なのである。

（亀谷　弘明）

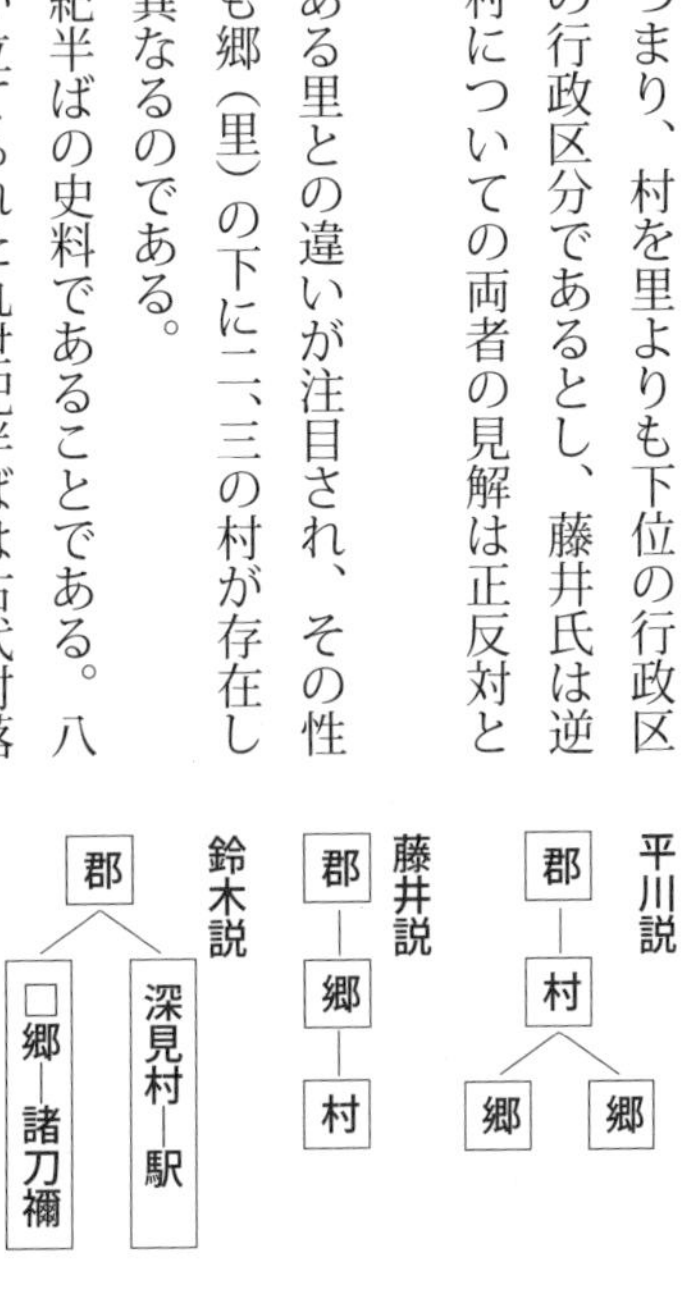

【参考文献】

小林昌二『日本古代の村落と農民支配』（塙書房、二〇〇〇年）
鈴木景二「加賀郡牓示札と在地社会」（『歴史評論』六四三、二〇〇三年）
関和彦『風土記と古代社会』（塙書房、一九八四年）
藤井一二「大伴池主・家持と「深見村」―万葉集と加茂遺跡木簡を中心に―」（『越の万葉集』笠間書院、二〇〇三年）

6　摂関制はいつ成立したのか

●摂政の成立

今から約一〇〇〇年ほど前、平安時代中期は摂関政治《せっかんせいじ》の時代であった。摂関政治とは藤原氏が外戚《がいせき》（天皇の母方の親戚）となり、摂政《せっしょう》や関白《かんぱく》として天皇を補佐しながらおこなった政治のことである。これによりそれまでの律令に基づく政治から政治運営の仕方などが大きく変わったのである。摂関政治はよく知られるように藤原道長《みちなが》の時にその全盛期を迎えるのだが、ここではもう少し前、摂関制が成立するころの状況を考えてみたい。

藤原氏で最初に摂政になったのは藤原良房《よしふさ》である。しかし彼がいつ摂政に就任したのか、となると実はあまりはっきりとしない。高校日本史の教科書でも天安《てんあん》二（八五八）年「幼少の清和《せいわ》天皇が即位すると、良房は天皇の外祖父《がいそふ》として臣下《しんか》ではじめて摂政の任をつとめ」たとするが、その後*応天門《おうてんもん》の変にも触れ、その脚注で「良房が正式に摂政の命を受けたのは……応天門の変の時である」〈『詳説日本史B改訂版』山川出版社〉と述べている。つまり、清和天皇即位の天安二（八五八）年、実質的な摂政になり、応天門の変の起こった貞観《じょうがん》八（八六六）年正式に摂政になったという、いささかわかりにくい話になっている。これはいくつかの教科書を見てもだいたい同じような記述である。

しかし、ではなぜ清和天皇即位の時に正式の摂政にならなかったのか、実質的に摂政になっているのなら応天門の変の時に改めて摂政に任命しなくてもよいのではないか、など

応天門の変　八六六年に起きた平安宮応天門炎上をめぐる事件。伴《とも》善男《よしお》が放火を命じたとの告発があり、伴氏一族が処罰され、衰亡した。この事件は、平安時代後期に『伴大納言絵巻』としてまとめられた。

疑問に思われはしないだろうか。
これは教科書の記述が悪いのではない。良房の摂政就任については、史料の問題から実ははっきりとしない点が多いのである。そのために上述したような記述になるのである。つまり、良房が清和天皇の摂政となった時期については、九歳の幼帝清和天皇が即位した天安二（八五八）年とする説と、貞観八（八六六）年、応天門の変に際して任じられたとする説とがあるのである。この点を史料に即して見てみよう。

●史料にみる摂政の成立

まず『公卿補任《くぎょうぶにん》』天安二年条をみてみよう。

史 摂政《せっしょう》 従一位《じゅいちい》 藤良房《とうのよしふさ》 五十五 十一月七日宣旨《せんじ》 摂政となす。

藤原良房 十一月七日宣旨によって摂政とする。

『公卿補任』というのは明治時代まで網羅した朝廷の職員録で、年度ごとに公卿が書き上げられたものである。その天安二年条に良房が宣旨によって摂政に任命された、とある。
続いて同じ『公卿補任』貞観八年条をみよう。

史 太政大臣《だじょうだいじん》従一位《じゅいちい》 藤良房《とうのよしふさ》 六十三 八月十九日重《かさ》ねて天下《てんか》の政《まつりごと》を摂行《せっこう》することを勅《ちょく》す。

藤原良房 八月十九日重ねて摂政に任命する勅を出す。

この記事では太政大臣良房にこの年、再び勅を出して摂政の任を取らせた、とある。
これら『公卿補任』の二つの記事からは、清和天皇即位の天安二年に摂政になり、また応天門の変のあった貞観八年に再び摂政になったとなる。なぜ同一人物が二回摂政に任命されたのか、『公卿補任』からはその事情がわからないが、こうした史料のために上述の教科書のような解釈がなされていくのである。

　ところが、古代国家が編纂した正史である『*日本三代実録《にほんさんだいじつろく》』の天安二年条には、良房の摂政就任記事は見あたらないのである。『日本三代実録』では良房の摂政就任に関して貞観八年八月一九日条に次の記事があるだけである。

日本三代実録 ↓31頁参照。

史　太政大臣《だじょうだいじん》に勅《ちょく》し、天下《てんか》の政《まつりごと》を摂行《せっこう》せしむ。

　太政大臣良房に勅を出して摂政に就任させた。

　つまり『日本三代実録』の記事による限り、良房の摂政就任は貞観八年ということになるのである。天安二年就任を伝える『公卿補任』と貞観八年とする『日本三代実録』とどちらを信用すべきなのか。歴史学とは史料に基づいて事実を明らかにしていく学問である。では、このように異なる事実を伝える二つの史料がある場合にはどう判断するのか。そこが歴史学の重要なポイントになるのだが、このような場合にはどちらの史料がより信頼できるかを検討していくのである。これを史料批判と呼ぶ。

●摂政の成立はいつか

　ところで今回の場合、まず一般的にいえるのは『公卿補任』は有用な史料ではあるが、後世（十世紀以降）の編纂物であり、その史料的価値には一定の限界があるという点である。一方の『日本三代実録』も後世の編纂物ではあるが、直近の延喜《えんぎ》元（九〇一）年には成立している。ということから『公卿補任』より『日本三代実録』に信を置くというのが通例である。したがって良房の摂政就任は貞観八年が正しく、天安二年の『公卿補任』の記事は天皇が幼少の際に摂政が置かれるという慣例ができた後世の知識が反映して、後代《こうだい》に書き込まれたのであろうと主張する見解もある。

では、良房の摂政就任は貞観八年としてよいのであろうか。この点についてはさらに別の見解もある。『日本三代実録』貞観十八（八七六）年十一月二十九日条をみてみよう。

史 この日《ひ》、天皇《てんのう》、皇太子《こうたいし》に譲位《じょうい》す。右大臣《うだいじん》従二位《じゅにい》兼行《けんぎょう》藤原《ふじわら》朝臣《あそん》基経《もとつね》に幼主《ようしゅ》を保輔《ほほ》し、天子《てんし》の政《まつりごと》を摂行《せっこう》すること、忠仁公《ちゅうじんこう（良房）》の故事《こじ》のごとくせよと勅《ちょく》す。

この日、清和天皇が皇太子（後の陽成《ようぜい》天皇）に譲位した。清和天皇が右大臣藤原基経に勅を出して、幼主（陽成天皇）を助け、摂政のつとめを果たすこと、かつて忠仁公良房がおこなったのと同様におこなうように命じた。

この史料は大意でも述べたように、良房の養子基経に対して陽成天皇の摂政をつとめるよう命じたものである。しかしポイントは、そのなかで良房の故事を引用していることである。この史料のなかで基経は、良房のように幼主を保輔せよと命じられている。つまり、ここから良房が幼主（清和）を保輔していたことが知られるのである。

では、良房が幼主清和を保輔したというのはいつのことであろうか。良房が摂政になったとされる貞観八年段階では清和天皇は元服《げんぷく》を終え、十七歳にも達しており、幼主を保輔したとはいえない。したがって幼主を保輔というのは貞観八年以前のことなのである。

実際問題、天皇権を行使する能力のない幼帝のもとでは政務が滞ってしまうので、代行者は必要不可欠である。そのため、やはり天安二年、良房は幼帝清和即位と同時に摂政に就任したと考えてよいのではないだろうか。

*『大鏡裏書《おおかがみうらがき》』には良房について次のように書いてある。

史 贈《ぞう》太《だ》政《じょう》大臣《だいじん》冬嗣《ふゆつぐ》公二男《こうじなん》(良房)……同(天安)二年十一月七日摂政《せっしょう》となる。……貞観《じょうがん》六年正月一日摂政を辞《じ》す(帝《みかど》の御元服《ごげんぷく》によるなり)、同八年八月十九日重《かさ》ねて勅《ちょく》し、天下《てんか》の政《まつりごと》を摂行《せっこう》す。

贈太政大臣冬嗣の二男。天安二年に摂政となる。貞観六年に清和天皇元服にともなって摂政を辞退する。貞観八年にふたたび天皇の命により摂政となる。

この記事によれば良房は清和の元服に伴い、摂政を辞退したことになる。つまりこの記事をもとに推測すれば、幼帝清和の代行者として太政大臣であり外祖父であった良房が幼帝即位とともに摂政となった。そして清和の元服に伴い、天皇権の代行はやめたが、応天門の変後の政界の動揺を取り鎮めるため、良房の権力を明確にさせる目的でふたたび摂政となった、というところであろうか。一応は矛盾なく説明できるが、なぜ『日本三代実録』天安二年条に良房の摂政ないし天皇権代行記事がないのかは不明のままである。摂政制の成立についてはやはり完全には解きされないのである。

さて、次に関白の成立についても考えてみよう。関白とは臣下として天皇を補佐し、国政に「関《かか》わり白《もう》す」権限をもったものである。この関白の成立年次についても二説あるのである。すなわち仁和《にんな》三(八八七)年、宇多《うだ》天皇が太政大臣藤原基経《もとつね》を関白に任命したのが最初とする説(「関白」の語の初例はこのときである)と、それより早く元慶《がんぎょう》八(八八四)年、光孝《こうこう》天皇が太政大臣基経に関して「奏《そう》すべきこと、下《くだ》すべきことはまず太政大臣藤原基経に*諮稟《しりん》せよ」との勅を出したのが関白の始まりであるとする説の二説である。

大鏡裏書 『大鏡』本文の裏に書かれた注釈。

諮稟 尋ね相談すること。

まず仁和三年説に関わる史料をみてみよう。『*政事要略《せいじようりゃく》』巻三〇所収仁和三年十一月廿一日の詔《みことのり》をみよう。

史 摂政《せっしょう》太政大臣《だじょうだいじん》に賜《たま》う万機《ばんき》を関白《かかわりもう》さしむるの詔《みことのり》

詔したまわく……それ万機巨細《こさい》、百官《ひゃくかん》を己《おのれ》に総《す》べ、皆《みな》太政大臣に関白して、然《しか》る後《のち》に奏下《そうげ》すること、一《いつ》に旧事《きゅうじ》のごとくせよ。

摂政太政大臣藤原基経にすべてのことに関与して意見を申すよう命ずる詔を与える。

さて、基経はあらゆることに関して百官を己のもとにまとめ、皆はあらゆることに関して太政大臣基経に申し、その後に奏上《そうじょう》し、また下命《かめい》すること、以前のごとくとする。

ここには「関わり白せ」という形で関白の語がはっきりとみえている。しかもこの時点で基経は摂政太政大臣であるので、それ以外の新たな権限を付与していることも明白で、これが基経を関白に任命した史料であることは明白であろう。ただし、ここで気になるのは「一に旧事のごとくせよ」の語である。この語からすれば、関白としての職務はこれ以前にもおこなっていたのではないかとも思える。この点をさらに裏づけるのが『日本三代実録』元慶八（八八四）年六月五日条である。

史 詔《みことのり》して曰《いわ》く……太政大臣藤原朝臣《だじょうだいじんふじわらあそん》(基経)……出《い》でては百官《ひゃっかん》を総《す》ぶべし。まさに奏《そう》すべきの事《こと》、下《くだ》すべきの事、必《かなら》ず先《ま》ず諮稟《はかりうけ》よ。

陽成天皇が詔して命じた。太政大臣藤原基経は百官をまとめよ。そして天皇に

政事要略　政治・行政に関する事例などをまとめた書。長保四（一〇〇二）年成立。

奏上すべきこと、天皇が下命すべきこと必ず先に基経に諮れ。

関白の職掌《しょくしょう》とは、先ほどの仁和三年の史料にもあったように天皇を補佐し、天皇に奏上することや天皇が下命することについて事前に相談することであった。この史料には関白の語こそ出てこないが、実質的に同様のことが命じられているのである。実質的には、この時に関白の職掌は生まれたということもできよう。摂政も関白も、当初は職掌も名称すらもおそらく明確に定められていたものではないのであろう。摂政関白の始期が明確でないのはこうした事情によるのだろう。そしてその職掌が継続していくなかで、職掌も名称も明確になっていったのであろう。

（戸川　点）

【引用史料刊本】

『公卿補任』―『国史大系』（吉川弘文館）
『日本三代実録』―『国史大系』（吉川弘文館）
『大鏡裏書』―『日本古典文学大系』（岩波書店）
『政事要略』―『国史大系』（吉川弘文館）

【参考文献】

坂上康俊『日本の歴史〇五　律令国家の転換と「日本」』（講談社、二〇〇一年）
米田雄介『藤原摂関家の誕生』（吉川弘文館、二〇〇二年）
今正秀「摂政制成立考」（『史学雑誌』一〇六―一一、一九九七年）
戸川点「摂政と関白」（歴史科学協議会編『天皇・天皇制をよむ』東京大学出版会、二〇〇八年）

7　将門の乱と純友の乱はなぜ起こったのか

●平将門の乱

十世紀前半、東国と瀬戸内海で時期を同じくして二つの大きな反乱が起こった。これがいわゆる承平《じょうへい》・天慶《てんぎょう》の乱、つまり平将門《まさかど》の乱と藤原純友《すみとも》の乱である。ここでは、この二つの戦乱に関して近年注目されている史料を読んでみたい。

まず、将門の乱からみていこう。平安時代に入ると律令制は動揺し、さまざまな矛盾が噴き出すことになる。将門の乱の舞台となる東国も例外ではない。むしろ東国は辺境の地であり、蝦夷征討《えみしせいとう》事業の最前線でもあったため、矛盾がもっとも現れやすいところであった。当時東国では、僦馬《しゅうば》の党と呼ばれる、馬を使って物資輸送をおこなう集団が盗賊行為を働くようになり、大きな政治問題となっていた。また律令国家との戦いに降伏し、服属した蝦夷は俘囚《ふしゅう》と呼ばれ各地に配置されていたが、東国に配置された俘囚が反乱を起こすこともあった。

当時の東国はこのように治安が悪化しており、そのために政府は軍事に秀でた貴族らを国司として東国に配置し、鎮静化を図った。平将門の一族もこのようにして東国に現れたのである。彼らは国司の任期が終わったあともそのまま土着し、勢力を伸ばしていった。平将門の乱とは、そのような将門の一族同士の争いが国家的反乱に発展したものである。

最初に、この将門の乱の基本史料である『将門記《*しょうもんき》』によって、将門の乱のおよその経過

将門記　平将門の乱を扱った軍記物語。軍記物語の先駆的作品。

をたどっておこう。

承平五（九三五）年、将門を中心に平氏一族の間で私闘が起こった。その原因については、「女論（婚姻を巡る争いか）」とも「田畑の争い」ともいわれるが、はっきりとしない。いずれにしても、将門と伯父良兼《よしかね》・良正《よしまさ》、従兄弟《いとこ》貞盛《さだもり》、姻族の源護《みなもとのまもる》らが数年にわたって争っていた。中央政府も事情聴取など干渉するが、解決には至っていない。

その間、将門は武蔵《むさし》国で起こった国司と郡司の対立の仲裁に入り、武蔵権守《ごんのかみ》興世王《おきよおう》と知り合う。そしてその後、興世王は新司《しんじ》百済貞連《くだらのさだつら》と対立し将門を頼ってくることになる。また、常陸《ひたち》の土豪藤原玄明《はるあき》も常陸介《すけ》藤原維幾《これちか》と衝突し、将門を頼ってくる。こうして反国衙《こくが》的な勢力が将門のもとに集まるようになった。そして天慶二（九三九）年一一月、玄明の引き渡しを要求する常陸国衙と対立した将門は、ついに常陸国衙を襲撃する。ここに将門の乱は、平氏一族内の争いから反国衙、すなわち反政府の国家的反乱となったのである。

その後将門は、興世王の「一国討つも坂東《ばんどう》すべてを占領するのも同じことだ」という言葉にのせられ、十二月に下野《しもつけ》・上野《こうづけ》国府を襲い、新皇《しんのう》を称し、王城の建設、諸国国司の任命、政府の組織を計画する。

一方、この将門の反乱を聞いた中央政府は、神仏に祈願するとともに、天慶三（九四〇）年二月、藤原忠文《ただぶみ》を征東大将軍に任じた。しかし、彼の到着前に、平貞盛《さだもり》、下野押領使《しもつけおうりょうし》藤原秀郷《ひでさと》らによって将門は倒されるのであった。

以上が『将門記』の伝える将門の乱の経過である。ところで、近年の研究では『将門記』が伝えていない将門の乱の大きな広がりが指摘されている。

●将門の乱の新史料

藤原師輔《もろすけ》の日記『九暦《きゅうれき》』の部類記《*ぶるいき》である『九条殿記《くじょうどのき》』臨時飛駅事《りんじひえきのこと》、天慶三（九四〇）年二月二十六・二十七日条をみてみよう。

史 天慶《てんぎょう》三年二月廿六日《にじゅうろくにち》、陸奥国言上《むつのくにごんじょう》せる飛駅奏状《ひえきそうじょう》に云《い》わく、平将門《たいらのまさかど》一万三千人の兵《へい》を率《ひき》いて陸奥《むつ》・出羽国《でわのくに》を襲撃《しゅうげき》せんと欲《ほっ》すと云々《うんぬん》、その事《こと》多端《たたん》、具《つぶ》さに言《い》うことあたわず。

　陸奥国からの使者（飛駅）の奏状に「平将門が一万三千人の兵を率いて陸奥・出羽国を襲撃しようとしている」とあった。その内容はさまざまでつぶさに報告しきれない。

つまりこの史料によれば、関東を制圧した将門は次に東北へ出兵しようとしていたというのである。続いて次の『師守記《*もろもりき》』貞和《じょうわ》三（一三四七）年十二月十七日条裏書もみておこう。

史 （天慶三年四月）十二日、今日《きょう》、常陸国飛駅参上《ひたちのくにひえきさんじょう》して云《い》わく、賊首《ぞくのかしら》故《こ》平将門《たいらのまさかど》の弟《おとうと》将種《まさたね》、陸奥権《むつのごんの》介伴有梁《すけとものありはり》の聟《むこ》として彼《か》の国《くに》に居住《きょじゅう》す。すなわち将種と有梁ともに謀反《むほん》を成《な》すと云々《うんぬん》。

　今日、常陸国の飛駅が参上して言った。「賊首故平将門の弟将種は陸奥権介伴有梁の聟として彼の国に居住している。そのため将種と有梁がともに謀反を起こした」と。

天慶三年四月というのは、すでに将門も死去し、将門の乱自体は鎮圧された時点であるが、その時点で陸奥《むつ》国で将門の弟とその義父である陸奥権介が反乱を起こしたというので

部類記　日記から特定のテーマに関する記事を抜き出して分類したもの。

師守記　南北朝期の明法《みょうぼう》官人中原師守の日記。廃棄された文書の裏側を利用して書かれたため、師守記の裏に貴重な文書が伝わる。

ある。この反乱についても興味深いが、まずここから将門の弟が陸奥に居住していたという事実を確認しておきたい。このようなことからも、先の史料が伝える将門が、陸奥・出羽に出兵しようとしたという話は、十分その可能性があったのである。

ただし、先の史料に関していえば、実は将門没後の史料である。将門は天慶三年二月十四日に没している。先の陸奥の飛駅が京に到着した二月二十六日時点ではすでに将門は亡く、現実に将門が出羽・陸奥を襲撃するということはなかったのだが、将門は乱の最終段階で、弟が居住していることもあって、陸奥や出羽への侵攻を計画していたのである。

『将門記』は、中国東北部にあった渤海《ぼっかい》国を滅ぼした契丹《きったん》の太祖《たいそ》耶律阿保機《やりつあぼき》について触れ、**「今の世の人は必ず撃ち勝てるをもって君と為す」**と記し、アジア情勢のなかで将門の乱を位置付ける視点がみられるが、その視点にふさわしく将門の乱は我々の想像以上に非常に大きな事件であったのである。

●藤原純友の乱

一〇世紀前半、関東で起こった平将門の乱と時を同じくして瀬戸内海地域を舞台に起こった戦乱が、藤原純友の乱である。

藤原純友は権中納言藤原長良《ながら》の曾孫、大宰少弐《だざいのしょうに》藤原良範《よしのり》の子である。その純友がなぜ反乱を起こすに至ったのだろうか。この純友の乱については断片的な史料が残されているのみなので、乱の原因、経過など不明な点が多いのである。まずここでは、純友の乱について比較的まとまって書かれている『日本紀略《にほんきりゃく》』の記事を見てみよう。

史 南海賊徒《なんかいぞくと》の首《かしら》、藤原純友《ふじわらのすみとも》、党《とう》を結《むす》び、伊予国日振島《いよのくにひぶりじま》に屯聚《とんしゅう》す、千余艘《せんよそう》を設《もう》け、官《かん》

日本紀略 ↓23頁参照。

物私財《もつしざい》を抄劫《しょうごう》す、ここに紀淑人《きのよしひと》をもって伊予守《いよのかみ》に任《にん》じ、追捕《ついぶ》の事《こと》を兼行《けんぎょう》せしむ。賊《ぞく》徒《と》その寛仁《かんにん》なることを聞《き》き、二千五百余人《よにん》、過《あやま》ちを悔《く》いて刑《けい》に就《つ》く。魁帥《かいすい》小野氏彦《おののうじひこ》・紀秋茂《きのあきもち》・津時成《つのときなり》等《ら》、合《あわ》せて三十余人、手《て》を束《たば》ね交名《きょうみょう》を進《すす》め帰降《きこう》す。即《すなわ》ち衣食田畠《いしょくでんぱた》を給《たま》い、種子《しゅし》を行《おこな》い、農業《のうぎょう》を勧《すす》めしむ。これを前《さき》の海賊《かいぞく》と号《ごう》す。

〈『日本紀略』承平六（九三六）年六月某日条〉

海賊の首である藤原純友が党を結び、伊予国日振島に結集、千余艘で官物や私財を奪う海賊行為を働いていた。そこで紀淑人を伊予守に任命して、国司としての働きとともに追捕にあたらせた。海賊らは紀淑人の人柄が寛仁であることを聞き、二五〇〇人余りが過ちを悔いて降伏し刑に就いた。海賊の首小野氏彦・紀秋茂・津時成なども、あわせて三十余人、帰降した。紀淑人は衣食田畠を与え農業を勧めた。これを前の海賊と号す。

この記事によれば、純友が当初より海賊の頭だったことになる。しかし、いくつもの疑問が出てこよう。純友のことを海賊の頭としながら、この記事の後半では、海賊の頭として小野氏彦・紀秋茂・津時成の名が出て、純友の名がみえない。また、「前の海賊」とはいったいどういう意味なのだろうか。

こうした疑問から近年の研究で注目されているのが、次の史料である。

史 前掾《さきのじょう》藤純友《とうのすみとも》、去《さん》ぬる承平《じょうへい》六年《ねん》、海賊《かいぞく》を追捕《ついぶ》すべきの由宣旨《よしせんじ》を蒙《こうむ》る。

〈『*本朝世紀《ほんちょうせいき》』天慶二（九三九）年十二月二十一日条〉

前伊予掾藤原純友は去る承平六年に海賊を追捕すべきことを命じる内容の宣

本朝世紀　藤原通憲が編纂した歴史書。平安後期の成立。

旨を受け取った。

実はこの記事は本来もっと長い記事で、天慶二（九三九）年に純友が海賊行為を始めたことを伝える史料なのである。その記事のなかで、純友の以前の姿を振り返って述べているのが、引用した個所なのである。そしてこの記事によれば、承平六年当時純友は前伊予掾であり、海賊追捕を命じられたというのである。つまり承平六年当時、純友は海賊ではなく、海賊を追捕する側だったのである。近年の研究では、『日本紀略』の記事は天慶二年以降、純友が海賊行為を起こしたためその知識から「南海賊徒の首」と記されたのであり、また「前の海賊」という表現も、天慶二年の純友に対して承平六年段階の海賊であるため「前の海賊」と記されたのであると解釈している。こうした新しい立場から、純友の乱についても新たな研究が進展中なのである。

従来の通説的理解では、純友の乱の経過を、

①純友は承平年間にすでに海賊の首《かしら》であり海賊行為を働いていた。ところが配下の海賊集団の離反で活動は挫折した（第一段階の反乱）。

②その後天慶年間に国衙を襲撃したが（第二段階の反乱）、小野好古《よしふる》に鎮圧された。

と理解してきた。つまり純友は一貫して海賊であるという前提に立って乱の原因を考えてきた。

これに対し、近年の小林昌二、下向井《しもむかい》龍彦《たつひこ》氏らの研究では、承平年間の純友は伊予国警固使《けいごし》などの海賊を追捕する側であり、この段階では反乱を起こしていない。純友が反乱を起こすのは天慶年間に入ってからである、という一段階説を主張している。そして下向井

氏の場合、天慶年間純友の蜂起の理由を承平年間に海賊追捕で功績を挙げたにも関わらず、勲功賞《くんこうしょう》が棚上げされていたためとしている。こうした見解に基づいて純友の乱をまとめると、その経緯は次のようになろう。

純友の乱が始まるのは天慶二年のことである。このころ純友は承平の海賊を鎮圧し、その勲功者として伊予に土着していた。ところでこの年、備前介《びぜんのすけ》藤原子高《さねたか》と、純友と同じく承平の海賊平定に活躍し土着していた藤原文元《ふみもと》が対立する。そして文元の要請によって純友がその対立に介入、文元が子高を摂津須岐《すき》駅に襲撃したことから乱が始まる。当時政府は将門の乱の対策に苦慮しており、純友に対しては懐柔策《かいじゅうさく》を採り、従五位下《じゅごいのげ》の位を授けた。しかし、その後も純友らは淡路・讃岐・伊予など各地を襲う。一方政府も将門の乱を平定すると積極策に転じ、天慶四（九四一）年二月には伊予の純友の本拠地を襲撃する。純友は挽回《ばんかい》を計って大宰府を攻撃したが敗れ、六月には伊予警固使　橘遠保《たちばなのとおやす》に討たれてしまった。以上がおよその経緯となろう。

さて、東西で時期を同じくして起こった将門と純友の乱、この両者には直接の連携などはなかったと思われるが、両者とも地方の有力者と国司の対立を調停しようとして乱が起きている点など共通している。平安中期には受領《ずりょう》の権限が大きくなり地方支配を進めることが知られているが、両乱ともそのような受領支配強化による矛盾を背景に起きているという、共通する歴史的性格ももつものであった。

（戸川　点）

【引用文献刊本】

『九条殿記』・『師守記』裏書―引用部分は、岩井市史編さん委員会編『平将門史料集』（新人物往来社）で見ることができる。

『日本紀略』―『国史大系』（吉川弘文館）

『本朝世紀』―『国史大系』（吉川弘文館）

【参考文献】

川尻秋生『戦争の日本史四　平将門の乱』（吉川弘文館、二〇〇七年）

下向井龍彦『日本の歴史〇七　武士の成長と院政』（講談社、二〇〇一年）

小林昌二氏「藤原純友の乱再論」（『日本歴史』四九九号、一九八九年）、

下向井龍彦氏「『藤原純友の乱』再検討のための一史料」（『日本歴史』四九五号、一九八九年）

8 遣唐使の廃止と国風文化

●遣唐使「廃止」の真相

「ハクシ（八九四）に戻そう＊遣唐使《けんとうし》」という語呂合わせでもおなじみの、寛平《かんぴょう》六（八九四）年の遣唐使派遣計画の中止（廃止・停止・停廃《ていはい》などさまざまな表現で語られている）は、遣唐大使菅原道真《すがわらのみちざね》の建議によってなされた、という理解が一般的である。しかし、その経緯・中止の事情については諸説あり、いまだ定説がないのが現状であり、さらに「中止」という事実自体も疑われている。

まず、このときの遣唐使派遣計画について、その経緯を伝える史料を通説に基づいて確認してみよう。

史 参議左大弁菅原朝臣《さんぎさだいべんすがわらあそん》を以《もっ》て遣唐大使《けんとうたいし》と為《な》す。左少弁紀朝臣長谷雄《さしょうべんきのはせお》を以て副使《ふくし》と為す。〈＊『日本紀略《にほんきりゃく》』（＊『扶桑略記《ふそうりゃっき》』）八月二十一日〉

遣唐大使に菅原道真、副使に紀長谷雄を任命する。

史 諸々《もろもろ》の公卿《くぎょう》をして、遣唐使《けんとうし》の進止《しんし》を議定《ぎじょう》せしめんことを請《こ》ふの状《じょう》
右《みぎ》、臣某《しんなにがし》、謹《つつし》みて在唐僧中瓘《ざいとうそうちゅうかん》、去年三月商客王訥等《さるとしさんがつしょうきゃくおうとうら》に附《ふ》して到《いた》らしむるの録記《ろくき》を案《あん》ずるに、大唐凋幣《だいとうちょうへい》、之《これ》を載《の》せること具《つぶさ》なり。……終《つい》に入唐《にゅうとう》の人《ひと》を停《や》む。……臣等伏《ふ》して旧記《きゅうき》を検《けん》ずるに、度々《たびたび》の使《つかい》等、或《ある》いは海《うみ》を渡《わた》りて命《いのち》に堪《た》へざる者有《ものあ》り、或いは賊《ぞく》に遭《あ》ひて遂《つい》に身《み》を亡《ほろ》ぼす者有りしも、唯《ただ》、未《いま》だ唐に至《いた》りて難阻飢寒《なんそきかん》の悲《かなしみ》

遣唐使　第一回が舒明《じょめい》二（六三〇）年に派遣された唐への公式使節。唐の制度や文化を日本に伝えたが、その航海は険しく、遭難することもあった。

日本紀略　↓23頁参照。

扶桑略記　神武天皇から堀河天皇までの時代を編年体で記した歴史書。平安時代後期の成立で、天台僧皇円の撰。仏教関係の記事が多く、出典が明示されている。三〇巻。

有るを見《み》ず。中瓘申《もう》し報《ほう》ずる所《ところ》の如《ごと》くんば、未然《みぜん》の事《こと》、推《お》して知《し》るべし。臣等伏して願《ねが》はくは、中瓘録記の状を以《もっ》て、遍《あまね》く公卿・博士《はくし》に下《くだ》し、詳《つまび》らかに其《そ》の可否《かひ》を定《さだ》められむことを。国《くに》の大事《だいじ》、独《ひと》り身の為《ため》のみにあらず。且《しば》らく款誠《かんせい》を陳《の》べ、伏して処《しょ》分《ぶん》を請ふ。謹みて言《こと》す。

〈『*菅家文草《かんけぶんそう》』巻九、九月十四日〉

遣唐使を派遣するか中止するかについて公卿の会議を開くことを請う状

菅原道真、在唐の僧中瓘が、去年の三月、唐商人王訥らに託して送ってきた記録を見ますと、唐の衰退・混乱の状況が詳細に記されています。……さらについには唐への入国者が停止されましたこともあります。……私どもはこれまでの古い記録を調べてみますと、これまでの遣唐使のなかには、航海中に難破して遭難する者や、賊に遭遇して命を落とす者もいたことがわかります。しかし、これまでは唐に到着しさえすれば、国内での行路や生活で苦労することはありませんでした。唐の状況が中瓘の報告通りならば、今度派遣される遣唐使の苦難は、今から思いやられます。そこで、中瓘の報告書を公卿や博士たちに示し、遣唐使派遣の可否について詳細に審議するようお願い申し上げます。遣唐使派遣は国の大問題でありますので、私自身の安全のためだけに審議をお願いするわけではありません。ここに私の誠を述べて、謹んで指示を仰ぐ次第であります。謹んで申し上げます。

菅家文草　菅原道真が著した漢詩文集。昌《しょう》泰《たい》三（九〇〇）年の成立。一二巻。

史

其日《そのひ》、遣唐使《けんとうし》を停《とど》む。

〈『日本紀略』九月三十日〉

遣唐使の派遣停止を決定する。

このように、任命から「停止」までの経過をみると、あまりに短期間であることがわかる。また、実は「停止」決定の日とされている九月三十日以降も、道真らは公文書に「大使」「副使」などの肩書きを名乗っていることがわかる。大使菅原道真は寛平九（八九七）年五月、副使紀長谷雄《きのはせお》は延喜《えんぎ》元（九〇一）年十月まで、それぞれ「大使」「副使」の肩書きが確認できる。そうなると問題は、九月三十日の遣唐使停止を伝える史料である『日本紀略』の記事であるが、この記事以外に遣唐使の停止を示す史料はない。

従来、「其日」を九月三十日と解釈して、この日に遣唐使が「停止」されたと考えられている。しかし、『日本紀略』には「其日」およびそれに字体が似た「某日」（ある日、日付が確かではない日）と書かれた記事があわせて七十余例あり、その用例を調べると、「其日」も「某日」の意味で取ることができる。したがって、「其日、遣唐使を停む」の「其日」は九月三十日の出来事とみなすことはできず、九月三十日に遣唐使派遣の「中止」が決定したと理解することはできないことになる。また、この記事は、九月十四日の道真の建議を伝える史料である『菅家文草』の記事にある「入唐の人を停む」の語句を参考に、『日本紀略』編者が何時の日か停止されたのであろうと読みとり、「其日、遣唐使を停む」と書かれた可能性が高い。

よって、八月二十一日に遣唐大使・副使が任命され、九月十四日に唐に滞在していた中瓘の唐に関わる情報を得て遣唐使派遣計画の再検討の審議が提案されたが、その後、議定における正規の審議を経て遣唐使計画が「中止」されたという事実はなく、審議結果も出されぬまま、遣唐使計画は立ち消えになったというのが真相であった。そうなると、この遣唐使計画は「中止」「停止」という表現も厳密には正しくなく、ましてや遣唐使の制度的な「廃止」を決定したという事実はまったくないことになる。派遣審議にかけられ「一時停止」となった遣唐使は、その後の唐の混乱の継続により再び派遣されることがなかったと把握すべきであろう。

●遣唐使「廃止」と「国風文化」のつながり

さて、寛平六年の遣唐使派遣計画「停止」との関係で、従来、取り上げられることとして「国風文化」の成立という問題がある。つまり、寛平六年の遣唐使「停止」後、仮名文字や大和絵《*やまとえ》に代表される日本独自の「国風文化」が成立したという図式である。遣唐使派遣の途絶が、外来文化の受容を断絶し、日本独特の文化の生成へ向かわせたという解釈になるわけだが、寛平六年の遣唐使以前から約六十年前にさかのぼるまで遣唐使の派遣はなされていない。遣唐使の途絶が「日本独自の文化」を生み出したのであれば、わざわざ寛平六年の遣唐使の「停止」にそれを求める必要はない。しかし、寛平六年の遣唐使「停止」後に「国風文化」が成立したという解釈はいまだ根強く、高校世界史の教科書のほとんどがそのような叙述になっている。

一方で、高校日本史の教科書では、少し違う叙述内容となっている。山川出版社『新日本史』(二〇〇六年検定済)における「国風文化」の説明は以下の通りである。

「十世紀以降の文化は、弘仁《こうにん》・貞観《じょうがん》時代の文化とは大きくかわり、文化の国風化という特色がみられることから国風文化と呼ばれる。

しかしそれは、中国の文化を捨てて日本的な文化がつくられたのではなく、七世

大和絵　中国の絵画、もしくは中国風の絵画である唐絵に対して、日本の風物を主題にした絵画のこと。

紀から十世紀にいたる長い期間の中国文化の吸収・定着の上に立って、中国の文化を咀嚼《そしゃく》したものである。」

この教科書の叙述によると、「国風文化」とは、「中国文化を咀嚼しながらつくられた日本的な文化」ということになる。つまり、遣隋使・遣唐使が派遣された七~九世紀前半およびそれ以降の九世紀後半~十世紀にかけて、常に中国文化を取り入れながら「日本的な文化」を生成していたと解釈できる。

ここで注意しなければならないのは、中国文化をもたらす存在は、遣隋使や遣唐使だけではないということである。七~八世紀であれば朝鮮半島（高句麗《コグリヨ(こうくり)》・百済《ペクジェ(くだら)》・新羅《シルラ(しらぎ)》）からの渡来人たちが、八~十世紀前半であれば、現在の中国東北部に興った*渤海《ぼっかい》からの使節が、遣唐使の派遣回数以上に来日している。また、九世紀前半以降、唐に拠点をもつ「新羅商人」「大唐商人」などと日本側で認識される海上商人（海商）たちが頻繁に来航し、多くの文物・文化をもたらしていた。

●遣唐使以後―海商の時代へ

遣唐使の派遣もなくなっていた延喜三（九〇三）年、「中国」系海商との貿易に関わる法令が出されている。

史　応《まさ》に諸使《しょし》の関《せき》を越《こ》えて私《わたくし》に唐物《からもの》を買《か》うを禁遏《きんあつ》すべき事《こと》

唐人商船来着《とうじんしょうせんらいちゃく》の時《とき》、諸院諸宮諸王臣家《しょいんしょぐうしょおうしんけ》等《ら》、官使未《かんしいま》だ到《いた》らずの前《まえ》に使《つかい》を遣《つか》わし争《あらそ》い買《か》う。又《また》、墎内《かくない》の富豪《ふごう》の輩《ともがら》、心遠《こころとお》き物《もの》を愛《め》で、直踊《あたいおど》り貿易《ぼうえき》す。茲《これ》に因《よ》りて貨物《かもつ》の価直定《かちさだ》めに准《なぞら》えて平《たい》らにあらず。是則《これすなわ》ち関司勘過《せきしかんか》慥《たし》かにあらず。府吏検察《ふりけんさつ》を簡略《かんりゃく》に

渤海　中国の東北地方から、朝鮮半島北部を支配した国家。六九八年に高句麗の遺民により建国された震国にはじまる。たびたび渤海使を派遣し、日本と外交および貿易関係を結んだ。

して之《これ》を致《いた》す所也《ところなり》。〈『類聚三代格』巻一九、延喜三年八月一日の太政官符〉

院宮王臣家の使が関（長門・豊前）を越えて私に唐物を買うことを禁止する事

唐商人が大宰府に来着した時、院宮王臣家などが、政府の使いが到着する前に使いを派遣し、政府の使いよりも先に唐物購入の争奪戦を行っている。また、大宰府条房内の富豪層が舶来品を愛でてやまないため、その値が高騰している。そのため、貨物（舶来品）の値が標準よりも高くなり安定していない。これは、関司（豊前・長門）で調べもせずに（院宮王臣家の使いを）通過させているからである。大宰府役人による監督が怠慢だからである。

この法令から、十世紀初期の段階で、舶来品である「唐物」が本来、政府が先に買い上げる規定があるにも関わらず、院宮王臣家の人たちが政府の使い（唐物使）よりも先に使いを派遣し購入してしまっている状況が読み取れる。したがって、これ以前の「中国」系海商が来日を始める九世紀半ばごろから、遣唐使や渤海使以外の文物・文化のもたらし手として、東アジア海域を往来する海商たちの存在があったということになる。

以上のように、遣唐使派遣計画の「停止」は「国風文化」の成立の直接的な原因とは結びつかず、また、寛平六年の遣唐使派遣計画の「停止」という事実自体についても正式に「停止」されたものではなかった。遣唐使のみで日本の対外関係を考えてしまうと、それが派遣されなくなってしまった段階で「鎖国」状態になり、外来文化の摂取に対して「消極的」になったと解釈してしまうが、最後の遣唐使となった承和《じょうわ》年間の遣唐使派遣以降も、渤海使や海商たちの来日によって、外来文化の摂取が積極的になされていたのである。

（皆川　雅樹）

【引用史料刊本】

『日本紀略』—『新訂増補国史大系』（吉川弘文館）
『菅家文草』—『日本古典文学大系』（岩波書店）
『類聚三代格』—『新訂増補国史大系』（吉川弘文館）

【参考文献】

石井正敏『東アジア世界と古代の日本』（山川出版社、二〇〇三年）
榎本淳一『唐王朝と古代日本』（吉川弘文館、二〇〇八年）
榎本渉「新羅海商と唐海商」（佐藤信・藤田覚編『前近代の日本列島と朝鮮半島』山川出版社、二〇〇七年）
皆川雅樹「「国風文化」再考・覚書」（専修大学附属高等学校『紀要』三九、二〇〇八年）

9「鹿子木荘事書」の虚構

●「鹿子木荘事書」という史料

鹿子木荘《かのこぎのしょう》は肥後国《ひご》、現在の熊本県にあった荘園で、寄進地系荘園の典型とされている荘園である。しかし、その典拠とされている「鹿子木荘事書《ことがき》」は荘園の成立を語る史料ではない。「鹿子木荘事書」は、現在でもほとんどすべての教科書・史料集・図表類に、荘園の成立を語る史料として掲載され、「日本史」のなかでも有名な史料のひとつである。だが、この史料は荘園成立の史料としては全く不適切なものなのである。しかもこのことは、四〇年も前に明らかにされていて、研究者の間では常識となっていたのだが、なお教科書類には掲載され続けている。そこでまず、具体的に「鹿子木荘事書」が荘園の成立を語る史料ではないことを示し、その上でなぜこの史料がいまもなお掲載され続けているのか、ということを考えてみたい。

実際に「鹿子木荘事書」を読んでみよう。

史　鹿子木《かのこぎ》の事《こと》

一《ひと》つ、当寺《とうじ》の相承《そうしょう》は、開発領主《かいはつりょうしゅ》沙弥《しゃみ》寿妙《じゅみょう》嫡々相伝《ちゃくちゃくそうでん》の次第《しだい》なり。

一つ、寿妙の末流《まつりゅう》高方《たかかた》の時《とき》、権威《けんい》を借《か》りんがため、実政卿《さねまさきょう》をもって領家《りょうけ》と号《ごう》し、年《ねん》貢《ぐ》四百石《ひゃくこく》をもってこれを割《さ》き分《わ》かつ。高方は庄家《しょうけ》領掌《りょうしょう》進退《しんたい》の預所職《あずかりどころしき》たり。

一つ、実政の末流願西《がんさい》微力《びりょく》の間《あいだ》、国衙《こくが》の乱妨《らんぼう》を防《ふせ》がず。これゆえに願西領家の得分《とくぶん》二百石をもって、高陽院内親王《かやのいんないしんのう》に寄進《きしん》す。くだんの宮薨去《みやこうきょ》ののち、御菩提《ごぼだい》として、勝功徳院《しょうくどくいん》を立《た》てられ、かの二百石を寄《よ》せらる。その後美福門院《びふくもんいん》の御計《おはか》らいとして、御室《おむろ》に付《ふ》せらる。これ則《すなわ》ち本家《ほんけ》の始《はじ》めなり。

鹿子木荘の事について

一つ、当寺の相承の権利は、開発領主である沙弥寿妙から受け継いだものである。

一つ、寿妙の子孫の高方のときに、権威を借りるため、藤原実政卿を領家としたので、年貢から四〇〇石を領家におさめることになった。高方は荘園を管理する預所職となった。

一つ、実政の末流である願西はあまり実力がなく、国衙による収公を防いでくれなくなった。したがって願西の領家得分のうちから二百石を高陽院内親王に寄進した。この宮が亡くなったあとは、その菩提を弔うために勝功徳院が建てられ、先の二百石を寺用として寄進した。その後は美福門院の計らいで、仁和寺御室に受け継がれることになった。これが本家のはじまりである。

【大意】当寺は、鹿子木荘において、開発領主寿妙から相承の権利を受け継いでいるが、寿妙の子孫の高方のときに実政卿に年貢四〇〇石を収めるという条件で領家と仰ぎ、自らは預所職となった（第一寄進）。その後、実政卿の末流に力がなくなったため、さらに二〇〇石を収めるという条件で高陽院内親王に寄進する（第二寄進）。高陽院内親王没後、最終的には仁和寺御室に継承され、これを本家とした。

開発領主を起点とした下からの二度にわたる寄進のすえ、本家—領家—預所（=開発領主）という重層関係をもって、荘園が成立したことを読みとることができ、よって「寄進《きしん》地系荘園《ちけいしょうえん》」と称される。

●「鹿子木荘事書」の史料解釈の歴史

そもそも、この「鹿子木荘事書」という史料を見つけ出し、最初に荘園の成立を論じたのは、今から約一〇〇年以上前、二十世紀初頭の法制史家中田薫《なかたかおる》氏であった。中田氏はこれを素直に読み解き、二重寄進のすえ荘園は成立するが、実質的な荘園に関する権利は常に開発領主である寄進者に留保されるとし、開発領主の権利の強さを重視した。

　中田氏のこの論に初めて異議を唱えたのは、それから半世紀以上をへた一九六〇年永原《ながはら》慶二《けいじ》氏であった。永原氏は鹿子木荘に関する他の史料も検討した結果、鹿子木荘が正規の荘園として認められたのは十二世紀になってからで、それ以前には不輸不入《ふゆふにゅう》などの荘園としての権利は獲得しておらず、国衙《こくが》との関係は切れてはいなかったと論じて、開発領主の権利を評価する中田氏を批判した。

　このように永原氏は、中田氏を批判したが、開発領主の権利の強さという点を批判したのであって、荘園の成立における、開発領主からの寄進の連鎖、を否定したわけではなかった。そしてまた、実は「鹿子木荘事書」自体には年紀が記されていないのだが、中田・永原両氏はともに、この史料の成立年代を鎌倉幕府成立期の建久《けんきゅう》年間（一一九〇〜九九）と判断している。そのうえで、中田氏は、それ以前に遡っても一定の真実を描いたものとして利用できるとし、さらに永原氏も、背景として開発領主=在地領主《ざいちりょうしゅ》=武士の成長をみるので、中田氏が「鹿子木荘事書」の開発領主の権利を強く描いてしまうのは、開発領主を守るべき鎌倉幕府成立後の史料だからであるとして、成立年代については肯定した。

このののち「鹿子木荘事書」に関して、もっとも大きな修正を加えたのは、石井進《いしいすすむ》氏である。石井氏は史料の成立事情、時期の解明にこだわって検討をおこなった。彼はとくに「鹿子木荘事書」が当寺（東寺）に伝来したという事実に注目した。「鹿子木荘事書」本文一行目の「当寺」にこだわったのである。上述の解釈では、「当寺」は「当寺」のまま訳したので、具体的に何を指すのかと疑問をもった方も多いかもしれない。ここでその疑問を解決しておこう。

かつて中田氏は「当寺」を「当時」（＝現在、と訳す）と解釈し、「当寺」を解釈することを避けた。しかし石井氏は「当時」と訳すことの無理を指摘し、「当寺」とは、「鹿子木荘事書」という史料が、※『東寺百合文書《とうじひゃくごうもんじょ》』として伝来したことから、それは東寺を指すとし、そこから厳しい史料批判をおこなったのである。石井氏は東寺に伝来したその他の鹿子木荘関連文書などの検討から、東寺は鹿子木荘の開発領主の子孫からその権利を受け継いでいたことをまず明らかにした。そのうえで、「鹿子木荘事書」は、東寺が妨げられていた権益の回復のために領家側と争ったときに公家《こうけ》法廷に提出した、いわば証拠書類であるということを実証した。しかも、この訴訟が争われたのは十三世紀末であるとして、「鹿子木荘事書」が実際に書かれた年代も、建久年間からはるか一〇〇年ほどくだった永仁《えいにん》二〜四（一二九四〜九六）年ごろであることを明らかにしたのである。つまり、「鹿子木荘事書」は、東寺が継承した開発領主の権益を主張する文書なのであって、中田氏が主張した

東寺百合文書　東寺に伝来する文書。約二万四〇〇〇点ある。

ように開発領主の権利の強さを示すのは、むしろ当然のことと言える。そして、この東寺の主張は失敗したらしく、これ以降の東寺関係文書の中に鹿子木荘は全く現れない。もしかしたら「鹿子木荘事書」における東寺の権利主張そのものが、同時代的にも少々強引なものであったのかとも思わせる。それはともかく、「鹿子木荘事書」という史料は十三世紀末に書かれ、内容についても、訴訟における権利主張ということから、それはかなり大げさに誇張して書かれているであろうことは明白なのである。しかも、このことはすでに四〇年も前に明らかにされていたことなのであった。

●教科書のなかの「鹿子木荘事書」

それでは、現行の高校教科書の「鹿子木荘事書」を紹介している部分の記述を確認してみよう。ここでは山川出版社の『詳説日本史B改訂版』(二〇〇六年検定)を取り上げる。

「十世紀後半には国衙から臨時《りんじ》雑役《ぞうやく》などを免除されて一定の領域を開発する者が増え、十一世紀に彼らは開発領主とよばれてみずからの開発地に対する支配権を強めていった。彼らの多くは在庁官人となって国衙の行政に進出したが、なかには所領にかかる税の負担を逃れようとして、所領を中央の権力者に寄進し、権力者を領主とあおぐ荘園とするものもあらわれた。

寄進を受けた荘園の領主は領家とよばれ、この荘園がさらに上級の貴族や有力な皇族にかさねて寄進された時、上級の領主は本家とよばれた。そして開発領主は下司などの荘官となり、所領の私的支配をいままでよりもさらにおし進めた。こうした荘園は寄進地系荘園とよばれ、十一世紀半ばには各地に広がった。」

まず確認しておきたいことは、この記述ならびに「鹿子木荘事書」の記載位置である。これらは教科書第1部原始・古代の十世紀ころの叙述に含まれており、武士の成長と並んで記述されている。確認してきたように、「鹿子木荘事書」は十三世紀末、鎌倉時代終わりころの史料なのであって、古代の十世紀ころの実情を語る史料としてふさわしくない。さらに教科書のこの叙述は、多少の配慮はみられるものの、全体的にみて石井説でもなく、ましてや永原説でもなく、中田説に一番近いといえるだろう。さきほど中田説における「当寺」の解釈について述べたが、いまだに「当寺」を「当時」と解釈する史料集もみられ、中田説がなお根強く通説として認識されていることを物語っている。

それではなぜ現行教科書は一世紀も前の中田説をいまだにとっているのだろうか。一番の要因としては、やはり中田氏を批判した永原氏が、開発領主を起点とした寄進の連鎖によって重層的な荘園が形成されるという寄進地系荘園論については、むしろ肯定したことにあるだろう。そのうえで永原氏は、最初はさほどの領主権をもち得なかった開発領主が、鎌倉幕府という武家政権の成立を背景に、中世以降に成長していくという過程を描き、寄進地系荘園論を補強したのである。さらにその後の石井氏は、厳しく史料批判はしたものの、その論は史料批判にとどまるものだった。したがって、教科書は寄進地系荘園論をとらざるをえず、それはさらに武士の成長と関連づけられ、開発領主こそが在地に根付いて力をつけた武士であり、この草深い田舎で成長した武士が、古代的な貴族を倒して武家政権である鎌倉幕府をつくり、中世社会を形成するという、従来どおりの古典的なイメージで説明せざるをえなくなってしまうのである。

●新しい見解のなかの「鹿子木荘事書」

しかし、四〇年前の石井論文以降も、研究は確実に積み重ねられている。「鹿子木荘事書」を新しい見解から見直していきたい。

まず、鹿子木荘の開発領主沙弥寿妙の家系が、そもそも肥後国の在地勢力ではなく、受《ず》*領《りょう》クラスの中央官人中原《なかはら》氏であったことが明らかにされている。つまり、従来のような在地の有力者（＝開発領主）が私領を形成し、国司の乱妨を防いでくれる中央の有力者にそれを寄進して寄進地系荘園となし、自らは在地における領主権を強化した、という構図は成り立たない。開発領主自身こそが受領層であり在京勢力なのであって、事実、在地勢力が開発領主として発展することはほとんど確認できないが、受領層でもある中下級貴族が、地方で私領《しりょう》を形成し、それを縁故ある中央の人物に寄進して荘園とすることは、むしろ一般的に見られる歴史的事象なのである。

さらに九〇年代半ばになると、寄進地系荘園論に対して真正面から異議を唱える「立荘《りっしょう》」論が登場する。「立荘」論はこれまで引き継いでしまっていた「寄進地系荘園」という概念を捉え直そうとするものである。荘園の成立＝寄進ではなく、荘園の成立＝立荘であるとして、荘園成立の契機として、下からの寄進の連鎖よりも、院《いん》・女院《にょいん》・摂関家《せっかんけ》が文書を発給して、王家領《おうけりょう》・摂関家領と認める、いわば上からの立荘を重視する。そして立荘を契機に、寄進の段階では規模の小さな免田《めんでん》にすぎなかった中下級貴族の私領は、その免田部分をもとに周辺の公領《こうりょう》なども囲い込んで、ときには郡規模にも及ぶ広大な領域型荘園《りょういきがたしょうえん》となり、構造そのものが大きく転換することを明快に論じた。鹿子木荘に則していえば、すで

受領　国司のうち、実際に領国に赴任し政務を執る者のうちの最上位者を言う。後、広く国司をさす言葉となる。

に石井氏は、開発領主の末流から実政卿への第一寄進は実政を「領家と号した」だけのことで、後年の高陽院内親王への第二寄進によって、はじめて立券がなされたとすべきであると指摘していたが、鹿子木荘でもこの第二寄進を契機に王家領として立荘をとげ、開発領主の小規模な私領から、領域型荘園へと構造の変換があったと想定できるのである。

さらにこのような荘園は、多くの場合、院などが御願主《ごがんしゅ》となる御願寺《ごがんじ》造営を契機として、院近臣の縁故にたよって私領が集められ、御願寺の運営費用として立荘されていた。その時期としては、白河《しらかわ》院政期に早い例が現れ、鳥羽《とば》院政期をピークとする。鳥羽院政期はまさに御願寺造営のピークでもあった。「鹿子木荘事書」でまず領家となった実政卿も第二寄進をしたその末流願西も、院近臣系の人物であったことがすでにわかっている。また第二寄進の時期についても、高陽院内親王が鳥羽院の娘であり、他の史料からもそれが鳥羽院政期であることがわかる。さらに「鹿子木荘事書」にも、勝功徳院という御願寺の「寺用」として鹿子木荘が設定されたと書かれており、鳥羽院政期の御願寺領という意味では、まさに荘園形成の典型ということができるのである。

以上述べてきたように、「鹿子木荘事書」は一定の真実を反映してはいるものの、主張の主眼は、鎌倉末期の訴訟において、開発領主の権益を継承した東寺に有利になるように、開発領主の権利を過度に強調することであった。通説となっていた寄進地系荘園論も、それに基づく高校教科書も、この東寺の虚構に、七〇〇年以上の時をへてなお、すっかりだまされていたわけである。中世における東寺の訴訟のテクニックが、非常に巧みなことは定評があるが、何百年もあとの人々までがそのレトリックにひっかかるとは、この時代の当事者もよもや思わなかったであろう。それはそうと、荘園の成立を寄進一辺倒に語りつづけることはすでに難しい段階にきている、ということはいえるのではないだろうか。

（野口　華世）

【引用史料刊本】

「鹿子木荘事書」――「東寺百合文書」（し函）

【参考文献】

中田薫「王朝時代の庄園に関する研究」（『法制史論集』第二巻、岩波書店、一九三八年、初出一九〇六年）
永原慶二「荘園制の歴史的位置」（『日本封建制成立過程の研究』岩波書店、一九六一年、初出一九六〇年）
石井進「『鹿子木荘事書』の成立をめぐって」（『中世史を考える』校倉書房、一九九一年、初出一九七〇年）
副田秀二「肥後鹿子木荘についての再検討」（『熊本史学』六六・六七合併号、一九九〇年）
石井進「荘園の領有体系」（網野善彦他編『講座日本荘園史二　荘園の成立と領有』吉川弘文館、一九九一年）
西谷正浩「徳政の展開と荘園領有構造の変質」（『日本中世の所有構造』塙書房、二〇〇六年、初出一九九二年）
川端新『荘園制成立史の研究』（思文閣出版、二〇〇〇年）
高橋一樹『中世荘園制と鎌倉幕府』（塙書房、二〇〇四年）
野口華世「中世前期の王家と安楽寿院―「女院領」と女院の本質―」（『ヒストリア』一九八号、二〇〇六年）
鎌倉佐保「『寄進地系荘園』を捉えなおす」（『歴史評論』七一〇号、二〇〇九年）

10 天下大吉例──上東門院彰子の人生と歴史的意義

●摂関家には女の子が必要

藤原道長《みちなが》の嫡子《ちゃくし》頼通《よりみち》と正妻隆姫《たかひめ》女王の間には子が産まれなかった。隆姫は、懐妊を祈り、幾度も寺社に参詣《さんけい》した。さてこの場合、跡取りとしての男児の誕生を祈ったと思われるかもしれないが、そうではない。隆姫は、女児の誕生を祈ったのである。いわゆる摂関政治とは、藤原良房《よしふさ》が貞観《じょうがん》八（八六六）年、人臣初の摂政になって以来、藤原氏の中でも北家（のちに九条流、御堂流と特化される）の一族の長にあたる人物が、摂政・関白の地位を得て、天皇の補佐・後見として実質的な政務運営を担う政治体制である。その地位の前提として、天皇の外戚であることが求められたため、彼らは娘もしくは姉妹を後宮に入れて天皇と婚姻関係を結ばせ、皇子を儲けさせなければならなかった。ゆえに、摂関の地位の継承のためには、まずは女児を確保しておかなくてはならなかったのである。

その点、摂関政治の最隆盛期を現出した藤原道長は娘に恵まれた人物であった。正妻源倫子《りんし》との間に四人、次妻源明子《めいし》との間に二人の娘がいた。ただし妻の格の違いは娘の嫁ぎ先にも差異をもたらした。

次妻明子の長女寛子《かんし》は、小一条院《こいちじょういん》の妃となった。小一条院とは、三条《さんじょう》天皇の皇子敦明《あつあきら》親王の、のちの名である。三条天皇は、道長との確執の結果退位させられたが、敦明を皇太子とすることには固執した。しかし、三条院死後の敦明は後見を失い、道長の圧力に耐えられず、結局皇太子を辞した。その対価として小一条を院号宣下され、寛子を迎えたのである。次女の尊子《そんし》は、源師房《もろふさ》の妻となった。具平《ともひら》親王を父とする師房はもともと、資定《すけさだ》王と称していたが、臣籍降下し源氏を名乗った。隆姫の弟である師房は、頼通の猶子となり、頼通に男子が誕生しなかった場合、摂関家の後継者と目されていた時期もあったが、道長の娘の中で、人臣の身分である男性と婚姻したのは尊子のみであった。このように明子腹の娘は、道長の「裏」「陰」の部分を支える婚姻をしている。

一方、正妻倫子の娘はすべて天皇・皇太子と婚姻している。道長第一子にして長女の彰《しょう》子《し》は一条天皇の中宮、次女妍子《けんし》は三条天皇の中宮、三女威子《いし》は後一条の中宮、四女嬉子《きし》は後朱雀《ごすざく》が皇太子時代の正妃（早世）である。彼女たちはまさに、道長の「表」「陽」の部分を支える婚姻を果たしたのである。

このように、道長の婚姻政策は厳しく現実的なものであった。なお、この妻の格差はそれぞれの男児の昇進にも反映されている。

道長は、父兼家の五男であったが、兄たちが疱瘡などで相次いで病没し、最たるライバルであった甥の伊周《これちか》（道隆《みちたか》の嫡男）との政争に勝利し、権力を握った。ただし、その後も権力を維持・発展し得たのは、有名な「この世をば　わが世とぞ思ふ　望月の　欠けたることも　なしと思へば」〈＊『小右記《しょうゆうき》』〉と謳いあげるまでに成功した娘たちと天皇との婚姻、皇子たちの誕生があったためである。

●彰子、国母となる

道長と倫子の四人の娘たちのなかには、天皇もしくは皇太子に嫁いだものの、皇子に恵

小右記　小野宮《おののみや》右大臣と称された、藤原実資《さねすけ》の日記。藤原道長への批判的な記述が多い。全六一巻。

まれなかった娘もいた。威子が禎子《ていし》内親王《ないしんのう》を出産した報告を受けた道長は、機嫌が悪くなったという（『小右記』）。しかしそのような中で、傑出して道長の栄光を導いた存在が、長女の彰子、のちの上東門院であった。

彰子は、永延《えいえん》二（九八八）年に、道長と正妻倫子の間の第一子として誕生した。弟が頼通である。彰子は「后がね」（后となるべき娘）として、大事に育てられたが、年齢的に釣り合う天皇候補者に乏しく、複数の女御、さらには中宮定子《ていし》までいる一条天皇（九八〇年生）に女御として入内《じゅだい》した。長保《ちょうほう》元（九九九）年十一月一日のことである。七日に彰子は女御宣下を受けたが、その日に定子は一条天皇第一皇子敦康《あつやす》親王を出産している。道長による露骨な定子への嫌がらせと考えられ、この種の嫌がらせはその後も続いた。

『枕草子』作者の清少納言《せいしょうなごん》が仕えたことで有名な定子は、父道隆の死去、兄伊周《これちか》・弟隆家《たかいえ》による「長徳《ちょうとく》の変」（花山院に矢を射た事件）など数々の不遇を経てもなお、一条の寵愛を集めていた。絢爛豪華な入内を果たしたとはいえ、定子が存在する上、出産可能年齢にはまだ遠い彰子の立場は不安定であった。道長は彰子の権威付けのため、中宮定子を皇后とし、彰子を中宮として立后させるという前代未聞の「一帝二后」策を講じた。しかし、翌長保二年、定子は第三子の内親王を出産し、死去する。彰子は、定子の産んだ敦康親王を養育し、後には一条の遺志として敦康の立太子を自分の皇子より優先すべきとの意見さえもつようになる。もっとも、道長は彰子の第一子敦成《あつなり》親王（のちの後一条《ごいちじょう》天皇）を立太子させ、彰子はそのことを恨んだと『*権記《ごんき》』『*栄花物語《えいがものがたり》』は伝える。

一条への入内から十年目の寛弘《かんこう》五（一〇〇八）年、彰子は待望の皇子・敦成親王を出産

権記　三蹟《さんせき》のひとり、藤原行成《ゆきなり》の日記。書名は行成が権大納言だったことによる。正暦《しょうりゃく》二（九九一）年～寛弘《かんこう》八（一〇一一）年まで。

栄花物語　作者不詳。宇多天皇から堀河天皇まで一五代約二〇〇年におよぶ歴史物語。正編、続編で全四〇巻。宮廷に仕えた女性たちにより完成されたと推測されている。

した。父道長の喜びようは『紫式部日記』に遺されている。翌年には敦良《あつなが》親王（のちの後《ご》朱雀《すざく》天皇）も誕生した。一条天皇は寛弘八（一〇一一）年に死去し、彰子はまだ二四歳であった。しかし、この二人の皇子がそれぞれ皇太子・天皇と成長したことで、道長は政界に君臨し、彰子は長和《ちょうわ》元（一〇一二）年には皇太后、寛仁《かんにん》二（一〇一八）年には太皇太后へと転上した。国母として、彰子はすべての后位を登り詰めていったのである。

●彰子、女院となる

さて、彰子の人生は太皇太后という后の最高身分では終わらなかった。「女院」という地位が待っていたのである。

女院とは、男性の院の制度に倣《なら》って院号を宣下された女性のことであり、初例は彰子にとっては伯母である道長の姉詮子《せんし》であった。詮子は、円融《えんゆう》天皇の女御であった時代に円融唯一の皇子（のちの一条天皇）を産んだが、対抗関係にあった遵子《じゅんし》が皇子を産まないまま皇后となったため（「素腹の后」と揶揄《やゆ》されたと『大鏡《おおかがみ》』*にある）、皇子とともに実家の摂関本邸（東三条殿）に引きこもり、たびたびの円融天皇の召しにも応じなかったという。皇后にはなれなかった詮子だが、円融の退位後に女御から直接皇太后となる初例をひらき、さらに円融死後の正暦二（九九一）年、史上初めて国母（天皇の生母）として院号を宣下された。院号は男性の院に倣って自邸の名称を採ったので「東三条院」であった。

詮子の姪である彰子は、二例目の女院となった。院号は「上東門院《じょうとうもんいん》」。実家の土御門《つちみかど》殿の別称である上東門第に因《ちな》んだものである。女院という制度は江戸末期まで続き、一〇七名（二度宣下される女性がいるので一〇八例）の女院の約七割が「〇〇門院」というパターン

大鏡　作者不詳。文徳天皇から後一条天皇まで一四代約一五〇年間の出来事を記す。四鏡のひとつ。大宅世継《おおやけのよつぎ》と夏山繁樹《なつやまのしげき》という二人の老人と若侍の対話形式で綴られている。

の院号を宣下されるので、女院号は「門院号」とも通称されるようになるが、それは国母としての上東門院が女院のよき先例として重視され、のちの院号定（院号を決定する会議）の議論に影響したからである。

上東門院は、八七歳という当時としてはまれな高齢で死去した。後半生は、后レベルの女性としてはほとんど例のない完全な剃髪姿を貫いた。夫、二人の皇子、孫、自分の兄弟に先立たれたことを嘆きつつ、仏道に邁進する生活であったが、摂関家のみならず王家の尊長として、それぞれへの発言権を保ちながら老後を過ごしたことは、鎌倉時代成立の『古事談』所収の説話からもうかがえる。

●上東門院、後世に語られる

さて、上東門院の歴史的意義を考えるため、後世の上東門院観がいかなるものであったのかを象徴する史料を紹介しよう。院政期の摂関家を代表する人物藤原忠実《ただざね》は、白河《しらかわ》院の登場により、摂関家がかつての王権における立場を維持し得なくなった時代の摂関家家長と従来みなされていた。しかし近年では、散逸しかけていた摂関家領の復興・拡大を果たしたこと、天皇外戚の立場を失ってもなお摂関の地位を認められた忠実の存在が「摂関家」の成立にあたるともされること、保元の乱による蟄居を経ても「大殿」という摂関家の代表者であり続け、国政・家政への影響力を保持したこと、などから、中世の王権・政治史を研究する上での重要性が再認識された人物である。

この忠実や彼の家司《けいし》の遺した日記や言談集からは、道長時代を理想とする、理想とせざるを得ない院政期摂関家の切実なる政治的環境が確認できるのであるが、それらの史料には、すでに死去していた上東門院を引き合いに出しているものがある。摂関家がなにかしらの困難に遭遇したときに、それを切り抜ける方法として、上東門院が利用されているのである。一例を挙げよう。

忠実の息子忠通《ただみち》と、白河院の養女璋子《しょうし》との縁談が、白河院から提案された。忠実は婚姻実現にむけて数々の祈祷《きとう》をおこなうなどして熱心に準備するのだが、肝心な時期に内裏に穢《けが》れが発生してしまった。通常であれば穢れの期間には、慶事はおろかその準備すらおこなうべきではない。しかし忠実は、この慶事をなんとか遂行するべく、道長の日記である『御堂関白記《みどうかんぱくき》』を紐解いたのである。そこには、禁忌《きんき》があっても一条天皇への入内を果たした道長と彰子のいきさつがあり、ここに忠実は活路を見出した。もちろん忠実の日記『殿暦《でんりゃく》』にも記事はあるが、この問題に奔走した摂関家家司、藤原宗忠《むねただ》の日記『中右記《ちゅうゆうき》』のほうが、忠実の言動と当時の上東門院観を如実に現しているのでみてみよう。

史 ……殿下《でんか》(忠実)仰《おお》せられて云《い》はく、今朝《けさ》御堂御記《みどうぎょき》を被見《ひけん》するの処《ところ》、去《さ》んぬる長保元年《ちょうほうがんねん》九月八日、皇居一条院《こうきょいちじょういん》の宿所《しゅくしょ》の下《した》に死人《しにん》あり。七・八歳《さい》ばかりの小児《しょうに》に犬《いぬ》の噛《か》み入《い》るなり。所々破損《しょしょはそん》す。よりて卅《さんじゅう》日の穢《けがれ》となすべきの由《よし》、定《さだ》められ了《おわ》んぬ。同《おな》じく廿《にじゅう》五日、初《はじ》めて入内《じゅだい》の定《さだめ》あり（上東門院の御事なり。是、穢中に件の事を定めらるるなり）。十一月一日、初めて入内す（年十二）。次《じ》年二月廿五日、立《た》てて中宮《ちゅうぐう》と為《な》すてへり。是《これ》、上東門院《じょうとうもんいん》なり。一家《いちのいえ》として天下《てんか》として大《だい》吉例《きちれい》なり。件《くだん》の入内の事《こと》、穢中に件の定めあるなり。この事、今度《このたび》に叶《かな》ふなり。早《はや》くこの旨《むね》を以《もっ》て、院に奏《そう》すべしてへり。

〈『中右記』天永二（一一一一）年六月十七日条〉

殿下（忠実）がおっしゃるには、「今朝『御堂関白記』を見たところ、長保元（九九九）年九月八日に、皇居であった一条院の宿所のもとに死体が見つかった。七・八歳ばかりの子供の死体で犬が噛み付いていた。ところどころ破損していた。よって三〇日間の穢が決定された。同月二十五日に、初めて入内の定があった（上東門院のことである。穢の期間に入内が決定したということである）。十一月一日に初めて入内した（一二歳であった）。翌年二月二十五日に中宮に立った。これは上東門院の話である。この入内のことは、一の家（＝摂関家）にとっても世の中にとっても大吉例である。このことは、今回の璋子様と忠通との婚姻にふさわしい先例である。早くこの旨を白河院に奏上しなさい」ということであった。

白河院はこの直前まで婚姻の遅延に意思が傾いていたが、忠実の意見を聞き、「そのような例があることを知らなかった。先例があるならば婚姻の準備を進めよ」との返事をした。結果として、他の事情によりこの縁談は消滅するのだが、この段階での忠実にとっては、外戚関係にない白河院との協調関係を得るために、是が非にも実現したい事案であった。そのなかで頼りとされたのが上東門院だったのである。上東門院という先例は、単なる摂関家出身のいち后としてだけではなく、天下の大吉例として認識され、摂関家の危機に有効に作用したのである。

●上東門院の歴史的意義―女院から「院政」へ

忠実は、院政期摂関家の切り札として、吉例としての上東門院を利用した。しかし、上東門院の意義は、摂関家の歴史にとどまるものではなかった。最後にこのことを述べておきたい。

見落とされがちな事実ではあるが、摂関時代に上東門院のような国母の女院が権力を握った後に、男性の天皇経験者によるいわゆる「院政」の時代が到来している。上東門院は、本格的院政を開始した白河院の曾祖母にあたり、長寿だったため白河天皇期まで存命していた。そして重要なことは、上東門院の「院」としての先例のいくつかは、男性の院にも適用されたのである。その内容には、白河・鳥羽《とば》・後白河院の葬儀を上東門院を先例として遂行したという、女院として男の院の先例となった事例から、上東門院が「内覧」（天皇に奏上する文書を先見すること）をしたという狭義の院政に関わる事例まである。また、この時期の院たるものの特徴として、王家の血統への執着という特徴があるが、上東門院が直系孫である皇子たちのキサキ選びに介入したことも明らかになっている。

先にみた忠実も白河院も、道長の五世孫である。彼らは、道長の長女であり、かつ二人の天皇の国母である上東門院という存在を利用して、一方は摂関家の権威の維持に、一方は新たな政治形態である院政の確立に、それぞれ奔走した存在であるといえる。

上東門院の人生は、道長の長女という所与の環境から出発し、一条天皇の妻后や二人の天皇の国母という役割を経て、摂関家・王家双方に尊重される女院として、その死後まで語られるものであった。〈天下大吉例〉としての上東門院は、古代から中世への政治史の変容に深く刻まれるべき存在なのである。

そして上東門院という人物からみると、院政という政治形態や時代も、これまでとは大分違った印象を受けるであろう。先例や故実が、新たな歴史的知見を与えてくれるよい事例といえる。同時代史料の重要性はもちろんであるが、とある人物や事実が後世に語られるということが、単なる回顧ではなく、これほどの現実世界への切実さをもっているということもまた、史料と対峙する際に意識したいことである。

（高松　百香）

【引用史料刊本】

『中右記』――『増補史料大成（第十二巻〈中右記四〉）』（臨川書店）

【参考文献】

服藤早苗『平安朝の母と子』（中公新書、一九九一年）
並木和子「平安時代の妻后について」（『史潮』三七、一九九五年）
井原今朝男『日本中世の国政と家政』（校倉書房、一九九五年）
元木泰雄『院政期政治史研究』（思文閣出版、一九九六年）
永井路子『望みしは何ぞ』（中央公論社、一九九六年。のち中公文庫、一九九九年）
高松百香「院政期摂関家と上東門院故実」（『日本史研究』五一三号、二〇〇五年）
服藤早苗『平安王朝社会のジェンダー――家・王権・性愛――』（校倉書房、二〇〇五年）
高松百香「平安貴族社会における院号定―女院号の決定過程とその議論―」（服藤早苗編『女と子どもの王朝史―後宮・儀礼・縁―』森話社、二〇〇七年）
河内祥輔『日本中世の朝廷・幕府体制』（吉川弘文館、二〇〇七年）
末松剛『平安宮廷の儀礼文化』（吉川弘文館、二〇一〇年）
樋口健太郎『中世摂関家の家と権力』（校倉書房、二〇一一年）

11 北面の武士の役割

●北面の武士とは？

平安時代に、武士が院の枕元で看病に当たっていた、というと、意外な気がするかもしれない。しかし、これは実際にあった話なのである。なぜ武士が、治天の君《*ちてんのきみ》である院の看病に当たるような状況が出てきたのだろうか。

北面の武士は、白河《しらかわ》院政期に創設された院の北面の一部である。院の周りではもともと、院近臣《*いんのきんしん》や院となんらかの関係のあった人物が、院御所《いんごしょ》の寝殿《しんでん》の北側に所在する「北面《ほくめん》」という場所に詰めて、院のそば近くに伺候《しこう》していた。これがしだいに組織として整備され、その伺候した場所の名称から、院の北面と呼ばれるようになった。院の北面は、のちに上北面《じょうほくめん》と下北面《かほくめん》とに分化し、上北面はおもに蔵人《くろうど》系の文官によって、下北面はおもに衛府尉《えふのじょう》や検非違使《けびいし》などの武官によって構成された。この武的能力をもって奉仕する下北面が、後世に北面の武士と呼ばれ、教科書でも取り上げられているものである。

北面の武士は、白河院政期を通して整備・拡大されるなかで、伊勢平氏《いせへいし》をはじめとする当該期の代表的な武士団の構成員をも含むようになる。また彼らは、検非違使などの武官を長くつとめたり、院との近さを背景に官位《かんい》を上昇させ受領《ずりょう》に任じられるなかで、武士団として成長することも多く、しだいに機構としての内容を充実させていった。こうした北面の武士は、その官職とは無関係に（軍事・警察を担当する官職に就いていなくても）、院

治天の君　天下を治める君主、という意味。平安後期以降、天皇家の家長として王権を有した院（上皇・法皇）や天皇をさす。

院近臣　院政をおこなった院（上皇・法皇）の側近。多くは院や天皇の乳母の近親者や、受領層であった。

との私的な関係によって、有事に際して軍事力として動員された。この過程で、院は京の軍事・警察機能へも影響力を強めていったのである。

●北面の武士の職務

北面の武士の職務は、おもに院の御幸《ぎょこう》に供奉《ぐぶ》する（院の外出につき従う）ことであり、ほかに院御所の警固《けいご》や、院と貴族とをつなぐ使者などの雑務に従事していたことが、これまでに明らかにされてきた。さらに近年、彼らが院の伝奏《てんそう》を担っていたことも明らかにされている。院の伝奏とは、院と貴族との間を取次ぐ役割であり、後白河《ごしらかわ》院政期ころから一種の職務として認識されていくものである。が、これが制度として確立する以前の鳥羽《とば》院政期には、北面の武士も院司《いんじ》に交じって伝奏を担当していたのである。

次の史料は、藤原兼長《かねなが》が従四位下《じゅしいのげ》へ昇叙《しょうじょ》した際に、父である内大臣藤原頼長《よりなが》が白河・鳥羽院に慶賀《けいが》を奏《そう》した（謝意を述べた）際の記事である。

史 子《ね》の三刻《さんこく》儀訖《ぎおわ》んぬ。……一院《いちのいん》法皇に馳《は》せ詣《もう》づ。夜漏数《やろうかず》を移《うつ》す、宮《みや》の人罷《ひとまか》り尽《つ》くす。賀慶《がけい》を奏《そう》せんと欲《ほっ》するに、人以《も》って聞《き》くなし。試《こころ》みに下　侍《しもざむらい》俗に下北面と号すを覓《もと》む。僅《わず》かに重成《しげなり》近臣を得《う》る。上既《うえすで》に寝《ね》たや否《いな》やを問《と》う。対《こた》うるに以って猶寤《なおさ》む。……即《すなわ》ち勅《ちょく》を伝《つた》え、夜中《やちゅう》参来《さんらい》の所以《ゆえん》を問《と》う。恐喜拝謝《きょうきはいしゃ》に堪《た》えざるの由《よし》を報奏《ほうそう》す。

〈『*台記《たいき》』久安《きゅうあん》四年十一月二十日条〉

夜の十二時過ぎに儀が終わり、頼長は鳥羽院のもとに駆けつけた。しかし夜遅かったため、院御所に伺候《しこう》する人はみな退出した後で、慶賀を奏しようとしたものの、聞く人がいなかった。そこで試みに下侍＝下北面を探したところ、近

台記　藤原頼長の日記。保延《ほうえん》二（一一三六）年〜久寿《きゅうじゅ》二（一一五五）年までが部分的に現存している。『宇槐記』ともいい、保元の乱に至る政治動向が詳しく記されている。

臣の源重成を見つけることができた。頼長は重成に、院がすでに就寝したかどうかを問うたところ、まだ起きているとのことであった。重成は、なぜこんな夜中にやって来たのか、という院の問いを頼長に伝え、頼長は、あまりに喜ばしく感謝に堪えない旨を院に奏した。

源重成《しげなり》は清和源氏の流れを汲む武士であり、右の史料によれば下侍＝下北面であった。彼は、本来伝奏をおこなうべき者たちが退出したあとも院御所に伺候していたために、臨時に取次ぎをおこなったことがわかる。

右の史料で、みなが退出した夜中の院御所に北面の武士のみが伺候していた理由は、やはり彼らが院御所の警備・警固を担っていたためだと考えられる。北面の武士は、こうした役割のために日常的に院のそばに伺候しており、そのために伝奏を担うようになったと考えられる。のちに貴族社会内で重要な役割となる院の伝奏制度が確立する以前に、北面の武士がそれを担っていたことを踏まえるなら、彼らを、たんに武力をもって院に仕えた存在として理解することはできないのである。

●院の身体と北面の武士

そのほかにも、院と北面の武士との極めて近い関係が明らかにされてきている。白河院が没した日の貴族の日記から、院の死去直前の様子をみてみよう。

史 御煩《おんわずらい》極《きわ》めて大事《だいじ》なり。……大略《たいりゃく》ご霍乱《かくらん》の如《ごと》し。新院(鳥羽院)・女院(待賢門院)渡《わた》らせしめ給《たま》う。……則時《そくじ》御気色《みけしき》暫《しばら》く滅《めっ》す。御音聞《おんおとき》かず、又人《またひと》の顔《かお》を知《し》らしめず、食《め》すところ纔《わずか》に水《みず》ばかりなり。女房《にょうぼう》なつとも為忠妻、いはいを字賀茂女御、両院《りょういん》、資遠《すけとお》大夫尉、資盛《すけもり》安芸守等《ら》ばかり、臥内《がだい》に候《こう》じ、起居《ききょ》を助《たす》け奉《たてまつ》る。

〈『長秋記《ちょうしゅうき》』*大治四年七月七日条〉

白河院の容体は極めて悪く、どうやら霍乱《かくらん》のようである。鳥羽院《とばいん》と待賢門院《たいけんもんいん》が白河院の御所にお渡りになったが、白河院はほぼ意識がなく、音も聞こえず、人の顔も判別がつかない状態で、ただ水を飲まれるだけである。女房なつとも（為忠の妻）、いはいを（賀茂女御）、両院（鳥羽院・待賢門院）、大夫尉源資遠、安芸守藤原資盛らだけが院の寝所に伺候し、起居をお助けになっている。

臨終まぎわの白河院の看病に当たっていたのは、鳥羽院（白河院の孫）・待賢門《たいけんもん》院（鳥羽院の妃）という親族を除けば、普段から院の身の周りの世話をしていたのであろう二人の女房（なつとも・いはいを）と、源資遠・藤原資盛のみであった。資遠と資盛は院の北面であり、とくに資遠は親の代から続く北面の武士であった。北面の武士が、死去間近の院のそばで看病に当たっているのである。

類似の事例は、鳥羽院政期にもみえる。

史 大外記《だいげき》師安《もろやす》朝臣《あそん》来《き》たりて云《い》わく、法皇（鳥羽院）御風気《おんふうき》おわせしめたまうてえり。即《すなわ》ち参院《さんいん》す。検非違使《けびいし》季頼《すえより》（近習）に逢《あ》い、疾《しつ》の状《じょう》を問《と》う。

〈『台記』天養元年十二月二十六日条〉

（藤原頼長のもとに）大外記師安朝臣が来て言うには、鳥羽院が風邪《かぜ》を召されている、とのことである。そこですぐ参院し、近習である検非違使源季頼に会って、院の病状を問うた。

源季頼も北面の武士である。この史料から、季頼が院の病状を詳細に把握していたことがわかり、院のそばで看病に当たっていたのであろうと推測される。彼はまた、院と貴族

長秋記　源師時の日記。寛治元（一〇八七）年～保延二（一一三六）年まで。白河・鳥羽院政期の重要史料。

との間をつなぐ役割をも果たしている。

さらに院は、死後も北面の武士と密接な関係をもっていた。『長秋記』大治《だいじ》四（一一二九）年七月十五日条には、白河院の葬送の際、棺を乗せた輿が墓所に向かう道中、「大夫尉資《たいふのじょうすけ》遠《とお》・検非違使《けびいし》季則《すえのり》、御輿《みこし》の左右に副《そ》う」と、大夫尉源資遠・検非違使源季則が輿の左右に供奉していた様子を記している。さらに『永昌記《えいしょうき》』同日条には、「検非違使輔遠《すけとお》・盛兼《もりかね》ら本近習をもって、荼毘《だび》を専《もっぱ》らにすと云々」とあり、白河院の遺体が、検非違使源輔遠（＝資遠）・平盛兼らによって荼毘にふされたことがわかる。源資遠（＝輔遠）・源季則・平盛兼は、みな北面の武士である。

この時期、院の身体・遺体に触れることができた人物は、貴族社会のなかでもごくわずかであった。そのなかにあって、北面の武士の一部は院の身近に伺候し、「近習」と呼ばれて、院の身体・遺体に触れることを許されていたのである。

北面の武士に関しては、これまでその武力の面に注目されることが多く、軍事活動や警固といった、武力を用いる役割が強調されてきた。しかし実際には、院のそばで伝奏や看病をおこなうなど、武力とは関わりのない場面でも、院の信任を得て使役されていた北面の武士もいたのである。

院政期は、院が数ある院御所を頻繁に移動し、それらの院御所のなかには広大な敷地・建物をもつものもあった。このようななかで、北面の武士は院の身辺警固をおこなううちにしだいに院と距離を縮め、それまで院司らがおこなっていた役割をも吸収しながら政治機構内へと進出していったのである。院政期に武士の地位や社会的影響力が向上するのは、彼らのもつ武力だけでなく、こうした日常的な活動の拡大も、大きな影響を与えたといえるのである。

（伊藤　瑠美）

【引用史料刊本】

『台記』―『増補史料大成』（臨川書店）
『長秋記』―『増補史料大成』（臨川書店）
『永昌記』―『増補史料大成』（臨川書店）

【参考文献】

吉村茂樹「院北面考」（『法制史研究』二輯、一九五二年）
井上満郎「院政政権の軍事的編成」（『平安時代軍事制度の研究』吉川弘文館、一九八〇年、初出一九七二年）
美川圭「関東申次と院伝奏の成立と展開」（『院政の研究』臨川書店、一九九六年、初出一九八四年）
平岡豊「後鳥羽院上北面について」（『国史学』一三〇号、一九八六年）
米谷豊之祐「院北面武士追考―特に創始期について―」（『院政期軍事・警察史拾遺』近代文藝社、一九九三年、初出一九九〇年）
秋山喜代子「『北面』と近臣」（『中世公家社会の空間と芸能』山川出版社、二〇〇三年、初出一九九四年）
伊藤瑠美「鳥羽院政期における院伝奏と武士」（『歴史学研究』八三二号、二〇〇七年）
伊藤瑠美「院政期の武士と『院近臣』―坂戸源氏からみる―」（『人民の歴史学』一七八号、二〇〇九年）

12 読み直される『平家物語』

●史実と虚構

平氏一門の盛衰を描いた軍記物の傑作『平家物語』は、治承《じしょう》・寿永《じゅえい》の内乱（源平の争乱）の様相を伝えてくれる歴史史料としても有益である。しかし『平家物語』はあくまで文芸作品であって、そこには作者による虚構・創作が含まれていることも早くから指摘されているところである。なかでも有名なものに巻一の殿下乗合《てんがののりあい》の話がある。この話は、父の平清盛《きよもり》と違って、温厚で知られる嫡男重盛《ちゃくなんしげもり》の子が、鷹狩りの帰途、礼儀を欠くふるまいをしたとして、摂政藤原基房《もとふさ》の一行から散々に痛めつけられたことに激怒した清盛が、今度は武士たちに基房一行を襲わせ、『平家物語』作者をして、「これこそ平家の悪行《あくぎょう》のはじめなれ」と述べさせているものであるが、史実はまったく違うのである。いくつも確認される相違点のうち、最大のものは、実際に激しい報復を命じたのが清盛ではなく、『平家物語』では、わが子をたしなめ清盛をいさめるなど、公平な態度をとったとして賞讃されている重盛だったことであろう。

（当時）右大臣九条兼実《くじょうかねざね》の日記『玉葉《ぎょくよう》』には、この時期、清盛は摂津福原（のち一時、ここに遷都。後出）の別邸にあって京都にはおらず、かえって後白河《ごしらかわ》法皇から事件の調停役としての働きを求められていたこと、一方、重盛の機嫌がすこぶる悪かったことなどが記されているのである。そしてなによりも兼実の弟慈円《じえん》の著した歴史書『愚管抄《ぐかんしょう》』巻五には、「コノ小松内府《こまつないふ（重盛）》ハイミジク心ウルハシクテ、父入道《（清盛）》ガ教《おしえ》ニハアラデ、不可思議《ふかしぎ》ノ事《こと》ヲ一《ひと》ツシタリシナリ」として、その不可思議のことこそ、わが子にくわえられた恥辱《ちじょく》を深く恨んでの摂政一行襲撃であったと明快に記されているのである。すなわち、平氏による摂政への報復行為は「横暴」な清盛ではなく、「良識」派の重盛がおこなった、ただ一度の「不可思議ノ事」だったのである。

とりあえず、早くからよく知られている事例を紹介したが、近年、こうした『平家物語』における史実と虚構のあり方を、確実にふまえながら歴史史料としての活用をはかろうとする試みが進められている――もっとも、それにとどまらず、あわせて虚構の意味についても、さらに『平家物語』の歴史観そのものも分析対象とされるようになってきている――。以下、そのなかから、今なお多くの人々の人気を集めている源義経が、その名声を高めた一ノ谷の合戦に関する『平家物語』の読み直しが、どのように進められているかについて紹介していきたいと思う。

●義経の鵯越の坂（逆）落とし

寿永二（一一八三）年七月、都落ちした平氏一門は、その後、讃岐屋島《さぬきやしま》に本拠をおいて次第に勢力を回復し、翌年二月初めごろには旧都福原（神戸市兵庫区）に進出するまでになっていた。しかし二月七日、福原をはさんで東の生田《いくた》の森（大手）、西の一ノ谷（搦手《からめて》）にそれぞれ城郭をかまえて防備を固めていた平氏軍を、源範頼《のりより》・義経《よしつね》兄弟の率いる源氏軍が襲って敗走させた。一ノ谷の合戦である。

この一ノ谷の合戦によって源氏方の軍事的優位は決定的になったといわれるが、そうした重要なポイントとなった合戦にふさわしく、『平家物語』巻九の当該場面には源平両軍に関わる著名なエピソードがいくつも載せられている。源義経の「鵯越《ひよどりごえ》の坂（逆）落とし」もそのひとつである。このエピソードを『平家物語』の記述にそって要約してみると次のようになろう――『平家物語』には多数の諸本（テキスト）が伝わっており、ここでは（先の巻一殿下乗合も含めて）、とくにことわらない限り、学校教育などで用いられている、南北朝時代、明石覚一《あかしかくいち》という琵琶法師によってまとめられた覚一本によっている――。

平氏軍攻撃のために京都を出発した源氏勢は、範頼・義経をそれぞれ大将軍とする大手《おおて》勢《ぜい》五万余騎・搦手勢一万余《よ》騎《き》。このうち搦手《からめて》の義経軍は丹波路《たんばじ》を通り、播磨《はりま》・丹波の国境付近三草山《みくさやま》の夜戦で平氏軍を撃破したのち二手に分かれた。土肥実平《どひさねひら》隊七千余騎を一ノ谷の西方へ向かわせ、義経自身は平氏の背後を突くために三千余騎を率いて一ノ谷の後方、鵯越にまわったのである。「一ノ谷のうしろ鵯越」に上がった義経は、一ノ谷の城郭《じょうかく》をはるかに見わたしたのち、はじめは鞍《くら》などの馬具をつけた馬のみを落としてその無事を確認すると、ついでみずから先頭に立ち、切りたった断崖を下っていった。この時、義経らは小石まじりの砂地を二町（約二一八メートル）ばかり流れ落ちるように下り、途中、平坦な場所でいったん止まってから、さらに十四・五丈（四二〜四五メートル）もの苔《こけ》むした大岸壁が垂直にそそりたっているところを下っていったという。背後をつかれた平氏軍は大混乱に陥り、勝敗は決した。奇襲戦法は見事に成功したのである。

以上が『平家物語』の記す、一ノ谷の合戦における義経の名高い「鵯越の坂（逆）落とし」である。しかし、この記事の真偽については早くから疑問がもたれていた。というのも、『平家物語』に「一ノ谷のうしろ鵯越」と記されているにもかかわらず、実際には鵯越――福原北部の山間部から福原に隣接する夢野《ゆめの》（神戸市兵庫区）に出るルート――と、一ノ谷（同須磨区）とが約八キロメートルも離れているからである。すなわち地理的にみて、鵯越から一ノ谷への坂落としはありえないということになるのである。この点、同じ『平家物語』でも古い要素を残すといわれている延慶本《えんきょうぼん》には、「九郎義経《くろうよしつね》ハ、一谷《いちのたに》ノ上《うえ》、鉢伏《はちぶせ》蟻《あり》ノ戸《と》ト云所《いうところ》ヘ打上《うちあがり》テ見《み》レバ、軍《いくさ》ハ盛《さかり》ト見《みえ》タリ。下《した》ヲ見下《みくだ》セバ、或《あるい》ハ十丈計《じゅうじょうばかり》ノ谷《たに》モアリ。或ハ二十丈計ノ巌《いわお》モアリ」と記されていることから、現在も一ノ谷の後方にある「鉢伏山《はちぶせ》」「鉄拐山《てっかい》」からの「坂落とし」であったとする見方も出されている。が、この延慶本にしても鵯越を一ノ谷の城郭に程近い場所として描いていることも指摘されており、『平家物語』の地理的混乱は解決されていないのである。

●『玉葉』の「山手」攻略記事

こうしたなか、近年クローズアップされているのが、前出九条兼実の日記『玉葉』寿永三（元暦元、一一八四）年二月八日条の次の記事である。

史 未明《みめい》、人走《ひとはし》り来《き》たりて云《い》はく、式部《しきぶ》権《ごんの》少輔《しょうゆう》範季《のりすえ》朝臣《あそん》の許《もと》より申《もう》して云はく、この夜半《やはん》ばかり、梶原平三景時《かじわらへいぞうかげとき》の許より、飛脚《ひきゃく》を進《すす》め申《もう》して云はく、平氏《へいし》みな悉《ことごと》く伐《う》ち取《と》りおはんぬと云々《うんぬん》。その後《のち》、午《うま》の刻《こく》ばかり、定能卿《さだよしきょう》来たり、合戦《かっせん》の子細《しさい》を語《かた》る。一番《いちばん》に九郎《くろう》(義経)の許より告《つ》げ申す搦手なり。先づ丹波城を落し、次に一ノ谷を落すと云々。次《つぎ》に加羽冠者《かばのかじゃ》(範頼)案内《あない》を申す大手、浜地より福原に寄すと云々。辰《たつ》ノ刻より巳《み》の刻に至る、猶一時《なおいっとき》に及《およ》ばず、程無《ほどな》く責《せ》め落《おと》されおわんぬ。多田行綱《ただゆきつな》山方《やまがた》より寄《よ》せ、最前《さいぜん》に山手《やまて》を落さると云々。大略《たいりゃく》、城中《じょうちゅう》に籠《こも》る者一人《ものひとり》も残《のこ》らず。た

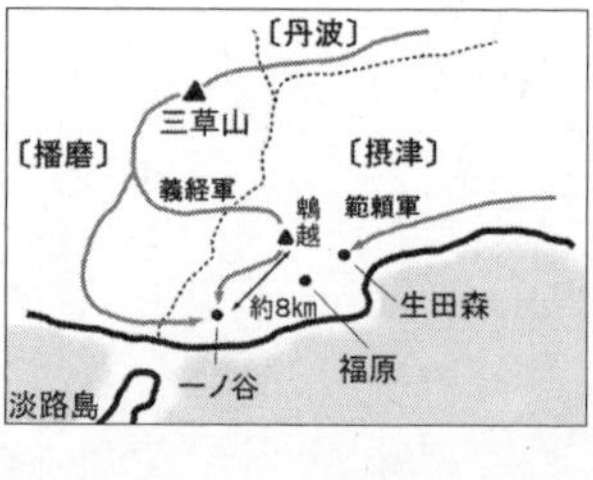

だしもとより乗船《じょうせん》の人々《ひとびと》四五十艘《そう》ばかり島辺《しまべ》にありと云々。しかるに遁《のが》れ得《う》べからざるにより、火《ひ》を放《はな》ち焼《や》け死《し》におわんぬ。疑《うたが》ふらくは内府《ないふ》(平宗盛)等《ら》かと云々。

八日未明、藤原範季の使いの者が、「この夜半に到着した梶原景時の飛脚から『平氏をことごとく討ち取った』との連絡をうけた」と知らせてきた。その後、正午ごろには藤原定能が来て合戦の詳細を語った。それによると、最初に後白河法皇のもとに報告してきたのは、丹波城（三草山―丹波と播磨の国境付近）・一ノ谷をあいついで落とした搦手軍の義経、二番目は「浜地」＝海岸寄りを通る山陽道から福原に攻め寄せた大手軍の範頼であった。合戦は午前八時前後から一〇時前後までの二時間足らずで決着がついた。また、多田行綱という武士が「山方」から攻め寄せ、真っ先に「山手」を落とした。城中にこもっていた者たちは残らずいなくなり、一方、船に乗っていた人々も火を放って焼死したが、あるいは平氏の総帥《そうすい》宗盛らであったかもしれないということだ。

八日未明、前日の合戦における平氏軍敗北の急報に接した兼実は、同日正午ごろには、彼の屋敷を訪れた＊院近臣《いんのきんしん》藤原定能《さだよし》から、義経・範頼らが後白河法皇のもとへ送ってきた報告の内容までも聞くことができたわけだが、このうち、大手＝範頼軍や搦手＝義経軍の動きは、ほぼ『平家物語』の記事と重ねあわせることができる（もっとも「鵯越の坂落とし」は除く）。しかし問題は、『平家物語』が載せない、多田行綱による「山手」攻略である。

多田行綱といえば、七年前、後白河法皇側近による打倒平氏の企て（鹿ケ谷《ししがたに》の謀議《ぼうぎ》）を平氏に密告したことで知られる、摂津国《せっつのくに》多田荘《ただのしょう》（兵庫県川西市付近）を本拠とする武士で

院近臣 →87頁参照。

ある——この密告も『平家物語』が伝えるもので、史実としては疑われている——。すなわち、この戦場付近の地理に明るい地元の武士が、大手口・搦手口とは別に「山方」から「山方」「山手」を攻略したというのであるが、では「山方」「山手」とはどこか。実は、この「山方」「山手」こそ、先述の鵯越＝福原北部の山間部から福原に隣接する夢野に出るルート、およびそこに築かれた平氏の城郭で、その攻略の結果、平氏方の守る大手口＝生田《いくた》ノ森、搦手口＝一ノ谷の中央が分断されることになったとの説が唱えられているのである。およそ一五〇年後の建武三（一三三六）年、九州から東上した足利尊氏《あしかがたかうじ》・直義《ただよし》軍と、これを迎え討った後醍醐《ごだいご》天皇方の楠木正成《くすのきまさしげ》・新田義貞《にったよしさだ》軍とが、ほぼ同じ地域で戦った湊川《みなとがわ》合戦の時にも、福原北部の鵯越ルートから兵庫へ攻め込んだ足利方の軍勢が「山の手」勢と称されていること（『＊梅松論《ばいしょうろん》』下巻、『＊太平記《たいへいき》』巻一六）、多田行綱が追討使《ついとうし》源義経の命を受け、搦手軍のために摂津武士の動員にあたったと推定されていることなどが、その根拠としてあげられているが、説得力に富み、賛同したいと思う。

結論的にいって、『玉葉』の記事は、一ノ谷の合戦において源氏軍による「鵯越」方面からの奇襲攻撃はあったが、もちろんそれは一ノ谷後方からのものではなく、大手口・搦手口の中央を分断する攻撃で、決行者も搦手軍総大将の義経ではなく、義経軍の別働隊というべき摂津武士多田行綱であったことを示してくれているのである。

なお『平家物語』は八キロメートルも離れている一ノ谷と鵯越を隣接するものとして描いているが、実際には一〇キロメートルも離れている大手口＝生田ノ森と搦手口＝一ノ谷の場合も同様に扱われ、さらに近づけられた両者のうち、戦況は一ノ谷にひき寄せて描か

梅松論　歴史書。室町幕府関係者、あるいは細川氏関係者によって著されたといわれる。尊氏が政権を掌握するまでを尊氏の側から描く。成立年代は、貞和五（一三四九）年説など諸説ある。二巻。

太平記　軍記物語。後醍醐天皇の即位から、室町幕府三代将軍足利義満の登場までを描く。十四世紀前半に成立。作者不詳、四〇巻。

れており、そこでは「仮構の合戦空間」としての一ノ谷の合戦が創り出されているという指摘もなされている。実に興味深い説で、この点に関連して、一ノ谷の合戦を、現実には生田ノ森・一ノ谷東西それぞれ防衛ラインでの攻防であったことから、「生田森・一の谷合戦」と呼ぶ見解が出されていることとあわせて付け加えておきたいと思う。

●『平家物語』テキスト間の違い

ところで、先に『平家物語』には多数の諸本（テキスト）が存在するとしたが、このため同じ出来事にしても諸本間で著しい、あるいは微妙な叙述の違いがみられることが多く、これも『平家物語』を歴史史料として扱う場合の難点のひとつとなっている——もっともそこに面白さがあるといった方が正確かもしれない——。最後にそうした具体的事例として、ここでも義経関係記事のなかから讃岐国屋島の合戦の一齣《ひとこま》を描いた巻十一嗣信最期《つぐのぶさいご》を取り上げてみよう。屋島の合戦とは、一ノ谷の合戦から約一年後の元暦二（文治元、一一八五）年二月、荒れる風波をついて瀬戸内海をわたった義経軍が、屋島の平氏軍を背後から急襲し、敗走させた戦いであるが、注目したいのは、この時、主君義経の身代わりとなって敵将の矢を受け、討ち死にした佐藤嗣《(継)》信が死に臨んで述べたという次の言葉である。

史 なに事《ごと》をか思《おも》ひおき候《そうろう》べき。君《きみ》の御世《みよ》にわたらせ給《たま》はんを見《み》まゐらせで死《し》に候はん事こそ、口惜覚《くちおしゅうおぼえ》候へ。さ候はでは、弓矢《ゆみや》とる物《もの》の、かたきの矢にあたッて死なん事、もとより期《ご》する処《ところ》で候也《なり》。就中《なかんずく》に、「源平《げんぺい》の御合戦《おんかっせん》に、奥州《おうしゅう》の佐藤三郎兵衛《さとうさぶろうべえ》嗣信《つぐのぶ》と言《い》ひける物、讃岐国八島《さぬきのくにやしま》のいそにて、主《しゅ》の御命《おんいのち》にかはりたてまッて、討《う》たれにけり」と末代《まつだい》の物語《ものがたり》に申《もう》されむ事こそ、弓矢とる身《み》には、今生《こんじょう》の面目《めんもく》、冥土《めいど》の思《おも》出《いで》にて候へ。

すなわち、ここ（覚一本）では、嗣信が言い遺《のこ》したかったこととして、①義経が栄える世を見ないまま死ぬことの口惜しさ、②弓矢とる武士が敵の矢にあたって討ち死にすることはもとよりの覚悟、③主君の命に代わって討たれたことが末代までの語りぐさになる名誉、などがあげられており、それゆえ、この言葉は、以後、主君に対する武士の「献身の道徳」を示す好例として語り伝えられていくことになるのである。

しかし別のテキスト（琵琶語りの古態を残す屋代本）ではこの言葉は、「ナトカ此世《このよ》ニ思《おもい》置《お》ク事《こと》ナウテハ候《そうろう》ヘキ。先奥州《まずおうしゅう》ニ留置《とめおき》候シ老母《ろうぼ》ヲ今一度《いまいちど》見《み》候ハヌ事、サテハ君《きみ》ノ世ニ渡《わた》セ給《たま》ハヌスル事ヲ不見進《みまいらせず》シテ、先立進《さきだちまいら》セ候事コソ、ヨミチノ障《さわり》トモ成《なり》ヌヘウ候へ」となっており、「主君への献身」を語る上で肝腎の③が欠けているばかりか、「奥州に残してきた老母に今一度会えないことが心残りだ」と母子の情愛が強調されているのである。

そこで、さらに別のテキスト（延慶本）をみてみると、「弓矢《ゆみや》ヲ取男《とるおとこ》ノ、敵《てき》ノ矢ニ中《あたり》テ死《しぬ》ル事《こと》ハ、存儲《ぞんじもうけ》タル事《こと》ニ候《そうろう》。全《まった》ク恨《うらみ》ト存候ワズ。但奥州《ただしおうしゅう》ヨリ付進《つきまいら》セ候ツルニ、君ノ平家《へいけ》を責《せめ》落給《おとしたまい》テ、日本国《にほんこく》ヲ手《て》ニニギラセ給、今《いま》ハカウト思食《おぼしめ》シ候ワンヲ見進《みまいらせ》テ候ハゞ、イカニウレシク候ワン。今ハ夫《それ》ノミゾ心《こころ》ニ係《かか》リテ覚《おぼえ》候へ」とあって、そこには覚一本の①②が記されているが、問題の③も屋代本の老母のこともみえないのである。同じ『平家物語』のうち、三種類のテキストを照らしあわせただけで、これほどの違いが見出せるのである。

かつて多くの研究者が参加し、現在もしばしば話題とされる議論に、先にも少し触れた中世武士の主従倫理のあり方に関するものがある。それは坂東武者の習いの核心を、「主君への献身的奉仕」に見出す「献身の道徳論」（和辻哲郎《わつじてつろう》氏）に対して、主従関係を「恩顧と奉公の交換関係」とみなす「双務契約論」（家永三郎《いえながさぶろう》氏）の立場からの批判によって始まったが、その具体的な紹介は省くとして、ここでは屋島合戦における嗣信最期の言葉をめぐっての『平家物語』各テキストの相異なる記述が、中世武士の主従倫理をどのように考えるかについて、重要な手がかりを提供するものであることだけを確認しておきたいと思う。

（樋口　州男）

【引用史料刊本】

『愚管抄』―『日本古典文学大系』（岩波書店）
『玉葉』―高橋貞一『訓読玉葉』（高科書店）
『平家物語（覚一本）』―岩波文庫
『平家物語（屋代本）』―『屋代本高野本対照・平家物語』（新典社）
『平家物語（延慶本）』―『校訂延慶本平家物語』（汲古書院）

【参考文献】

菱沼一憲『源義経の合戦と戦略―その伝説と実像』（角川書店、二〇〇五年）
鈴木彰『平家物語の展開と中世社会』（汲古書院、二〇〇六年）
川合康「生田森・一の谷合戦と地域社会」（歴史資料ネットワーク『地域社会からみた「源平合戦」』岩田書院、二〇〇七年）
川合康編『平家物語を読む』（吉川弘文館、二〇〇九年）
川合康『源平合戦の虚像を剥ぐ治承・寿永内乱史研究』（講談社、一九九六年）
樋口州男『日本中世の伝承世界』（校倉書房、二〇〇五年）

13 御家人制の変遷

●御家人とは何か

御家人《ごけにん》とは、端的にいえば、鎌倉殿《かまくらどの》（鎌倉幕府の首長）の従者のことであるが、それはたんなる鎌倉殿の私的従者ではなかった。というのも、御家人には、御家人役《ごけにんやく》というさまざまな軍事的・経済的負担が課されたが、そのなかには、主人たる鎌倉殿を直接の奉仕対象としない役が含まれていたからである。すなわち、御家人役は大きく恒例役《こうれい》と臨時役《りんじ》にわけられるが、後者のなかには、内裏《だいり》（のちに院御所《いんごしょ》も対象となる）の警固《けいご》にあたる京都大番役《おおばんやく》や、内裏・院御所の造営ないしは即位式や仏事など、朝廷諸行事に対する援助（費用負担）である関東御訪《おとぶらい》といった、朝廷に対する奉仕も含まれていたからである。

このように御家人役の内容をみると、御家人には、たんなる鎌倉殿の私的従者のみに収まらない性格が付与されていたことがうかがえる。それは、とくに右に紹介した二つの御家人役に注目すると、国家的な性格が付与されていたといえるだろう。

すなわち、京都大番役は、鎌倉幕府が国家的軍務（全国の治安維持）を専掌《せんしょう》したことにより、その配下の御家人に固有の所役《しょやく》となったものである。また、関東御訪は、鎌倉殿が権門《けんもん》貴族の一員となったことで、鎌倉殿の果たすべき義務（朝廷への経済的奉仕）が配下の御家人に転嫁された所役だが、その対象となった朝廷財政は、当時の国家財政の中心的な構成要素とみなされる。このように、これら二つの御家人役に注目すると、御家人とは鎌倉殿との人的関係に基盤を置きつつも、中世国家の一制度として位置づけられた集団だったといえるのである。本来、鎌倉殿の私的従者にすぎない御家人が、たんに「家人」と呼ばれず、わざわざ「御」の字を冠して「御家人」と呼ばれたのは、彼らがまとったこのような国家的な性格（役割）に由来すると考えられよう。

●御家人制の確立

それでは、御家人はいかにして誕生したのか。御家人集団の起源が、源頼朝《よりとも》の挙兵に馳《は》せ参じた武士集団にあることは疑いないが、その武士集団がそのまますべて御家人になったわけではなかった。頼朝の挙兵に呼応《こおう》した武士集団が御家人として定着するまでには、治承《じしょう》・寿永《じゅえい》内乱の過程で、頼朝による組織的な再編作業があったのである。

すなわち、頼朝は、平氏追討戦を進めるなかで軍事動員本位の御家人認定をおこなった結果、そのもとには広範な階層の人々が集まった。そのため、その武士集団の範囲は曖昧《あいまい》であり、内部的にも不均質なものとなった。そこで頼朝は、文治《ぶんち》五（一一八九）年の奥州《おうしゅう》合戦から建久《けんきゅう》年間（一一九〇〜九九）にかけて、こうした問題点を解消するべく、この武士集団の再編作業をおこなったのである。

まず奥州合戦では、頼朝は奥州藤原氏の追討を名目に、平氏追討戦の過程で動員した全国の武士層を再び動員したが、なかでも西国《さいごく》からの動員は「武器に足《た》るの輩《ともがら》」＝村落の沙《さ》汰人《たにん》クラス（村落の有力者層）に限定するとともに、参戦しなかった者たちについては御家人から排除した。そして、奥州合戦後には、これまで頼朝に従ってきた武士たちに対し、改めて御家人・非御家人の選別を迫った。次の史料は、この様子を示す好例として著名な頼朝の*政所下文《まんどころくだしぶみ》である。

史　前右大将《さきのうたいしょう》家《け》政所《まんどころ》下《くだ》す、美濃国《みののくに》の家人等《けにんら》
　早《はや》く相模守惟義《さがみのかみこれよし》の催促《さいそく》に従《したが》うべき事《こと》
右《みぎ》、当国内《とうこくない》の庄《しょう》の地頭《じとう》の中《うち》、家人の儀《ぎ》を存《ぞん》ずる輩《ともがら》においては、惟義の催《もよお》しに従い、勤節《きんせつ》を致《いた》すべきなり。就中《なかんずく》、近日洛中強賊《きんじつらくちゅうごうぞく》の犯《はん》、其《そ》の聞《きこ》え有《あ》り。彼《か》の党類《とうるい》を禁遏《きんあつ》せんがため、各《おのおの》上洛《じょうらく》を企《くわだ》て、大番役《おおばんやく》を勤仕《きんし》すべし。而《しか》るに其《そ》の中、家人たるべからざるの由《よし》を存ずる者《もの》は、早く子細《しさい》を申《もう》すべし。但《ただ》し公領《こうりょう》においては、催しを加《くわ》うべからず。兼《か》ねて又《また》、重隆《しげたか》・佐渡前司《さどぜんじ》の郎従《ろうじゅう》等を催し召《め》し、其の役《やく》を勤《つと》めしむべし。隠居《いんきょ》の輩においては、交名《きょうみょう》を注進《ちゅうしん》すべきの状《じょう》、仰《おお》する所《ところ》、件《くだん》の如《ごと》し。
　建久《けんきゅう》三年六月廿日《はつか》　案主藤井《あんじゅふじい》（以下、政所職員の連署省略）
〈*『吾妻鏡《あずまかがみ》』建久三（一一九二）年六月二十日条〉

　前右大将家政所が美濃国の家人たちへ下命する。
　早く相模守大内惟義《おおうちこれよし》の催促に従うべき事。
右、美濃国内の荘園の地頭のなかで、頼朝様の家人だと思う者たちは、惟義の催促に従い、勤めを致すように。なかでも、近ごろ洛中に凶暴な盗賊の犯罪の噂がある。その仲間を禁圧するため、各々上洛して、大番役を勤めよ。しかしそのなかで、家人ではないと思う者は、早く事情を申し上げよ。ただし、公領に対しては、大番役の催促をしてはならない。あわせてまた、重隆・佐渡前司の郎従たちには催促して、大番役を勤めさせよ。隠れ住んでいる者たちについ

政所下文　摂関家などの家政機関である政所から発給された公文書。源頼朝が建久元（一一九〇）年に政所を開いてから、鎌倉幕府の基本的な発給文書としても確立した。

吾妻鑑　鎌倉幕府によって編纂された史書。治承四（一一八〇）年の源頼政挙兵から文永三（一二六六）年までを記す。

ては、その名前を注進せよ。頼朝様の仰せは以上の通りである。

史料中の傍線部をみると、幕府（政所）が「美濃国の家人等」に対して、「家人」であるか否かの選別を迫っていることがわかるだろう。ここで注目すべきは、幕府は御家人になるのか否かの選別を迫るだけであって、それを決めるのはあくまでも武士たち自身だったという点である。つまり、鎌倉殿との家人関係は、武士の自発性に基づいて設定されたのである。建久年間に幕府は、西国各地で一国単位の御家人交名（名簿）を作成したが、これらはこうした御家人・非御家人の選別結果を記したものと考えられる。

また、この史料では、幕府が御家人身分を選択した武士に対して、大番役の勤仕《きんし》を命じた点も注目される。すなわち幕府は、京都大番役の場から相当部分の武士を非御家人として排除し、御家人身分を選択した武士のみにその勤仕を限定したのである。建久年間の御家人の再編作業は、京都大番役の御家人役化と連動して進められたのだった。

こうして頼朝による組織的な再編作業を経て、それまで曖昧だった御家人の範囲が明確化された。ここに、幕府によって組織化された御家人集団＝御家人制が確立した。そして、御家人のみが京都大番役を勤仕するという原則の確立は、御家人を武士一般と峻別《しゅんべつ》することと、すなわち御家人制に限定的性格を付与することになったのである。

●御家人制の展開

京都大番役は御家人のみが勤仕するという原則が確立したことにより、非御家人となった武士は、その勤仕から排除されることとなった。しかしながら、次の史料をみると、事態はこの通りに進まなかったことがわかる。

史 京《きょう》都《と》大番役《おおばんやく》の事《こと》、①西国《さいごく》の名主《みょうしゅ》・庄官《しょうかん》等《ら》の類《たぐい》の中《うち》、御家人《ごけにん》に募《つの》るの者有《ものあ》り。然《しか》る如《ごと》きの輩《ともがら》、守護人《しゅごにん》に随《したが》いこれを勤仕《きんし》せしむと雖《いえど》も、各別《かくべつ》の請取《うけとり》を賜《たま》うべきや否《いな》やの事、再往《さいおう》に御沙汰《ごさた》に及《およ》ぶ。②平均《へいぎん》においては、これを聴《ゆる》され難《がた》し。其《そ》の仁《じん》の体《てい》に依《よ》り、用《よう》捨《しゃ》有るべきの趣《おもむき》、六波羅《ろくはら》に仰《おお》せらるべしと云々《うんぬん》。

〈『吾妻鏡』宝治《ほうじ》二（一二四八）年正月二十五日条〉

京都大番役の事について。①西国の名主・荘官たちのなかに、御家人になろうとしている者がいる。このような者たちは、守護に従って大番役を勤仕しても、それぞれに請取（大番役勤仕証明書）を与えるべきか否かについて、再度御指示があった。②一律に請取を与えることは許し難い。その人物の体裁により判断するようにと、六波羅探題《たんだい》に命じるように、ということだ。

十三世紀半ばに出された、京都大番役勤仕に関する幕府の法令である。傍線部①をみると、当該期の西国の名主・荘官のなかには、守護の催促に従って大番役を勤仕していた者がいたことがわかる。彼らは、「御家人に募る」べく大番役を勤仕したことを踏まえると、非御家人だったとみるべきである。したがって、十三世紀半ばには、非御家人によっても京都大番役が勤仕されていた事実が判明しよう。

ところが、傍線部②をみると、「平均においては、これを聴され難し」とあり、かつこれが「再往」の「御沙汰」であったことから、幕府は原則として大番役を勤仕した非御家人に対し、「請取」を与えることについては否定的だったことがわかる。幕府が非御家人に「請取」を与えることは、彼らの大番役勤仕を公認することを意味し、彼らに御家人化の道を開くことに繋《つな》がる。幕府が御家人のみによる大番役の勤仕という原則を維持するかぎり、これは当然許されないはずである。したがって、傍線部②の規定は、この原則を再確認したものといえよう。

しかし、直後の波線部をみると、今回幕府は大番役を勤仕した非御家人の一部に対し、「請取」を与えることを認めたことがわかる。つまり幕府は、この法令によってこれまでの原則を転換し、非御家人の一部に対して「請取」の発給を認めたのである。すると、この法令を契機に御家人制は、「請取」を手に入れたことで御家人化する可能性を秘めた非御家人＝「御家人予備軍」を内包することになったと理解できよう。ここに御家人制は、再び不断に拡大する契機をはらんだ、範囲の不明確な集団、すなわち開放的性格のものへと変質したのである。

それでは、十三世紀後半以降、御家人制はいかなる道をたどったのだろうか。そこで、御家人制を変質させた「御家人予備軍」に対する、その後の幕府の対応をみてみると、幕府は最終的に彼らを切り捨てたことがわかる。

すなわち、十三世紀後半における、「御家人予備軍」による御家人身分の認定をめぐる相《そう》論《ろん》事例をみてみると、幕府は仁治《にんじ》年間（一二四〇～四三）という時間的基準を設定し、それ以前から御家人役を勤仕してきたことを示す証明書＝「請取」を有する者のみに、御家人の資格を認める方針を採ったことが確認できるのである。幕府が非御家人に対し「請取」の発給を認め、「御家人予備軍」化を促《うなが》した方針転換が宝治《ほうじ》二（一二四八）年だったことを踏まえると、仁治以前から御家人役を勤仕していたことを示す「請取」をもっていた者は、ほとんどが確立期の御家人の末裔《まつえい》たちだったと考えられる。こうして十三世紀後半には、仁治以前の「請取」をもたない多くの「御家人予備軍」は御家人から排除されることになり、御家人制は再び限定的性格を帯びるようになったのである。

●御家人制のゆくえ

御家人制は鎌倉幕府だけでなく、室町幕府のもとでも存在したことが知られている。最後に、末期鎌倉幕府の御家人制が、初期室町幕府へいかに継承されたかを確認してみよう。

史 一《ひとつ》 西国御家人等《さいごくごけにんら》の事《こと》

仁治以来《にんじいらい》の証跡《しょうせき》を守《まも》るべし。

一 西国御家人たちの事について。

西国の者の御家人身分は、仁治年間以来の証拠を守るように。

文和《ぶんな》元（一三五二）年の発令と推測されている室町幕府の法令（「室町幕府追加法《ついかほう》六五条」）である。これをみると、室町幕府が（西国）御家人認定の基準を仁治年間に置いていたことがわかる。これは前にみたように、十三世紀後半の鎌倉幕府が、御家人身分を限定するために設定した年代と一致している。したがって、初期室町幕府の御家人制は末期鎌倉幕府のそれを継承し、限定的性格を有していたと理解できる。しかし、これだけでは、限定的性格をもった末期鎌倉幕府の御家人制が、なぜ初期室町幕府に継承されたのかがよくわからない。この真相を理解するためには、*建武政権《けんむせいけん》と初期室町幕府の軍事制度（軍制）を踏まえる必要がある。

建武政権の軍制の特徴は、御家人制を廃止し、寺社本所《じしゃほんじょ》（寺社や公家）・武家双方が支配

建武政権　後醍醐《ごだいご》天皇が、元弘三（一三三三）年六月に京都に樹立した政権。摂政、関白はおかれず、守護、地頭なども綸旨《りんじ》で任命された天皇親政。記録所、雑訴決断所などがおかれたが、次第に武士層の支持を失い、建武二（一三三五）年冬に足利尊氏が離反したことにより瓦解した。

する個々の所領《しょりょう》・所職《しょしき》＝寺社本所領・武家領《ぶけりょう》を、軍役《ぐんやく》の賦課基準とした点に求められる。実は、このような軍制自体は末期鎌倉幕府も試みたことだったが、その対象地域は九州全域と中国・四国の一部地域に限定されたものだった。これに対し、建武政権の軍制はこれを全国レベルに展開させたものだった。

建武政権を打倒した室町幕府は、その軍制として、当初は鎌倉幕府と同様に御家人制を採用した。そこでは、足利尊氏《あしかがたかうじ》の「家人」を自認し、戦時軍役を勤仕する者ならばだれでも御家人に組み込むなど、拡大方針が採られた。そのため、初期室町幕府の御家人の構成範囲は、きわめて曖昧なものとなった。しかし、やがて室町幕府は御家人制ではなく、建武政権と同様に、全国規模の寺社本所領・武家領双方に立脚した軍制を構築した。すると、室町幕府の御家人制は、この軍制の転換が選択された時点で、国家的軍務遂行の制度的基盤としての性格を失ったといえよう。これにより、室町幕府は御家人の構成範囲を限定して、これを鎌倉幕府以来の由緒ある身分とするべく、その認定基準を末期鎌倉幕府の御家人制と同様に設定したのではないか。このように考えると、前にみた室町幕府の法令は、軍制の転換にともない御家人（身分をもつ者）の範囲の限定を図ろうとしたものと理解できよう。初期室町幕府の御家人制は、末期鎌倉幕府のそれと直結させて理解するのではなく、建武政権と初期室町幕府の軍制を間に置いて、末期鎌倉幕府との断絶面に留意しながら理解する必要がある。

このように、初期室町幕府のもとでも御家人は存続したが、それは軍制の転換にともない、鎌倉幕府以来の由緒ある身分の呼称となった。御家人制の帰結した姿を、こうした点に認めることができるだろう。

（田中　大喜）

【引用史料刊本】

『吾妻鏡』―『新訂増補　国史大系』（吉川弘文館）

「室町幕府追加法六五条」―『中世法制史料集第二巻　室町幕府法』（岩波書店）

【参考文献】

秋山哲雄「御家人制研究の現状と課題」（北条氏研究会編『北条時宗の時代』八木書店、二〇〇八年）

川合康『源平合戦の虚像を剥ぐ』（講談社、一九九六年）

高橋典幸『鎌倉幕府軍制と御家人制』（吉川弘文館、二〇〇八年）

髙橋昌明「中世成立期における国家・社会と武力」（『武士の成立　武士像の創出』東京大学出版会、一九九九年）

福田豊彦「室町幕府の御家人と御家人制」（『室町幕府と国人一揆』吉川弘文館、一九九五年）

吉田賢司「建武政権の御家人制『廃止』」（上横手雅敬編『鎌倉時代の権力と制度』思文閣出版、二〇〇八年）

吉田賢司「『主従制的支配権』と室町幕府軍制研究」（『鎌倉遺文研究』二六号、二〇一〇年）

14 北条政子の「演説」は、だれに、どこで？

●『吾妻鏡』の政子の「演説」

承久三（一二二一）年五月十九日の午後、鎌倉は騒然とした空気に包まれた。同十五日、後鳥羽《ごとば》上皇の命令で、執権《しっけん》北条義時《よしとき》追討の宣旨《*せんじ》が発せられたことなどを伝える、上皇側・幕府側双方の急使が京都からあいついで到着したためである。その様子を鎌倉幕府関係者によって編纂《へんさん》された歴史書『吾妻鏡《*あづまかがみ》』でたどってみよう。

まず後鳥羽上皇が院中に兵を集めていることなどを告げてきたのは、朝廷との交渉や都の治安維持などにあたっていた京都守護伊賀光季《みつすえ》からの飛脚である。ついで到着したのは親幕府派の公家西園寺公経《さいおんじきんつね》の家司《けいし》からの飛脚で、その内容は、主人公経・実氏《さねうじ》父子の監禁、伊賀光季の討ち死、義時追討の宣旨発布などについてであった。一方、義時追討の宣旨や有力御家人の名簿をたずさえた上皇側の使者押松丸《おしまつまる》も鎌倉に入っていた。しかし押松丸は葛西谷《かさいがやつ》付近で捕らえられ、宣旨や名簿は尼将軍《あましょうぐん》北条政子《まさこ》の居所へ届けられ、開封されている。また有力御家人三浦義村《よしむら》のもとへも、在京中の弟胤義《たねよし》から上皇方への参加を要請する書状が送られてきていたが、義村は使者を追いかえし、弟からの書状をもって執権北条義時のところへおもむいている。こうして容易ならざる事態に直面した政子は、御家人たちを招集して幕府の危機を訴えた。政子の呼びかけは、集まってきていた御家人たちに感銘を与え、彼らの結束は固まり、やがて義時の館において軍議が始まった。

宣旨　天皇・太政官の命令を伝える文書の形式のひとつ。

吾妻鏡　↓104頁参照。

以上、『吾妻鏡』の同日条の記事を要約したが、このうち、もっともよく知られているのは、次に掲げる、参集した御家人たちに対する政子の呼びかけの場面である。

史 二品《にほん》、家人等《けにんら》を簾下《れんか》に招《まね》き、秋田《あきた》城介《じょうのすけ》景盛《かげもり》をもつて示《しめ》し含めて曰《いわ》く、皆心《みなこころ》を一《いつ》にして奉《うけたまわ》るべし。これ最後《さいご》の詞《ことば》なり。故《こ》右大将軍《うだいしょうぐん》朝敵《ちょうてき》を征罰《せいばつ》し、関東《かんとう》を草創《そうそう》してより以降《このかた》、官位《かんい》といひ俸禄《ほうろく》といひ、その恩《おん》すでに山岳《さんがく》よりも高《たか》く、溟渤《めいぼつ》よりも深《ふか》し。報謝《ほうしゃ》の志《こころざし》浅《あさ》からんや。しかるに今《いま》逆臣《ぎゃくしん》の讒《ざん》によつて、非義《ひぎ》の綸旨《りんじ》を下《くだ》さる。名《な》を惜《お》しむの族《やから》は、早《はや》く秀康《ひでやす》・胤義《たねよし》等を討《う》ち取り、三代将軍《さんだいしょうぐん》の遺跡《ゆいせき》を全《まっと》うすべし。ただし院中《いんちゅう》に参《さん》ぜんと欲《ほっ》する者《もの》は、ただ今申《もう》し切《き》るべしてへれば、群参《ぐんさん》の士《し》ことごとく命《めい》に応《おう》じ、かつは涙《なみだ》に溺《しず》みて返報《へんぽう》を申すに委《くわ》しからず。ただ命を軽《かろ》んじて恩を報ぜんことを思《おも》ふ。

政子は御家人らを御簾《みす》のもとに招き、安達景盛を介して、次のような「最後の詞《ことば》」を述べた。「故頼朝殿が鎌倉幕府を開いて以降、官位や俸禄など、皆が受けた御恩に報いる気持ちは、決して浅くはなかろう。ところが今、上皇側近の逆臣の讒言によって不当な綸旨が下された。武士として名を惜しむものたちは、上皇方の武士（藤原秀康・三浦胤義ら）を討ち取って三代将軍の遺跡を守りなさい。ただし上皇方に加わりたいならば、この場で申し出よ。」集まってきていた御家人たちは、ことごとくその命令に応じた。

動揺する御家人たちを前にして、鎌倉幕府の創始者である源頼朝の御恩の深さ、その幕府の危機を訴えた、いわゆる政子の名「演説」として有名な記事である。また、そこからは義時追討を幕府追討にすり替えるといった政子による巧みな政治的配慮が読みとれるとの興味深い指摘もなされている――この点、後述する――。ただ「演説」といわれるものの、政子が駆けつけてきた御家人たちに対して直接に呼びかけてはおらず、御簾《みす》のなかから安達景盛を介してそれをおこなっていることには注意しておく必要があろう。

●慈光寺本『承久記』の政子の「演説」

ところで、当時の事情を詳細に語ってくれる史料としては、『吾妻鏡』のほかに軍記物語の『*承久記《じょうきゅうき》』――流布本《るふ》・前田家《まえだけ》本・慈光寺《じこうじ》本などの諸本（テキスト）が伝来――があるが、両者の間には京都からの飛脚到着順序に関するものをはじめ多くの違いがみられる。先に『吾妻鏡』から引用した、政子の御家人に対する呼びかけにしても同様で、次にそれを『承久記』諸本のなかでも、もっとも古い要素を残すとされる慈光寺本と比べてみよう。なお引用は、鎌倉に到着した京都守護伊賀光季からの飛脚が政子の居所へ参上し、急を知らせたところから始める。

史 伊賀判官《いがほうがん》ノ下人《げにん》モ、同酉《おなじきとり》ノ時《とき》ニ着《つき》ニケリ。二位殿《にいどの》ニ参《まいり》テ申《もうし》ケレバ、被仰《おおせられ》ケルハ、「尼《あま》、加様《かよう》ニ若《わかき》ヨリ物思《ものおも》フ者《もの》、ヨモアラジ。鎌倉中《かまくらじゅう》ニ触《ふれ》ヨ」トゾ被仰ケル。サテコソ谷七郷《やつしちごう》ニ、騒《さわ》ガヌ所《ところ》ハナカリケリ。此由聞《このよしきき》テ、二位殿へ参人《まいるひとびと》々、武田《たけだ》・小笠原《おがさわら》・小山左衛門《おやまざえもん》・宇津宮入道《うつのみやにゅうどう》・中間五郎《なかまごろう》・武蔵前司義氏《むさしのぜんじよしうじ》、此《この》人々参給《まいりたま》フ。二位殿被仰ケルハ、「殿原《とのばら》、聞玉《ききたま》へ。尼、加様ニ若ヨリ物思フ者候《そうら》ハジ。一番《いちばん》ニハ姫御前《ひめごぜん》ニ後《おく》レマイラセ、二番《にばん》ニハ大将殿《たいしょうどの》ニ奉後《おくれたてまつり》、其後《そののち》、又打《またうち》ツヾキ左衛門督殿《さえもんのかみどの》ニ頼家《よりいえ》後レ申《もうし》、又無程《ほどなく》右大臣殿《うだいじんどの》ニ実朝《さねとも》奉後《おくれたてまつる》。四度《よど》ノ思《おもい》ハ已《すで》ニ過《すぎ》タリ。今度《このたび》、権太夫《ごんのだいぶ》被打《うたれ》ナバ、

承久記　承久の乱を記した、軍記物語。鎌倉末期から南北朝期の成立で、作者不詳。二巻。『吾妻鏡』を補うものとして史料的価値が高い。

五《ご》ノ思《おもい》ニ成《なり》ヌベシ。女人《にょにん》五障《ごしょう》トハ、是《これ》ヲ可申哉覧《もうすべきやらん》。殿原ハ、都《みやこ》ニ召上《めしあげ》ラレテ、内裏《だいり》大番《おおばん》ツトメ、降《ふる》ニモ照《てる》ニモ大庭《おおにわ》ニ鋪皮布《しきがわしき》、三年《みとせ》ガ間《あいだ》、住所《すむところ》ヲ思遣《おもいやり》、妻子《さいし》ヲ恋《こいし》ト思ヒテ有《あり》シヲバ、我子《わがこ》ノ大臣殿コソ、一々《ひとつひとつ》、次第《しだい》ニ申止《もうしとどめ》テマシ〳〵シ。去《さら》バ、殿原ハ京方《がた》ニ付《つき》、鎌倉ヲ責《せめ》給フ、大将殿・大臣殿二所ノ御墓所《おんぼしょ》ヲ馬《うま》ノ蹄《ひづめ》ニケサセ玉フ者ナラバ、御恩蒙《こうぶり》テマシマス殿原、弓矢《ゆみや》ノ冥加《みょうが》ハマシ〳〵ナンヤ。カク申尼ナドガ深山《しんざん》ニ遁世《とんせい》シテ、流《なが》サン涙《なみだ》ヲバ、不便《ふびん》トハ思食《おぼしめ》スマジキカ、殿原。尼ハ若ヨリ物ヲキブク申者ニテ候ゾ。京方ニ付テ鎌倉ヲ責《せめ》ン共《とも》、鎌倉方ニ付テ京方ヲ責ントモ、有ノマヽニ被仰ヨ、殿原」トコソ、宣玉《のたま》ヒケレ。武田六郎信光《ろくろうのぶみつ》、進《すす》ミ出《いで》テ申ケルハ、「昔《むかし》ヨリ四十八人《しじゅうはちにん》ノ大名《だいみょう》・高家《こうけ》ハ、源氏七代《げんじななだい》マデ守ラント契申《ちぎりもうし》テ候ケレバ、今更《いまさら》、誰《だれ》カハ変改《へんがい》申候ベキ。四十八人ノ大名・高家ヲバ、二位殿ノ御方人《おんかたうど》ト思食セ」トゾ申タル。此《この》信光ガ申詞《もうすことば》ニ、残《のこり》ノ人々皆同《どう》ジニケリ。異儀《いぎ》ヲ申人、一人《ひとり》モナカリケリ。二位殿、悦《よろこび》テ重《かさね》テ被仰様《おおせらるるよう》、「サラバ殿原。権太夫ガ侍《さぶらい》ニテ、軍《いくさ》ノ僉議《せんぎ》ヲ始《はじ》メ給ヘ」トゾ被仰ケル。此由《このよし》承《うけたまわ》リ、皆大夫殿ヘゾ参リ玉フ。

政子は、十九日の午後六時前後、鎌倉に入った伊賀光季の使者から上皇側の動きを聞くと、すぐにその情報を鎌倉中にふれさせた。急を聞いてかけつけてきたのは、武田信光・小笠原長清《ながきよ》・小山朝政《ともまさ》・宇都宮頼綱《よりつな》・中間五郎・足利義氏らであった。彼らを前にして政子は、まず長女大姫・夫頼朝・息子頼家と実朝ら家族に先立たれた悲しみを語り、この上、もし弟（権大夫）義時までもと、情に訴えることから始めた。次には一転して、三代将軍実朝のとき、それまで御家人らの生活を圧迫していた京都大番役（内裏などの警備にあたる課役）の大幅軽減がなされたことに言及し、「それなのに御恩を忘れ、京方として鎌倉を攻め、頼朝・頼家・実朝三代の墓所を馬の蹄に蹴らせるつもりか。京方につくのか、鎌倉方につくのか、はっきり申せ」と迫った。そこで武田信光が進み出て、政子の味方になることを誓い、他の人々も同調した。

一読すれば、すぐに『吾妻鏡』と比べて御家人たちへの呼びかけが、より具体的で説得力をもつ内容になっていることに気づかされるであろう。また、先に紹介した「義時追討を幕府追討にすり替える」という指摘がここでも思い起こされてくるが、その「すり替え」論の指摘も、もともとはこの慈光寺本の記述に関してなされたものなのである――政子の言によると、義時追討は京都大番役の大幅軽減など、鎌倉幕府によって実現された御家人の既得権、さらには幕府そのものの消滅を意味することになる――。なお重要な論点である「すり替え」論についていま少し付け加えるならば、たしかに形式的には指摘どおり、「すり替え」がおこなわれていることは疑いないところである。しかしそれは、意図的というより、また弟義時をかばうというより、政子自身、義時なきあとの幕府は従来の京都に対する強硬路線――御家人らの既得権も含めて――を大幅に変更せざるを得ない状況に追い込まれていくと確信していたことから生じたものではなかろうか。また現実にそのようになった可能性も高いものがあったと考えられるのである。この点、なによりも御家人たちが政子の呼びかけ＝義時路線を支持していることが、よくそれを物語っているといえよう。

●政子の「演説」はだれに？

このように政子の演説＝呼びかけに関する、『吾妻鏡』と慈光寺本『承久記』の記述を比較・検討する時、ぜひ取り上げておきたいのは、政子の呼びかけが、どのような人々に向けてなされたかということ、言い換えれば呼びかけの対象についてである。というのも、『吾妻鏡』では「群参《ぐんさん》の士」とあり、参集した――その場所については後述――すべての御家人たち、いわば不特定多数の御家人に向けてなされているのに対し、慈光寺本『承久記』では政子の招集により彼女のもとに参集した御家人として、武田信光・小笠原長清・小山朝政・宇都宮頼綱・中間五郎・足利義氏の六名の名前が明記され、彼らに向けての呼びかけとなっており、さらに彼らを代表して武田信光が源家への忠節、および政子の味方となることを誓っているのである。

それではなぜ、ここで武田信光ら六名が登場させられているのであろうか。その解答は、これもすでに指摘されているが、慈光寺本『承久記』該当記事の少し前にみえる、「又十《またじゅう》善《ぜん》ノ君《きみ》ノ宣旨《せんじ》ノ成様《なるよう》ハ、『秀康《ひでやす》、是《これ》ヲ承《うけたまわ》レ。武田《たけだ》・小笠原《おがさわら》・小山左衛門《おやまざえもん》・宇津宮入道《うつのみやにゅうどう》・中《なか》間《ま》五郎《ごろう》・武蔵前司義氏《むさしのぜんじよしうじ》、相模守時房《さがみのかみときふさ》・駿河守義村《するがのかみよしむら》、此等《これら》両三人《りょうさんにん》ガ許《もと》ヘハ賺遣《すかしやる》ベシ』トゾ仰《おおせ》下《くだ》サル」という文言に示されている。すなわち、彼らは後鳥羽上皇側によって、義時追討宣旨の発給対象に選ばれていた有力御家人たちであったのである。とすれば、政子は義時追討宣旨の発給対象者の情報を得た段階で、ただちに該当者をみずからの居所に招き、説得を試みたということになるのである。そしてそこからは、五畿七道諸国にあてた追討宣旨を、ねらいをさだめた個々の有力御家人に発給することによって、幕府内の分裂をはかろうとした後鳥羽上皇側の動き——先の三浦義村の場合と同様——に対する、政子側の敏速にして的確な対応ぶりが浮かびあがってくるのである。それにひきかえ、御簾のなかから安達景盛を介しての政子の呼びかけ、それに感銘する参集の御家人たちという『吾妻鏡』の記述からは、儀式的というか、なにか脚色された雰囲気をうけざるを得ないのである。

●政子の「演説」はどこで？

以上、義時追討宣旨の鎌倉到来、それに対する幕府側の動き＝とくに政子による御家人らへの呼びかけ（「演説」）に関しての、『吾妻鏡』と慈光寺本『承久記』の記述の相違点に注目してきたが、一方、両者をあわせ考えることによって明らかになる史実もある。それは政子がどこで呼びかけをおこなったかということについてである。従来、その場所については、概説書などに将軍御所・北条義時館・勝長寿院——源頼朝が平治の乱で敗死した父義朝の菩提を弔うために建立した寺院で義朝の首が埋葬されている——といったまちまちの記述がなされてきたが、その最大の原因は、この点に関する『吾妻鏡』の記述のあいまいさにある。

史　関東分《かんとうぶん》の宣旨《せんじ》の御使《おんつかい》、今日同《きょうおな》じく到著《とうちゃく》すと云々《うんぬん》。よつて相尋《あいたず》ぬるのところ、葛西谷《かさいがやつ》の山里殿《やまさとどの》の辺《あたり》よりこれを召《め》し出《い》づ。押松丸《おしまつまる》秀康が所従と云々。と称《しょう》す。所持《しょじ》の宣旨ならびに大監《だいけん》物光行《もつみつゆき》が副状《そえじょう》、同じく東士《とうし》の交名《きょうみょう》註進状等《ちゅうしんじょうなど》を取《と》りて、二品《にほん》の亭《てい》御堂御所と称す。において披《ひ》閲《えつ》す。また同時《どうじ》に廷尉胤義《ていいたねよし》義村が弟。が私《わたくし》の書状《しょじょう》、駿河前司義村《するがぜんじよしむら》が許《もと》に到著《とうちゃく》す。これ勅定《ちょくじょう》に応《おう》じ右京兆《うけいちょう》を誅《ちゅう》すべし。勲功《くんこう》の賞《しょう》においては請《こ》ふによるべきの由《よし》、仰《おお》せ下《くだ》さるるの趣《おもむき》これを載《の》す。義村返報《へんぽう》に能《あた》はず、かの使者《ししゃ》を追《お》ひ返《かえ》し、件《くだん》の書状を持《も》ちて、右京兆の許に行《い》き向《むか》ひて云《い》はく、義村、弟《おとうと》の叛逆《はんぎゃく》に同心《どうしん》せず、御方《みかた》において無二《むに》の忠《ちゅう》を抽《ぬき》んづべきの由と云々《うんぬん》。その後《のち》、陰陽道親職《おんみょうどうちかもと》・泰貞《やすさだ》・宣賢《のぶかた》・晴吉《はるよし》等を招《まね》き、午《うま》の刻《こく》初めの飛脚到来の時なり。をもって卜筮《ぼくぜい》あり。関東太平《かんとうたいへい》に属《ぞく》すべきの由、一同《いちどう》にこれを占《うらな》ふ。相州《そうしゅう》(時房)・武州《ぶしゅう》(泰時)・前大官令禅門《さきのだいかんれいぜんもん》(広元)・前武州(義氏)以《い》下《か》群集《ぐんしゅう》す。

関東の武士たちにあてた義時追討の宣旨などを携えた上皇の密使（押松丸《おしまつまる》）も、本日（五月十九日）鎌倉に入った。早速、彼を葛西谷《かさいがやつ》付近で捕らえ、北条政子の居所＝御堂御所《みどうのごしょ》で所持していた文書を開いてみた。また同じ時、三浦義村《よしむら》が京都在住の弟胤義《たねよし》から届いた「義時を誅殺せよ。恩賞は望みどおりだ」といった内容の私信を義時のもとに持参し、忠節を誓った。その後、陰陽師《おんみょうじ》数名を招いて卜筮《ぼくぜい》をおこなったところ、全員が関東の太平を占った。北条時房・同泰時・大江広元・足利義氏以下の御家人たちが集まった。

右は、冒頭で『吾妻鏡』から要約・紹介した、後鳥羽上皇側の密使を捕え、彼から押収した宣旨などを政子の居所で開封したなどといった話に加えて、陰陽道の卜筮に「関東太平に属す」とでたこと、北条時房・同泰時・大江広元・足利義氏以下が参集したことを内容とし、政子の呼びかけのすぐ前に置かれている記事である。すなわち、この記事のあとに政子の呼びかけが続くわけであるが、しかしこれだけでは、たとえ「二品の亭御堂御所と称す。」とみえることから、政子の居所が「御堂御所」――これが先述の勝長寿院のことである――であったことは確認できるとしても、その呼びかけがどこでおこなわれたかは確定できないのである。

そこで次に前掲慈光寺本『承久記』の当該記事をみてみると、そこには「京都守護伊賀光季の下人が政子のもとへ参上して急を告げる→政子、ただちにこのことを鎌倉中に触れまわさせる→武田信光ら政子のもとへ駆けつける→政子、彼らを前にして鎌倉の危機を訴え、鎌倉殿の御恩を思い起こさせる→政子、結束を誓った信光らを、軍議を開始するために義時のもとへ向かわせる」とあり、政子の呼びかけの場所は明らかに彼女の居所となっているのである。とすれば、この記事と先の『吾妻鏡』の記事とを組みあわせることによって、源氏将軍が三代で絶えたあとの鎌倉幕府最大の危機を救った政子の名「演説」の舞台として、先に紹介した諸説のうち、幕府創始者頼朝の父義朝の菩提を弔う寺院＝勝長寿院（御堂御所）説の可能性がきわめて高くなってくるのである。

なお、この点に関してさらにいえば、政子の呼びかけのなかで、鎌倉殿の御恩の具体的事例として京都大番役の負担軽減があげられているが、これを三代将軍実朝の時に実現されたものと述べていることには注目すべきであろう（事実は不詳）。一方の『吾妻鏡』が、御恩の具体的事例はあげないまま、ひたすら初代頼朝以来の御恩を強調しているからである――古活字本《こかつじ》（流布本）『承久記』も大番役負担軽減を載せてはいるものの、これを頼朝の時の話としている――。前々年正月、甥《おい》の公暁《くぎょう》によって暗殺された実朝の遺骸が、勝長寿院の傍《かたわら》（境内）に葬られ、さらに実朝追福《ついふく》のための五仏堂《ごぶつどう》が建立されていることからして（『吾妻鏡』承久元年正月二十八日・十二月二十七日条）、あるいはこれも、政子の呼びかけの場が勝長寿院であったことと関係があるのではあろうか。

もっとも、右の勝長寿院説にも問題は残されている。以下は『吾妻鏡』貞応二（一二二三）

年──政子の「演説」から二年後──の各条にみえる記事である。

史（二月二十七日条）二位家《にいけ》（政子）、勝長寿院《しょうちょうじゅいん》の奥地《おくち》を点《てん》じ、伽藍《がらん》ならびに御亭を建立《こんりゅう》せらるべきによって、今日《きょう》かの御亭において、日時定《にちじさだ》めあり。

（三月三日条）勝長寿院の奥地、今日土公《どくう》の御祭《おまつり》を行《おこな》はる。これ二品《にほん》の御願《ごがん》として、御堂《みどう》を立《た》てらるべきが故《ゆえ》なり。

（四月十九日条）勝長寿院の奥の御堂、同《おな》じき傍《かたわ》らの御亭等《など》上棟《じょうとう》なり。

（七月二十六日条）二位家新進《しんしん》の御亭御堂御所と号す。に御移徙《ごいし》なり。

（八月二十七日条）二位家の新御所の御持仏堂《ごじぶつどう》廊の御堂と号す。造畢《ぞうひつ》の間《あいだ》、本尊《ほんぞん》運慶作。を安置《あんち》したてまつる。

すなわち、この時にも政子が勝長寿院の奥に新しい「伽藍」と「御亭」（「二位家新進の御亭」「二位家の新御所」）を建てており、後者については、これも「御堂御所」と記されているのである。とすれば、この御堂御所と二年前に政子が「演説」をおこなった御堂御所とはどのような関係にあったものであろうか。新旧の御堂御所が存在したということであれば問題はないが、もしこの点に関する『吾妻鏡』の記事に混同があるとすれば、当然、先述の政子の「演説」の場＝勝長寿院説は、あらためて考え直さねばならなくなってくるのである。

（樋口　州男）

【引用史料刊本】

『吾妻鏡』──貴志正造編『全譯吾妻鏡』第三巻（新人物往来社、一九七七年）

慈光寺本『承久記』―新日本古典文学大系『保元物語・平治物語・承久記』（岩波書店、一九九二年）

【参考文献】

奥富敬之『鎌倉歴史散歩』（新人物往来社、二〇〇一年）
野口実「承久の乱」（鈴木彰・樋口州男編『後鳥羽院のすべて』（新人物往来社、二〇〇九年）

15　中世の刑罰「ミミヲキリ、ハナヲソギ」は残酷か

●地頭の残虐行為

　ここで主題にするのは、中世社会に実際におこなわれていた刑罰である「耳鼻削《みみはなそ》ぎ」にまつわる史料である。とはいえ、耳を切ったり鼻を削ぐ話だなんて、恐怖（スプラッター）映画じゃあるまいし、いくらなんでも趣味が悪すぎる、高校生も読むような真面目な日本史の本のなかで、そんな気味の悪い話をするなんて不適切きわまりない、と思われる読者もいるかもしれない。しかし、これは鎌倉時代の、とある地方荘園で実際におこなわれようとしていた話であるし、なにより一見特異で瑣末《さまつ》な事柄に注目することで、史料の解釈が変わり、歴史のイメージが大きく変わる実例として、ぜひ皆さんに紹介しておきたい話なのである。

　鎌倉時代になると、全国の荘園のなかで武士が地頭《じとう》として大きな力をもつようになってくる。この時期、彼らは「地頭請《じとううけ》」と呼ばれる荘園年貢の徴収業務を独自に請け負うことを始めたり、「下地中分《したじちゅうぶん》」と呼ばれる荘園の支配権を荘園領主と折半《せっぱん》することを始めるようになる。教科書などで「地頭の荘園侵略《しょうえんしんりゃく》」と説明される事態である。実際、地頭の支配権が拡大されてゆく過程で、この時期、全国の荘園で地頭と荘園領主や、地頭と一般百姓とのあいだで摩擦が生じ、いろいろなかたちのトラブルが頻発している。

　こうした鎌倉時代の「地頭の荘園侵略」の実情を語るとき、歴史教科書や史料集で必ず

といっていいほど引用されるのが、次に掲げる「阿弖河荘百姓申状《あてがわのしょうひゃくしょうもうしじょう》」である。

史 ソノヽコリ《（残）》、ワツカニモレ《（漏）》ノコリ《（残）》テ候《そうろう》人フ《（人夫）》ヲ、サイモク《（材木）》ノヤマ《（山）》イタシ《（出）》エ、イテ《（出）》タ《（立）》テ候エハ、テウマウ《（逃亡）》ノアト《（跡）》ノムキ《（麦）》マケ《（蒔）》ト候テ、ヲイモトシ《（追戻）》候イヌ。「ヲレラカコノムキマカヌモノナラハ、メコトモ《（妻子共）》ヲヲイコメ《（追籠）》、ミヽ《（耳）》ヲキリ《（切）》、ハナ《（鼻）》ヲソキ《（削）》、カミ《（髪）》ヲキ《（切）》リテ、アマ《（尼）》ニナシテ、ナワホタシ《（縄絆）》ヲウチ《（打）》テ、サエナ《（苛）》マン」ト候ウテ、セメ《（責）》センカウセラレ候。

〈『＊高野山文書《こうやさんもんじょ》』〉

（地頭にこき使われないで）わずかに残った人夫すらも、（私たちが）材木の切り出しのため山林へと向かわせようとしたところ、（地頭は）逃亡した百姓の耕地に麦を蒔けと言って、追い返してしまいます。（そのうえ）「おまえらがこの麦を蒔かなかったならば、妻たちを監禁して、耳を切って、鼻を削いで、髪を切って尼にして、縄で縛って虐待するぞ」と言って、（私たちを）厳しく責めるのです。

建治《けんじ》元（一二七五）年十月、紀伊《きい》国（和歌山県）阿弖河荘の百姓たちは自らの手で右の文書を認《したた》め、地頭湯浅《ゆあさ》氏の非法《ひほう》の数々を告発した。ほとんどがカタカナで書かれた素朴な字面とともに、読む者の記憶に強く残るのは、そこに描かれた地頭の荘園支配の衝撃的な実態である。

言うことをきかない百姓の妻を監禁して、耳を切り、鼻を削ぐ――。なんとも猟奇的な光景ではないか。その衝撃的な内容もあって、これまで、この文書は地頭の残虐な暴力の実態を生々しく描いた被害者側の貴重な証言として、鎌倉時代の地頭のイメージづくりに

高野山文書　高野山金剛峯寺と子院に伝わる文書。「阿弖河荘百姓申状」は、紀伊国の荘園の百姓たちが地頭の非法を訴えた告発状。

長く利用されてきた。

たしかに「耳鼻削ぎ」とは、現代に生きる私たちにとっては想像を絶するおぞましい行為である。しかし、前後の時代の史料をよく読んでみると、どうも耳鼻削ぎをおこなっていたのは、この湯浅氏だけではなかったようだ。しかも、中世のさまざまな史料のなかから「耳鼻削ぎ」に関する情報ばかりを集めてみると、そこからは私たちの常識を覆《くつがえ》す意外な事実が明らかになる。以下、少々、気味の悪い話が続くが、我慢してお付き合いいただきたい。

●歴史のなかの耳鼻削ぎ

たとえば、戦国武将の細川忠興《ほそかわただおき》について、宣教師《せんきょうし》のルイス・フロイスは以下のように述べている。「彼の息子の一人を育てていました乳母《うば》はキリシタンでしたが、彼は同女のごく些細《ささい》な過《あやま》ちに対して、その鼻と耳を削いだ上に追い出すようにと命じました」〈『日本史』〉。理由は定かではないが、ここで細川忠興は息子の乳母に対して耳鼻削ぎをおこなっているのである。

また、室町時代の禅僧《ぜんそう》の日記『碧山日録《へきざんにちろく》』のなかには、京都郊外の木幡《こはた》で、鼻を削がれた女が見ず知らずの村童《そんどう》を襲い、鼻を削ぎ、その子の鼻を自分の鼻のかわりにして練《ね》り薬で貼《は》り付けるという凄《すさ》まじい事件があったことが記されている。むろん他人の鼻が練り薬で付こうはずもなく、結局不自然な鼻が証拠になって、彼女は鼻を削がれた村童の父親によって捕らえられ、あわれ生きたまま沼に沈められてしまったという。彼女がなぜ鼻を失ったのかはわからないが、このように、この時代、耳や鼻を失った人はときおり巷《ちまた》でみられたようだ。

あるいは、やはり室町時代、興福寺《こうふくじ》の尋尊《じんそん》が書き記した『大乗院寺社雑事記《だいじょういんじしゃぞうじき》』のなかにも、盗人《ぬすっと》の住宅二〜三軒が興福寺の寺僧たちによって摘発《てきはつ》されたという情報が記されている。しかも、このうち一軒は女盗人の住んでいた家で、彼女は四歳の子持ちの泥棒で、「もってのほかの悪行人《あくぎょうにん》」だったという。そこで領主である興福寺は、この女盗人を耳鼻削ぎ刑に処《しょ》している。

古いところの史料では、文学作品になるが、平安時代の『大鏡《おおかがみ》』にも耳鼻削ぎが登場する。そこでは、藤原道雅《みちまさ》の妻が夫を捨てて藤原義忠《よしただ》の妻になったことに対して、語り手の大宅世継《おおやけのよつぎ》が苦々しく「もしこれが私の妻だったならば、白髪を剃《そ》って尼《あま》にして、鼻も削ぎ落してやる」と、えらく物騒《ぶっそう》な感想を述べている。

さて、そろそろお気づきだろうか。これまでみてきた事例、すべて耳鼻削ぎは女性に対しておこなわれているのである。このほかにも、まだまだ同じような史料をあげることもできるのだが、紙面には限りがあるうえ、あまり気持ちの良いものでもないので、このへんでやめにしておこう。たしかに最初の阿弖河荘の史料を読み直してみても、地頭は百姓の妻に対して耳鼻削ぎをしようとしている。どうやら、中世社会において、耳鼻削ぎは女性に対する刑罰と考えられていたようだ。

●耳鼻削ぎに隠された意味

では、なぜ中世の人々は女性にだけ耳鼻削ぎをおこなうのだろうか？　それを考えるとき、ヒントになりそうなのが、次のようなエピソードである。

建久元《けんきゅう》（一一九〇）年、奥州《おうしゅう》藤原氏を滅ぼした源頼朝《よりとも》のもとに、一人の女が連行されてくる。調べによれば、この女は後白河《ごしらかわ》法皇の「落とし胤《だね》」であると詐称《さしょう》して、周囲の人々を騙《だま》していたのだという。皇族を詐称するとは見過ごせない。頼朝は、一度はこの女を鎌倉に送り処刑しようかと考えた。しかし、今年は「文治《ぶんじ》」から「建久」に年号が替わった、めでたい年であることに気づき、それを理由に命は助け、かわりに彼女の「面顔《めんがん》に疵《きず》を」つけて追放しようとしている（『吾妻鏡』）。おそらく、この場合も耳鼻削ぎがなされたのだろう。

また享禄《きょうろく》四（一五三一）年には、奈良の薬師寺《やくしじ》の門前で、女性をめぐるトラブルから僧侶同士の殺害事件が起きる。そこで、この事実を知った薬師寺僧たちは、トラブルの原因をつくった女性を捕縛《ほばく》し、斬首《ざんしゅ》しようとした。しかし、それを気の毒に思った唐招提寺《とうしょうだいじ》の老僧は、これに割って入り助命懇願《じょめいたんがん》をおこなう。その結果、彼女には鼻削ぎがなされるだけで、命は助けられることになった（『中下臈検断之引付《ちゅうげろうけんだんのひきつけ》』）。

これらのエピソードからも明らかなように、当時、耳鼻削ぎは、本来なら処刑されるはずの者に対する救済措置として選択されていたのである。一般に中世社会では、僧侶や乞食《こじき》とならんで女性の殺害は忌《い》み嫌われていた。それは、なにも中世の人々が女性に優しかったからというわけではなく、女性や僧侶は俗世界の規範の埒外《らちがい》に置かれていたということらしい。そのために、死罪に値《あたい》するような罪を犯した女性も、よほどのことがない限り、死一等《しいっとう》を減じる必要があったのである。

また中世社会においては、耳や鼻は人格を象徴する部位と考えられていた。そのため戦国時代の戦場では、しばしば敵の首のかわりに鼻や耳を持ち帰るという習俗が広く存在した。豊臣秀吉が朝鮮出兵の際に戦功の証しに朝鮮人の鼻を削いで持ち帰るように指示したというのは、有名な話だろう。また、ハンセン病により耳や鼻を失った人は、中世社会では「非人《ひにん》」としてもっとも差別される境遇《きょうぐう》に置かれた。当時、耳や鼻を失うということは人間ではなくなることであり、事実上、「死」に準じることと考えられていたのである。

こうした耳や鼻のもつ象徴性と、女性の殺害を忌避《きひ》する観念があいまって、中世社会では女性に対する耳鼻削ぎがなされていたようなのだ。つまり、耳鼻削ぎとは、現代の私たちがうける凄惨《せいさん》なイメージとは異なり、中世社会にあっては死一等を減じた女性に対する救済措置としての意味をもっていたのである。その意味では、冒頭に紹介した阿弖河荘の地頭湯浅氏の「ミミヲキリ、ハナヲソギ」という脅迫も、当時の人々は、案外、私たちが思うほどには猟奇《りょうき》的なものとは考えていなかった可能性がある。もちろん百姓に対する恫喝《どうかつ》自体は不当なものだが、そこで湯浅氏が耳鼻削ぎを持ち出したのは、たんに相手が女性だったから、にすぎないとみるべきだろう。どうも私たちは「ミミヲキリ、ハナヲソギ」という行為の衝撃に目を奪われて、すこし阿弖河荘百姓申状を感情的に読みすぎていたのかもしれない。

総じて史料を読むときは、単独の史料だけをもとに史実を導き出すのには、注意が必要である。史実に迫るためには、できるかぎり多くの類似史料を集めて、そのなかで使われている言葉のひとつひとつの同時代的な意味を確定してゆく。そうした一見地味な作業が不可欠なのである。誰もが目にする普通の史料も、そのようにして読むことで、まったく新しい解釈が生まれてくる可能性もあるのだ。

そして、もっと気をつけなければならないのは、その史料を解釈する際、私たち現代人の「常識」を安易に持ち込まないということだろう。耳鼻削ぎの事例からもわかるように、私たちが「常識」とすることが、中世社会では必ずしも「常識」ではないし、逆に中世社会の「非常識」が案外、私たちの世界の「常識」だったりする。先入観を捨てて史料を読むことで、私たちは当たり前の史料のなかから、新しい世界を発見することができるかもしれないのだ。

（清水　克行）

【引用文献刊本】

『高野山文書』―「大日本古文書　家わけ第一　高野山文書」（東京帝国大学、一九〇四年）

【参考文献】

清水克行「耳鼻削ぎの中世と近世」（『室町社会の騒擾と秩序』吉川弘文館、二〇〇四年）

16 モンゴル来襲―三別抄からの救援要請と文永の役

●モンゴルの侵略

「ムクリ・コクリの鬼が来る」。これはぐずぐずしてなかなか家に入らない子どもたちを脅す言葉である。「ムクリ・コクリ」とは、「蒙古《もうこ》・高麗《こうらい》」のことであり、いわゆる元寇《げんこう》のことをさす。それほどに人々の心に深く刻まれた事件であった。

十三世紀の初頭、モンゴル民族を統一したチンギス＝ハンは、アジア大陸の通商路を支配下におさめ、西アジアから南アジアに広がる強大な帝国をつくりあげた。十三世紀のなかごろには、チンギス＝ハンの孫のフビライが、都を大都《だいと》（北京《ぺきん》）に定めて南宋《なんそう》を圧迫し、朝鮮半島の高麗、チベットなどを征服した。モンゴルの侵略に対する諸民族の抵抗は激しく、朝鮮では、一二七〇年に高麗王朝が服属した後も、三別抄《サムピョルチョ》と呼ばれた治安部隊と民衆とが連合して、一二七三年まで、抵抗を繰り返していた。この間、二度にわたって高麗からの*牒状《ちょうじょう》が日本に届けられていた。

牒状　国家同士で交わす国書のこと。

●高麗からの牒状についての疑問点の数々

史 高麗《こま》牒状《ちょうじょう》不審《ふしん》の条々《じょうじょう》

一《ひとつ》、以前《いぜん》の状文永《じょうぶんえい》五年《ねん》、蒙古《もうこ》の徳《とく》を揚《かか》げ、今度《こんど》の状文永八年、韋毳《いもう》は遠慮無《えんりょな》しと云々《うんぬん》、如何《いかん》。

一、文永五年の状は年号《ねんごう》を書《か》くも、今度は年号を書かざる事《こと》。

一、以前の状、蒙古の徳に帰《き》し、君臣《くんしん》の礼《れい》を成《な》すと云々。今《いま》の状、宅《たく》を江華《こうか》に遷《せん》して四十年に近《ちか》し、被髪左衽《ひはつさじん》は聖賢《せいけん》の悪《にく》む所《ところ》なり、仍《よっ》て又珍嶋《またチンド》に遷都《せんと》する事。

一、今度の状、端《はし》には「戦《たたか》いを成《な》すの思《おも》いに従《したが》わざるなり」、奥《おく》には「彼《か》の使《つか》いを蒙《こうむ》らんがため」云々。前後相違《ぜんごそうい》如何。

一、漂風人護送《ひょうふうじんごそう》の事。

一、金海府《きんかいふ》に屯《たむろ》するの兵《へい》、先《ま》ず二十余人《よにん》を日本国《にほんこく》に送《おく》る事。

（中略）

一、胡騎数万《こきすうまん》の兵を請《こ》う る事。

（中略）

一、貴朝遣使問訊《きちょうけんしもんじん》の事。

〈東京大学史料編纂所保管文書〉

一、前に来た文永五年の文書では、蒙古の徳をほめ上げていたのに、今度の文永八年のものでは、蒙古は無遠慮であるといっているのはどういう訳か。

一、文永五年の文書では蒙古の年号を使っていたのに、今回の文書では書いていないこと。

一、以前の牒状では、蒙古の徳に従って、臣下の礼をとるべきだとあった。今回の文書では、江華島《カンファド》に都を遷して以来四〇年になるが、髪を結わずにいることや衣服を左前に着るといったモンゴルの習俗は、聖人・賢人の憎むところである。そのため抵抗を続けるために、また珍島に都を遷したこと。

一、今度の文書では、端に「戦いを成すの思いに従わざるなり」、奥には「彼の使いを蒙らんがため」とある。前後が相違しているのはどうしてか。

一、漂流民を護送すること。

一、金海府に駐屯する屯田兵二十余人が、まず日本に派遣されたこと。

（中略）

一、高麗政府がモンゴル兵数万人の派遣要請をしたこと。

（中略）

一、日本からの使者派遣を要請していること。

この史料は文永八（一二七一）年九月に到来した「高麗牒状」と、文永五（一二六八）年到来のものとの比較である。そしてその相違点・疑問点を列挙したメモであり、牒状への対応策を議論した※後嵯峨《ごさが》院の評定《ひょうじょう》に出された討議資料である。文永八年に到来した牒状は高麗が出したものではなく、モンゴルに屈した高麗政府に反旗を翻した三別抄（高麗政府直属軍）が日本に救援を求めたものである。対外認識に欠ける日本側では、その意味するところを理解することはできなかった。モンゴルの徳を称揚《しょうよう》する前回の文永五年牒状に対し、今回の文永八年牒状には、「韋毳《いもう》（なめし革とむく毛、遊牧民を指す）」「被髪左衽は聖賢の悪む所」とモンゴルの風俗を蔑《さげす》んだ表現があり、正反対の表現に理解に苦しんでいた。文永八年牒状の趣旨は、救兵と兵糧の要請であった。吉田経長《よしだつねなが》の日記『吉続記《きつぞくき》』には、「件《くだん》の牒状の趣、蒙古兵《もうこへい》日本に来たり責むべし、また糴《ちょう》（売り出し米）を乞《こ》う、此《こ》の外救兵《ほかきゅうへい》を乞うか、状に就《つ》き了見区分《りょうけんくぶん》（解釈が分かれた）」とある。

後嵯峨院の評定　後嵯峨上皇の時に、鎌倉幕府の評定衆にならって制度的に確立。上皇および法皇による議定のこと。院評定と呼ばれる。

●高麗三別抄軍の抵抗

一二五九年、江華島で抵抗していた高麗はモンゴルに降伏し、その支配下に入った。一二六九年六月、武臣林衍《イムヨン》によって高麗国王元宗《ウォンジョン》が廃される事件が起きた。しかし十月には、林衍に反対する勢力が挙兵し、十一月に元宗は復位した。翌一二七〇年二月、元宗はフビライにモンゴル公主《こうしゅ》の世子《せいし》への降嫁《こうか》を請い、あわせて元軍の援助によって林衍を除き、江華島から開京《ケギョン（かいきょう）》への還都を願い出た。元宗をひとたび廃止した林衍は、同年二月に病死し、還都を拒んだ子息林惟茂《イムユム》は五月に殺された。同時に還都に反対する勢力も除かれたが、新たに開京への還都に反対する勢力が登場した。それが三別抄の軍勢である。三別抄とは左夜別抄・右夜別抄・神義軍の三軍からなる高麗の精鋭軍である。

将軍裵仲孫《ペチュンソン》を中心とする三別抄軍は、高麗の王族承化侯温《スンファフォン》を王とし、一二七〇年八月全羅道《チョンラ》の珍島《チンド》に本拠を移し、南部の済州島《チェジュド》などを制圧して高麗政府やモンゴルに抵抗した。翌年の初め、三別抄の勢力は隆盛を極めた。これに呼応する反乱が慶尚道《キョンサンド》・京畿道《キョンギド》にて起こり、首都でも官奴《かんぬ》が抵抗した。この時期に三別抄が日本に救援を求めてきたのである。しかし四月半ばから形勢が逆転し、珍島は攻略され、二年後には済州城が陥落し、四年におよぶ反乱も鎮圧された。

●文永の役と台風

この三別抄の反乱が、元（一二七一年、国号を元とする）の日本侵攻を大幅に遅らせることとなった。しかし、ついに文永《ぶんえい》十一（一二七四）年十月三日、高麗の合浦《ハッポ》を出発した元・高麗連合軍約四万人を乗せた九百艘の軍船は、十月二十日未明、博多湾沿岸に上陸し、各地で合戦が繰り広げられた。戦いはわずか一日で、翌日には、博多湾の海上から姿を消した。これをいわゆる文永の役という。この急な撤退の原因を、これまでは二十日の大暴風雨のためといわれてきた。いわゆる「神風」説が信じられてきた。

しかし、気象学者荒川秀俊《ひでとし》氏は文永十一年十月二十日は、太陽暦では十一月二十六日であり、台風シーズンが去った後となる。そのため大暴風雨（神風）は無かった、との説を述べた。信頼できる史料にも、台風があったとの記事はみあたらない。弘安四年（一二八一）のモンゴル襲来が、台風によって壊滅したのと混同したのではないかとするのである。

これに対し「神風」があったとする人は、勘解由小路兼仲《かげゆこうじかねなか》の日記『勘仲記《かんちゅうき》』文永十一年十一月六日条に、「晴《は》れ、ある人《ひと》いわく、去比凶賊船数万艘海上《さるころきょうぞくのふねすうまんそうかいじょう》に浮《う》かぶ。而《しか》も俄《にわか》に逆風《ぎゃくふう》吹《ふ》き来《きた》り、本国《ほんごく》に吹き返《かえ》す。少々《しょうしょう》の船又陸上《またりくじょう》に馳《は》せ上《のぼ》る。……逆風の事《こと》、神明《しんめい》の御加　被《こうむる》歟《か》。止《やむ》事無《な》き、貴《たっと》むべし」とあるのを根拠に反論した。博多湾上の敵船が、逆風のために高麗方面へ帰還したというのである。また高麗側の史料にも、「夜大風雨に会う」とある。

しかし『勘仲記』の記事は、「ある人いわく」とあるように、伝聞である。さらに『*八幡《はちまん》愚童訓《ぐどうくん》』にも、一夜にしてモンゴル軍が、忽然と消えたことは記されているが、「神風」が吹いたことは記されていない。また、弘安の役の時のモンゴル軍船の遺物は引き揚げられているが、文永の役の際の遺物は発見されていない。これらを総合すると、モンゴル軍は予定の撤収を自発的におこない、その撤収中に少しの風雨あったかもしれないが、壊滅的打撃ではないといえる。

弘安の役の翌年の健治《けんじ》元（一二七五）年十二月三日官宣旨《かんせんじ》に、「蒙古《もうこ》の凶賊《きょうぞく》等鎮西《ちんぜい》に来《らい》

八幡愚童訓　鎌倉後期成立。甲乙二本があり、歴史が記述されている甲本に蒙古襲来の記事がある。乙本は八幡神の霊験が説かれている。

着《ちゃく》し、合戦致《かっせんいた》さしむと雖《いえど》も、神風《しんぷう》荒《あ》れ吹《ふ》き、異賊命《いぞくいのち》を失《うしな》い、船《ふね》を棄《す》て或《ある》いは海底《うみぞこ》に沈《しず》み、或いは以《もっ》て浦《うら》に寄《よ》す」〈「薩藩《さっぱん》旧記《きゅうき》雑録《ざつろく》所収《しょしゅう》国分寺《こくぶんじ》文書《もんじょ》」『鎌倉遺文《かまくらいぶん》』十六巻一二一六三〉とある。「神風」の初見史料であるが、これは薩摩国の天満宮・国分寺の所司の奏状の一節を、官宣旨中に引用したものである。したがって文永の役直後、すでに神風思想が主張されたのである。これはモンゴル軍の再襲来を前にして、朝廷も幕府も「敵国降伏」の祈禱《きとう》を神社仏閣に命じた。それを受けた宗教者が、モンゴル軍の撤退の後、祈禱による神仏の加護をことさらに強調した結果、「神風荒れ吹き」と表現されたのであろう。

（松井　吉昭）

【引用史料刊本】

『吉続記』―『史料大成』（臨川書店）

『勘仲記』―『史料纂集古記録編』（八木書店）

【参考文献】

服部英雄『歴史を読み解く』（青史出版、二〇〇三年）

杉山正明・北川誠一『大モンゴルの時代』（中央公論社、一九九七年）

荒川秀俊「文永の役の終わりを告げたのは台風ではない」（『日本歴史』一二〇号、一九五八年）

荒川秀俊「文永の役の終末について諸家の批判に答う」（『日本歴史』一四五号、一九六〇年）

佐伯弘次『日本の中世九　モンゴル襲来の衝撃』（中央公論社、二〇〇三年）

瀬野精一郎「『神風』余話」（『日本の中世九　モンゴル襲来の衝撃』所収月報）

17 『歎異抄』と悪人正機説

●『歎異抄』と悪人正機説・悪人正因説

親鸞《しんらん》の伝記のなかで、今なお未解決の問題がある。たとえば流罪《るざい》を許された親鸞は、なぜ東国に移住したのだろうか。この問題は、親鸞の思想形成や、親鸞思想の受容の社会的基盤問題とも関わる重要な課題である。親鸞東国移住の目的のひとつが、代表的著作である＊『教行信証《きょうぎょうしんしょう》』の述作にあるとする見方がある。親鸞の思想形成が東国移住の時期に完成され、その核心として、よく引き合いに出される言葉が「悪人正機説《あくにんしょうきせつ》」である。この「悪人正機」とは、何を意味するのだろうか。また親鸞の思想を代弁しているのだろうか。

史 善人《ぜんにん》なをもて往生《おうじょう》をとぐ、いはんや悪人《あくにん》をや。しかるを、世《よ》のひとつねにいはく、悪人なを往生す、いかにいはんや善人をやと。この条《じょう》、一旦《いったん》そのいはれあるににたれども、本願他力《ほんがんたりき》の意趣《いしゅ》にそむけり。そのゆへは、自力作善《じりきさぜん》のひとはひとへに他力をたのむこゝろかけたるあひだ、弥陀《みだ》の本願にあらず。しかれども、自力のこゝろをひるがへして、他力をたのみたてまつれば、真実報土《しんじつほうど》の往生をとぐるなり。煩悩《ぼんのう》具足《ぐそく》のわれらは、いづれの行《ぎょう》にても、生死《せいし》をはなるゝことあるべからざるをあはれみたまひて、願《がん》をおこしたまふ本意《ほい》、悪人成仏《じょうぶつ》のためならば、他力をたのみたてまつる悪人、もとも往生の正因《しょういん》なり。よて、善人だにこそ往生すれ、まして悪人は、とおほせさふらひき。

〈『歎異抄《たんにしょう》』第三条』〉

教行信証 親鸞による浄土真宗の教義解説の書。六巻。

「信心に欠けた疑心の善人でさえ浄土に生まれることができる。まして信心に篤い他力の悪人はいうまでもない」と、親鸞聖人はいわれた。世の人々は通常、「悪人でさえ浄土に生まれる。まして、善人が浄土に生まれるのはいうまでもない」という。一応もっともなように思えるが、阿弥陀仏の誓願に反している。

というのは、己の能力によって善き行為を為し、その見返りを疑わない疑心の善人は、阿弥陀仏にひたすら身を委ねる他力の心が欠けている。それ故、阿弥陀仏の誓願にふさわしい存在たりえない。しかし、そのような人も、自力を恃《たの》む心を翻《ひるがえ》して、すべてを阿弥陀仏の誓願に身を委ねるならば、真にして実なる浄土に生まれることができる。私たちは、末法の世の平等的悪人であり、煩悩のかたまりともいうべき存在である。そのためどのような善き行為を自力でおこなっても、生死流転《るてん》の境涯を抜け出せないことを憐れんで、阿弥陀仏は誓願をたてられた。その本旨は、末法の世の平等的悪人である私ども衆生を救うことにある。それ故、阿弥陀仏の誓願に身を委ねる私ども悪人の他力の心こそが、浄土に生まれる正因なのである。

だからこそ親鸞聖人は「疑心の善人すら浄土に生まれることができる。まして他力の悪人は」といわれたのである。(佐藤正英『歎異抄論註』を参考にした)

『歎異抄』は、一般に弟子唯円《ゆいえん》が記した著作といわれている。唯円は、常陸《ひたち》国河和田《かわだ》に住し、親鸞晩年の直弟子の一人である。建長八(一二五六)年五月、親鸞が実子である善鸞《ぜんらん》を勘当《かんどう》・破門した事件（善鸞事件）の後に、親鸞より直接聞いた話を記したものが『歎異抄』という。親鸞の死後、真宗《しんしゅう》の教えとは異なる教義を説く者が多く、親鸞の教えを無視した者が後を絶たなかったことを嘆き、文章にしたのである。そしてこの史料から、親鸞の思想とその社会的基盤を読み解こうとしてきた。しかし一方では、『歎異抄』を親鸞の史料として扱うことに異論をもつ研究者も多い。しかし、少なくとも親鸞の晩年に身近に侍し、その言説に接していた唯円を介して、親鸞の思想を知ることは可能であろう。

「善人なをもて往生をとぐ、いはんや悪人をや」という『歎異抄』の思想を、一般的には「悪人正機説」と呼んでいる。阿弥陀仏《あみだぶつ》がもっとも救いたいのは（疑心の）「善人」ではなく、（他力の）「悪人」である、という考え方である。これは親鸞の信仰の特色として、永らく言われてきた。しかし、『醍醐本法然上人伝記《だいごぼんほうねんしょうにんでんき》』「三心料簡事」に、「善人なをもて往生す、況《いわん》や悪人をやの事口伝これあり」とあるように、法然の言葉にも『歎異抄』の言葉によく似た言葉があり、悪人正機説は、親鸞独自の思想ではない。また、親鸞は「悪人正機」という言葉を一度も使っておらず、後世の人が名付けたものである。『歎異抄』第三条に「他力をたのみたてまつる悪人、もとも往生の正因《しょういん》なり」とあることから、「悪人正因説」とすべきという意見もある。

平雅行《たいらまさゆき》氏は、「悪人正機説」は「悪人を正機とする思想」との意味で、「機」は「機根《きこん》」の意で「すべての人にあって、仏の教えを受けて発動する能力、資質」をいうとする。『日本国語大辞典』では、「正機」は「仏の教えを受けて悟りを得る、その直接の対象となる資質、また、その人」とあり、「正因」は「直接的な原因」と記す。今井雅晴《まさはる》氏は、「悪人正因説」を、「悪人が往生するというより、悪人であることが往生のための要因であるとする説」という。では「悪人」をどのように考えるべきなのだろうか。

●悪人正機説は善人正因説である

ところで『口伝鈔《くでんしょう》』という著作は、親鸞が孫の如信《にょしん》に説いた教えを、覚如《かくにょ》が記したという体裁《ていさい》をとっている。そこに、

史 本願寺《ほんがんじ》の聖人《しょうにん》、黒谷《くろだに》の先徳《せんとく》より御相承《ごそうじょう》とて、如信上人《にょしんしょうにん》仰《おお》せられていはく、世《よ》のひと常《つね》に思《おも》へらく、悪人《あくにん》なをもて往生《おうじょう》す、いはむや善人《ぜんにん》をやと。この事《こと》、遠《とお》くは弥陀《みだ》の本願に背《そむ》き、近《ちか》くは釈尊出世《しゃくそんしゅっせい》の金言《きんげん》に違《ちが》いせり。……これも悪凡夫《あくぼんふ》を本《もと》として、善凡夫をかたはらに兼《か》ねたり。かるが故《ゆえ》に、傍機《ぼうき》たる善凡夫なを往生せば、もはら正機《しょうき》たる悪凡夫いかでか往生せざらん。しかれば善人なをもて往生す、いかにいはむや悪人をやと言《い》ふべし、と仰《おお》せごとありき。

と記され、「傍機たる善凡夫なを往生せば、もはら正機たる悪凡夫いかでか往生せざらん」と、「正機・傍機」が登場する。そして世間の人は「悪人なをもて往生す、いはむや善人をや」と考えているが、これは間違いである、と述べている。世間の人の考えは、「善人正因説」であり、世間の人の間違いは、つまり阿弥陀の本願は「悪凡夫を本（＝正機）として、善凡夫をかたわら（＝傍機）に兼ねたり」とある点である。ここに言葉のレトリックによって「悪人正機説」が導き出され、覚如によって「悪人正機説」は完成された。

悪人正機説は、善人をプラス価値に、悪人をマイナス価値におき、価値の優劣の劣る方（悪人）を救済の対象にするということになる。この点は、平安浄土教《じょうどきょう》*や顕密《けんみつ》仏教の価値

浄土教 阿弥陀浄土への往生を願う信仰。末法思想の広まりを受け、発達した。

観と同じである。悪人正機説と善人正因説とは同じ価値観であり、民衆が悪人とされることが多かった時代、それは民衆の愚民蔑視《ぐみんべっし》を伴った救済論である。つまりこの「悪人正機説」は、罪深く穢《けが》れているとされた女性にも適応され、「女人《にょにん》正機説」を生むのである。女人正機説とは、女性が正機で、男性が傍機である。女性蔑視の救済論にほかならない。

●親鸞の善人・悪人論

通俗浄土教の善人悪人観では、末法《まっぽう》思想の影響から、、善人（上代の菩薩《ぼさつ》聖人）・悪人（末代の衆生《しゅじょう》）、そして末代の衆生のなかにも善人・悪人がいる、という二重の善人・悪人観があった。親鸞は、末法の世におけるすべての人（衆生）は悪人たらざる得ない、という万人悪人観に立っている（平等的悪人）。その上で、親鸞は末代の衆生のなかにも悪人・善人の区別があるとする。しかし親鸞における善人悪人観は、通常の意味における善人悪人とは異なる。『正像末浄土和讃《しょうぞうまつじょうどわさん》』に、

史 仏智疑惑《ぶっちぎわく》の罪《つみ》ゆへに　五百歳《ひゃくさい》まで牢獄《ろうごく》に　かたくいましめおはします　これを胎《たい》生《せい》とときたまふ

自力称名《じりきしょうみょう》の人はみな　如来《にょらい》の本願信ぜねば　うたがふつみのふかきゆへ　七宝《しっぽう》の獄《ごく》にぞいましむる

罪福《ざいふく》ふかく信じつゝ　善本修習《ぜんぽんしゅうしゅう》する人《ひと》は　疑心《ぎしん》の善人《ぜんにん》なるゆへに　方便化土《ほうべんかど》にとまるなり

とある。親鸞によれば、「自力称名の人」「善本修習する人」は「疑心の善人」であり、「仏智疑惑の罪」を背負っている人々であるので、「方便化土」で「七宝の獄」の懲罰《ちょうばつ》を受け

る、というのである。親鸞の主著『教行信証』の「化身土巻」にも、「大小聖人《だいしょうしょうにん》、一切善《いっさいぜん》人《にん》、本願《ほんがん》の嘉号《かごう》をもておのれが善根《ぜんこん》とするがゆへに、信《しん》を生《しょう》ずることあたはず。仏智《ぶっち》をさとらず。かの因《いん》を建立《こんりゅう》せることを了知《りょうち》することあたはざるがゆへに、報土《ほうど》にいることなかりき」とある。この大乗小乗《だいじょうしょうじょう》の聖人・すべての善人は、信心を得ることのできない人々であり、阿弥陀の誓願《せいがん》の意味を理解できない人々である。また、真実報土に往生できない人々である。このようなマイナスの善人を、「疑心の善人」といい、親鸞が考える「善人」である。

　では「悪人」はどういう人たちか。それが『歎異抄』に登場する「他力をたのみたてまつる悪人」ということである。この「他力の悪人」こそが往生の正因であり、真実報土の往生をとげえる、というのである。「他力の悪人」は信心をもった人々のことであり、親鸞独自の善人・悪人観である。親鸞にとって、末代の衆生（「疑心の善人」も「他力の悪人」）すべてが正機と考えており、事実上の悪人正機説は成り立たない。末法の世の「悪人」であることを自覚して、信心をもった「他力の悪人」であることが往生の正因である。

　親鸞は、信心の者を「他力の悪人」、不信心の者を「疑心の善人」と呼び、通俗の平安浄土教や顕密仏教の悪人正機説を乗りこえた悪人正因論を展開した。

●親鸞の悪人論と中世社会

　親鸞は、末法の世の一切の衆生を「具縛凡愚《ぐばくぼんぐ》」「屠沽下類《とこげるい》」「穢悪《わいお》の群生《ぐんじょう》」とし、人間は本質的に殺生《せっしょう》の罪を犯し、穢《けが》れと悪にまみれた存在である、と語る。そして一切衆生の宗教的平等を説いた。このことは、中世荘園制社会の神仏による民衆支配の呪縛《じゅばく》から、民衆を解き放つ新たな地平を切り開く要素をもっていた。極楽往生は信心、念仏によってのみ決まるのであって、それ以外の一切の行《ぎょう》は、往生と関係がない。このような親鸞の思想が、後に一向一揆《いっこういっき》の母体となり得た要因でもあった。すべての衆生は悪人だという、このことの自覚をすべての人に求めたのである。

親鸞の思想を「悪人正機説」と位置づけたのは、親鸞の曾孫覚如が著作した『口伝鈔』によってである。しかし『口伝鈔』にあるのは、通俗の平安仏教や顕密仏教が説いた悪人正機説である。そこには「疑心の善人」「他力の悪人」も出てはこない。覚如は、本願寺教団の形成維持を目的として、親鸞を顕密仏教の高僧に祀《まつ》り上げた。そのために「悪人正機説」を取り入れたのである。

（松井　吉昭）

【引用史料刊本】

『歎異抄』――（角川文庫）

「正像末浄土和讃」――『日本古典文学大系　親鸞集日蓮集』（岩波書店）

『口伝鈔』――『真宗聖教全書』（大八木興文堂）

『教行信証』――（岩波文庫）

【参考文献】

佐藤正英『歎異抄論註』（青土社、一九八九年）

平雅行『親鸞とその時代』（法蔵館、二〇〇一年）

今井雅晴『親鸞の家族と門弟』（法蔵館、二〇〇二年）

18　半済令の諸側面

●高校教科書にみえる半済令

高校日本史の教科書のなかで南北朝時代のページをめくると、どの教科書にも「半済《はんぜい》（令《れい》）」の用語が、ゴシックで記されていることが確認できる。そして、いずれの教科書も基本的に、半済（令）を観応《かんのう》三（一三五二）年七月に発令された観応半済令（以下、観応令）に代表させて、室町幕府が守護に兵粮米《ひょうろうまい》として荘園年貢の半分を徴収する権限を与えた法令と説明している。高校日本史において半済令は、南北朝期の守護の権力強化と関連づけて理解されるようになっているのである。

半済令が守護の権力強化に作用したのは確かであり、その意味で教科書の説明は間違っていない。しかし、そもそも半済令とは、室町幕府の荘園（所領《しょりょう》）政策に関する法令である。このことに鑑《かんが》みると、高校教科書は半済令を最重要事項のひとつに掲げているものの、その本質を充分に説明しているとはいえない。高校で日本史を学んだ読者のなかには、半済令を室町幕府の荘園政策として理解している人は少ないのではないか。そこでまずは、観応令以来繰り返し出されてきた半済令の集大成と位置づけられる応安《おうあん》半済令（以下、応安令）を素材として、半済令の本質を探ってみよう。

●半済令の本質

最初に応安令（室町幕府追《つい》加《か》法《ほう》九七条）の全文を掲げよう（丸数字は筆者が付した）。

史

一《ひとつ》 寺社本所領《じしゃほんじょりょう》の事《こと》 応安元・六・十七 布施弾正大夫入道昌椿これを奉行す。

①禁裏《きんり》仙洞《せんとう》の御料所《ごりょうしょ》・寺社《じしゃ》一円《いちえん》の仏神領《ぶつしんりょう》・殿下《でんか》渡領《わたりりょう》等《など》、他《ほか》に異《こと》なるの間《あいだ》、曾《かつ》て半済《はんぜい》の儀《ぎ》有《あ》るべからず。固《かた》く武士《ぶし》の妨《さまた》げを停止《ちょうじ》すべし。其《そ》の外諸国《ほかしょこく》の本所領は、暫《しばら》く半分《はんぶん》を相分《あいわ》かち、下地《したじ》を雑掌《ざっしょう》に沙汰《さた》し付《つ》け、向後《きょうこう》の知行《ちぎょう》を全《まっと》うせしむべし。此《こ》の上《うえ》若《も》し半分の預《あず》かり人《びと》、或《ある》いは雑掌方《かた》に違乱《いらん》し、或いは過分《かぶん》の掠領《りゃくりょう》を致《いた》さば、一円本所に付《つ》けられ、濫妨人《らんぼうにん》に至《いた》っては、罪科《ざいか》に処《しょ》すべきなり。将又本家《はたまたほんけ》寺社領の号《ごう》有りと雖《いえど》も、領家人給《りょうけにんきゅう》の地《ち》においては、宜《よろ》しく本所領に准《じゅん》ずべきか。早《はや》く此《こ》の旨《むね》を守《まも》り、一円の地と云《い》い、半済の地と云い、厳密《げんみつ》に雑掌に打《う》ち渡《わた》すべし。

②次《つぎ》に先公《せんこう》の御時《おんとき》より、本所一円知行の地の事、今更《いまさら》半済の法《ほう》と称《しょう》して、改動《かいどう》すべからず。若し違犯《いはん》せしめば、其の咎《とが》有るべし。

次に本所領を以《もっ》て、誤《あやま》りて御下文《おんくだしぶみ》を成《な》さるる地の事、替わりを充て行《おこな》わるるの程《ほど》、先《ま》ず本所と給人《きゅうにん》と、各々《おのおの》半分知行たるべし。守護人《しゅごにん》の綺《いろい》有るべからず。

③次に月卿雲客《げっきょううんきゃく》知行の地頭職《じとうしき》の事、武恩《ぶおん》として補任《ぶにん》せらるるの上は、本所領に混《こん》じ難《がた》し。半済の儀を停止すべし。

一 寺社本所領の事〈応安《おうあん》元（一三六八）年六月十七日 布施弾正大夫入道《ふせだんじょうだいぶにゅうどう》昌椿《しょうちん》が担当した〉。

①天皇と上皇の御料所・寺社が本家職《ほんけしき》と領家職《りょうけしき》双方をもつ所領・藤原氏の氏長者《うじのちょうじゃ》に伝領される所領は、他の所領と異なる特別なものなので、いっさい半済（年貢の半納《はんのう》）を禁止する。固く武士の妨げを停止するように。その他の諸国

の本所領（一般の俗人領）は、当分の間半分の下地（土地）を本所の雑掌に引き渡し、今後支配させるように。この上、もし残りの半分の下地を預け置かれた武士が、あるいは雑掌方に違乱したり、あるいは半分以上の下地を*押《おう》領《りょう》したら、下地すべてを本所に支配させ、乱暴した武士については罪科に処す。また、本家職は寺社がもっているといいながら、領家職は俗人がもっている所領においては、本所領と同じ扱いにする。早くこの法令の趣旨を守り、本所が年貢を全額収納している所領であろうと、預け置かれた武士に半済が認められている所領であろうと、厳密に本所の雑掌に所領を引き渡すように。

②次に前代の足利義詮《よしあきら》の時代から、本所が年貢を全額収納してきた所領は、いまさら半済と称して、従来の支配方式を変更してはならない。もし違犯したら、罰則を科す。

次に本所領であるのに、敵方などと誤認して新恩《しんおん》の下文《くだしぶみ》を与えた所領は、新恩の下文を得た武士に替地《かえち》を与えるまでの間、本所とその武士は各々半分ずつ支配するように。これについて、守護は干渉してはならない。

③次に公卿《くぎょう》や殿上人《てんじょうびと》が支配する地頭職は、幕府の恩給《おんきゅう》として与えられたものであるため、本所領と一緒にすることはできない。本所領と区別して半済を停止し、年貢を全納するように。

内容は、寺社本所領（寺社や公家の支配する所領・所職《しょしき》）に対し、半済の除外地（傍線部＝①禁裏《きんり》仙洞《せんとう》の御料所《ごりょうしょ》、寺社一円の仏神領、殿下渡領《でんかのわたりりょう》、②本所一円知行の地、③月卿《げっきょう》

押領　他人が知行している田畠や年貢などを実力で侵し奪うこと。

雲客《うんきゃく》知行の地頭職）と適用地（波線部＝その他諸国の本所領、本家寺社・領家人給の地）とを明確に区分し、半済適用については、地域・期間の限定をつけないことにしている。

半済除外地に指定された寺社本所領は、いっさいの半済が排除されることで、年貢の全納を保障されることになった。一方、半済適用地に指定された寺社本所領については、応安令では年貢でなく下地の折半を余儀なくされたものの、法文からは武士よりも本所側雑掌への下地引き渡しに、法令の重点が置かれていることがわかる。以上から、応安令は基本的に、寺社本所領の保護法という性格をもっていたことが了解されよう。

前述したように、半済令は応安令以前から発令されてきたが、それらの基本的性格も応安令と同様である。したがって半済令とは、室町幕府による寺社本所領保護法と評価でき、荘園制保護を目的とした法令だったことが理解できるだろう。

しかしながら、半済令の基本的性格が寺社本所領保護法だからといって、半済規定を軽視してよいことにはならない。半済適用＝年貢半納の承認とは、武士による寺社本所領の押領が既成事実として幕府に承認されたことを意味するが、これは取りも直さず、幕府が戦時に獲得した武士の権益を認定したことでもある。すると、半済令の本質とは、寺社本所・武士双方の権益を保護し、両者の利害調整を図ることにあったと理解できよう。

●寺社本所領回復令としての半済令

それでは、実際半済令は、寺社本所・武士双方にどのように受容されたのだろうか。半済令の基本的性格が寺社本所領保護法だったとすると、その最大の受益者《じゅえきしゃ》は寺社本所ということになる。そこで次に、寺社本所が半済令をいかに受容したかをみてみよう。

史

一《ひとつ》 寺社本所領《じしゃほんじょりょう》の事《こと》　観応《かんのう》三・七・廿四《にじゅうよん》御沙汰《ごさた》

諸国擾乱《しょこくじょうらん》に依《よ》り、寺社の荒廃《こうはい》、本所の牢籠《ろうろう》、近年倍増《きんねんばいぞう》す。而《しか》るにたまたま静謐《せいひつ》の国々《くにぐに》、武士《ぶし》の濫吹未《らんすいいま》だ休《やす》まずと云々《うんぬん》。仍《よ》って、守護人《しゅごにん》に仰《おお》せ、国の遠近《えんきん》に依り、日限《にちげん》を差《さ》して施行《しぎょう》すべし。承引《しょういん》せざる輩《ともがら》においては、所領《しょりょう》三分《ぶん》の一を分《わ》け召《め》す。所帯無《しょたいな》くば、流刑《るけい》に処《しょ》すべし。若《も》し遵行《じゅんぎょう》の後《のち》、立《た》ち帰《かえ》りて違乱《いらん》を致《いた》さば、上裁《じょうさい》を経《へ》ず、国中《くにじゅう》の地頭御家人《じとうごけにん》を相催《あいもよお》し、不日在所《ふじつざいしょ》に馳《は》せ向《む》かい、治罰《ちばつ》を加《くわ》え、元《もと》の如《ごと》く雑掌《ざっしょう》に下地《したじ》を沙汰《さた》し居《す》へ、子細《しさい》を注申《ちゅうしん》すべし。将又《はたまた》守護人、緩怠《かんたい》の儀《ぎ》有《あ》らば、其《そ》の職《しき》を改易《かいえき》すべし。

次《つぎ》に近江《おうみ》、美濃《みの》、尾張《おわり》三ヶ国の本所領半分《はんぶん》の事《こと》、兵粮料所《ひょうりょうりょうしょ》として、当年一作《とうねんいっさく》は軍勢《ぐんぜい》に預《あず》け置《お》くべきの由《よし》、守護人等《ら》に相触《あいふ》れ訖《おわ》んぬ。半分においては、宜《よろ》しく本所に分け渡《わた》すべし。若《も》し預かり人、事を左右《そう》に寄《よ》せ、去《さ》り渡さざれば、一円本所に返付《へんぷ》すべし。

一　寺社本所領の事。　観応三年七月二十四日に取り決められた。

諸国の擾乱により、寺社の荒廃や本所の窮乏が、近年倍増している。そうしたところ、たまたま戦乱が治まった国々でも、武士の乱暴がいまだ止まないという。よって、守護に命じて、国の遠近に従ってあらかじめ日時を定め、寺社本所に所領の返還をおこなわせる。承知しない武士たちは、所領の三分の一を没収する。所領が無ければ、流刑に処す。もし守護が所領返還を執行した後、武士がその所領に立ち帰って違乱をしたら、守護は幕府の裁断を経ずに、国中の地頭御家人を催し、すぐにその武士の居所に馳せ向かって処罰を加え、もとのように本所側雑掌に下地を引き渡し、詳しい事情を報告するように。また、守護が怠けるようなことがあれば、守護職を改易する。

次に近江、美濃、尾張三ヵ国の本所領半分は、兵粮料所として、一年を限り軍勢に預け置くように、守護たちに布告した。残りの半分は、本所に分け渡すように。もし本所領を預かっている人が、あれこれと言い訳をして、所領の半分を本所側に去り渡さなければ、所領すべてを本所に返還するように。

最初の半済令として知られる観応令（室町幕府追加法五六条）である。傍線部にみえるように、観応令では、近江・美濃・尾張の三ヵ国にある本所領の半分を、兵粮料所（兵粮《ひょうろう》米《まい》を徴収できる所領）として一年を限り軍勢＝武士に預け置くことを守護に認めた。この半済規定は、冒頭で述べたように、高校日本史の教科書でも取り上げられていて有名だが、実は見ての通り付帯条項なのである。観応令の本文では、波線部にみえるように、守護に対して武士の乱暴を停止させ、寺社本所に所領を返還するように命じている。また、これに従わない武士については、守護が「治罰《ちばつ》」を加え、本所側雑掌に下地を引き渡すように規定している。したがって、当然のことながら観応令が発令されると、寺社本所はいっせいに幕府に対し、本所側雑掌に下地の引き渡しを命じる御判御教書《ごはんのみきょうしょ》（将軍の命令書）の発給を要求した。つまり、寺社本所は観応令の半済規定には目もくれず、下地の引き渡し＝寺社本所領回復令の部分のみを受け取り、その適用を幕府に求めたのである。

このような寺社本所の動きは、応安令でより顕著に確認できる。すなわち、応安令の場合もまた、寺社本所はその半済規定を無視し、これを寺社本所領回復令として受け取ったのである。たとえば、東寺《とうじ》は遠江国《とおとうみ》原田荘《はらだのしょう》細谷郷《ほそやごう》領家職の回復を目論《もくろ》んだ際、「諸国一同に、寺社領は一円返付されることになった」と主張し、武士の押領を排除して「寺家一円知行」の回復と、下地の速やかな引き渡しを守護に請求した（最勝光院方評定引付《さいしょうこういんかたひょうじょうひきつけ》、応安元年閏《うるう》六月日付東寺雑掌頼憲申状《らいけんもうしじょう》）。この東寺の主張は、応安令で半済除外地とされた「寺社一円の仏神領」を「寺社領」に読み替えて、都合良く解釈したものである。このように寺社本所側は、応安令の際には幕府の方針を拡大解釈してまで、所領の回復を図ったことが確認できるのである。

　寺社本所は、半済令を所領回復令として受容した。なかでも寺社（東寺）は、応安令の発令に際して、「寺社一円の仏神領」を「寺社領」に読み替えて、ためらいもなく「一円返付」を請求した。このような寺社の法の運用を支えたのは、仏神領の興行を、論理を超越した正義とみなす「*徳政《とくせい》」の観念だったと考えられる。応安令は寺社側から「*大法《たいほう》」と呼ばれたことが確認できるが、この事実は応安令が「徳政」の具現《ぐげん》という一面をもっていたことによるのだろう。

　しかしながら、寺社本所は決して思い通りに所領を回復できたわけではなかった。というのも、観応令にしろ、応安令にしろ、寺社本所に所領を返す命令は幕府から出ても、引き渡しまでの一連の執行手続は守護を経ておこなわれたからである。戦時のなかで守護が実行してきた所領処分（寺社本所側からすると所領押領）をくつがえす処置を、守護の手で実行させようというのだから、法が充分な実効性をもつはずがない。さらに、応安令の

徳政　本来は、災害や異変などの際に、改元や神事の興行など、天皇の徳を示す仁政を実施することをいった。

大法　中世において、さまざまな集団内部の慣習法と、それに基づいた公権力による制定法。

場合は、法令の執行だけでなく、適用を求める訴訟の受理・審議も守護によっておこなわれた。寺社がいくら「徳政」の観念を振りかざしたとしても、法の実現の効果はたかが知れていたのである。

●武士にとっての半済令

最後に、武士は半済令をいかに受容したかをみてみよう。

これまで繰り返し述べてきたように、半済令の基本的性格は、寺社本所領保護法だった。しかしそこには、その否定ともとれる半済規定が記されたことを忘れてはならない。前述したように、半済適用は、幕府が武士による寺社本所領の押領＝戦時に獲得した武士の権益を認定することにほかならないから、武士側は、寺社本所とは反対に半済規定（適用）の部分に反応し、その成果を享受したと考えられる。

そこで、観応令の場合をみてみると、観応令における半済適用地は、近江・美濃・尾張の三カ国にある本所領とされたが、翌月には伊勢《いせ》・志摩《しま》・伊賀《いが》・和泉《いずみ》・河内《かわち》の五カ国が加えられ、都合八カ国の本所領が半済適用地とされた（室町幕府追加法五七条）。いずれの国も、当時、戦況の激化にともない軍事力の展開を必要とした地域であった。これにより、これら八カ国の守護は武士に対して、寺社本所領半分の預け置きをおこなった事実が確認できるが、これは武士にとって守護からの所領の給付＝給地《きゅうち》の獲得を意味した。したがって武士は、半済規定を所領拡大の契機として受け取り、その成果を享受《きょうじゅ》したとみられるのである。

武士に所領拡大の契機として受容された半済令は、やがて応安令に至り、武士の押領所領を平時に定着させる効果をもつ法令となった。

応安令が半済規定に関して、それまでの半済令と異なる点は、①半済適用基準を戦況から領有形態に変更して、適用地を明確にしたこと、②半済適用について地域・期間の限定を撤廃したこと、である。この応安令の発令により、幕府はその直前まで進めていた半済・兵粮料所の停止による軍事体制解除の方針を転換して、半済の一部を恒久的に認可する形で平時の体制へ移行することに決した。これにより、寺社本所側は半済の存続という恒久的不利益を被ることになったが、武士側は戦時における寺社本所領の押領＝給地の獲得が半済認可という形で最終的に公認されることになった。こうして押領所領＝給地は、本領とともに武士の所領＝武家領として平時に定着することになり、室町期の荘園制の構成要素となったのである。

（田中　大喜）

【引用史料刊本】

「応安令」―『中世政治社会思想　上』（『日本思想大系新装版』）（岩波書店）

「観応令」―『中世法制史料集第二巻　室町幕府法』（岩波書店）

【参考文献】

桑山浩然「南北朝期における半済」（『室町幕府の政治と経済』吉川弘文館、二〇〇六年）

田中大喜「武士団結合の複合的展開と公武権力」（『中世武士団構造の研究』校倉書房、二〇一一年）

田端泰子「室町前期の半済」（『日本歴史』六二四号、二〇〇〇年）

永井英治「初期室町幕府の荘園政策」（『南山経済研究』一九―三号、二〇〇五年）

松永和浩「軍事政策としての半済令」（『待兼山論叢』四一号史学篇、二〇〇七年）

村井章介「徳政としての応安半済令」（『中世の国家と在地社会』校倉書房、二〇〇五年）

19 戦場からの手紙が語る合戦の実態

●家族を案じて

暦応《りゃくおう》三（一三四〇）年冬、常陸《ひたち》国駒城《こまじょう》（駒館《こまだて》城・駒楯《こまだて》城とも。現、下妻《しもつま》市黒駒《くろこま》のうち）に籠もる南朝軍を、足利方の高師冬《こうのもろふゆ》が攻撃していた。しかし南朝軍の抵抗は頑強で、城は容易に落ちなかった。その師冬軍の陣中から、一通の手紙が故郷に届けられている。

史 何事《なにごと》も下《くだ》り候《そうらい》し時《とき》、早々《そうそう》に候て下り候し事、心許《こころもと》なくこそ候へ。これも合戦《かっせん》延《の》び候はば、暇《いとま》とも申《もう》し候て下りたく候へども、敵《かたき》の城《じょう》も近《ちか》く候程《そうろうほど》に、中々《なかなか》と覚《おぼ》えて候。今度《こんど》の合戦《かっせん》には生《い》き候はん事もあるべしとも覚えず候へば、甲斐甲斐《かいがい》しき物々《ものもの》、一人《ひとり》も候はで候□こそ、返《かえ》す返《がえ》す心許なく覚え□候へ。

〈『南北朝遺文　関東編』一〇四五号〉

慌ただしく出発してしまったから、あれこれと気がかりです。合戦が延びてしまっており、休暇でも頂戴して戻りたいところですが、近くに敵の城があるので、なかなか難しいでしょう。今回の合戦では、生きていられるとはとても思えません。頼りになるものが一人もいないのが、本当に気がかりに思えることです。

この仮名書きの書状は、現在の東京都日野市内に所領をもっていた、山内経之《やまのうちつねゆき》という武士が書き送ったものである。敵の城を眼前にする最前線で、決死の覚悟のなかで、故郷に残した家族のことを案じる心中がうかがわれて痛々しい。

●常陸合戦

建武《けんむ》二(一三三五)年七月、北条高時《ほうじょうたかとき》の遺子時行《ときゆき》が信濃《しなの》国で挙兵して鎌倉を攻略すると、足利尊氏《あしかがたかうじ》は京都を発って鎌倉を奪還したが、後醍醐《ごだいご》天皇の召還命令を無視して京都に戻らず、建武新政下で対立した両者の決別は決定的となった。尊氏が新田義貞《にったよしさだ》追討を名目に上洛すると、陸奥《むつ》から北畠顕家《きたばたけあきいえ》が尊氏を追撃、建武三年正月には尊氏を敗って九州に追った。しかし体勢を立て直した尊氏は再び上洛、後醍醐方は敗れて吉野に遷《うつ》り、尊氏が光厳《こうごん》天皇を即位させたため、公家政権は南北両朝に分裂した。

尊氏を九州に追ったあと陸奥に戻っていた顕家は再び上洛するが、暦応《りゃくおう》元(一三三八)年和泉《いずみ》国で戦死、父親房《ちかふさ》は遺子に替わって東国を経営するため、九月に伊勢《いせ》国を海路出発した。しかし暴風により一行は離散、義良《のりよし》親王は伊勢国に引き返し、宗良《むねよし》親王は遠江《とおとうみ》国に、親房は常陸国にそれぞれ到着した。親房ははじめ神宮寺《じんぐうじ》城(現、稲敷《いなしき》市神宮寺のうち)に入ったが間もなく落城、阿波崎《あばさき》城(現、稲敷市阿波崎のうち)に逃れた後、十一月には小田《おだ》城(現、つくば市小田のうち)に入った。

そして南朝の拠点を作るため、父宗広《むねひろ》や弟親光《ちかみつ》がすでに南朝勢力として戦っていた、奥州の有力者結城親朝《ゆうきちかとも》を積極的に誘った。すなわち十一月六日には、

史 宮《みや》・国司《こくし》、奥《おく》に着《つ》かしめ給《たま》い候《そうら》はば、彼方《かなた》より御発向《ごはっこう》あるべきにて候《そうろう》つ。只今《ただいま》の如《ごと》くんば延引《えんいん》の間《あいだ》、如何《いか》にも御下向《ごげこう》候いて、奥の輩《ともがら》催《もよお》し立《た》てらるべく候。かつがつ葛西《かさい》使者《ししゃ》を進《まい》らせ候。此《こ》の趣《おもむき》を申《もう》し入《い》れ候なり。しかるに路次難治《ろじなんじ》に候と云々《うんぬん》。忩々《そうそう》

に郡々《こおりごおり》の勢《ぜい》を催促《さいそく》し、連々近辺《つらつらきんぺん》を対治《たいじ》せられ候はば目出《めで》候。此《こ》の辺《あた》りの勢を以《もっ》て、先《ま》ず白河《しらかわ》まで御進発《ごしんぱつ》、其《そ》れより次第《しだい》に奥へ御発向あるべきの条《じょう》、子細《しさい》あるべからざるか。相構《あいかま》えて急速《きゅうそく》に計《はか》らい沙汰《さた》せしめ給《たま》うべきの由《よし》、仰《おお》せ候なり。

〈『南北朝遺文《なんぼくちょういぶん》　関東編』八九二号〉

義良親王や北畠顕信《あきのぶ》が奥州に到着していたならば出陣していたが、このような状況なので延期している。葛西清貞からは、奥州勢を率いるために下向して欲しいとの使者がやってきているが、道中の安全が確保できていない。ついては軍勢を動員して、周辺の敵を退治していただければありがたい。私はこの辺りの軍勢を率いて白河まで参り、その後奥州へ向かおうと思うので、早急に対応していただきたい。

といった書状を送り、援軍を要請している。この後親房は、五年の間に数十回にわたって親朝の援助を求めている。

これに対して親朝は、南朝方に付いて遮二無二《しゃにむに》軍功を挙げるということはなかったが、当然のことながら自らの利害と一致する場面においては出陣を拒まなかった。たとえば暦応二年七月には、すでに後醍醐天皇から所領として認定されていた陸奥国内高野《たかの》郡（現、福島県東白川《ひがししらかわ》郡）において、凶徒《きょうと》を退治したとして、親房から感謝されている。親朝の立場からすれば、自領内の対立勢力を掃討した結果が、親房の要請に応えたことになったにすぎなかったであろう。

このような親房の動きに対して尊氏は、足利氏重代の家臣である高《こう》氏から、師泰《もろやす》と師冬を東国に下した。師冬の出陣に同行した矢部定藤《やべさだふじ》が提出した、暦応三年五月の軍忠状《ぐんちゅうじょう》*によれば、前年の暦応二年四月六日に京都を出発したらしい。その後師泰は遠江国に向かい、師冬は鎌倉に入ったあと八月になって鎌倉を出発、翌月武蔵国に到って親房の動向をうかがった。そして十月常陸国に入った師冬は、小田城の出城《でじろ》とされる駒城を攻撃したのである。先の軍忠状では、十月下旬から一月以上にわたる激戦のなかで、矢部一族は「身命を捨て」て奮戦したと主張している。しかし戦況は、南朝方の人物と思われる左中将道世《さちゅうじょうみちよ》が、十一月三日に親朝に宛て、

史 そもそも小田《おだ》の合戦《かっせん》の事《こと》、御方《みかた》毎度《まいど》利《り》を得《え》候《そう》らん、目出《めで》候《そうろう》。聖運《せいうん》然《しか》らしめ給《たま》い候ば、落居《らっきょ》程《ほど》有《あ》るべからず候か。

〈『南北朝遺文　関東編』一〇二二号〉

常陸合戦では、たびたび味方が勝利されているようで、おめでたいことです。天皇のご運がそのような結果にさせたのですから、落着するのに時間はかからないでしょう。

と書き送り、親房も同月二十一日、

史 この間《かん》方々《かたがた》の合戦《かっせん》において毎度《まいど》御方《みかた》利《り》を得《え》、凶徒《きょうと》多《おお》く以《もっ》て或《ある》いは討《う》ち死《じ》に、或いは疵《きず》を被《こうむ》り、悉《ことごと》く引《ひ》き退《の》き候《そうら》い了《おわん》ぬ。今《いま》に於《お》いては、駒楯一方合戦《こまだていっぽうかっせん》の最中《さなか》なり。

〈『南北朝遺文　関東編』一〇二八号〉

これまであちらこちらの合戦で味方が勝利し、凶徒達の多くは討ち死にしたり怪我をしたりして、すべて退却してしまいました。今では駒城だけが合戦中です。

と伝えており、駒城の攻防は一進一退、周辺の合戦は南朝方優位に展開していたらしい。

軍忠状　戦場における武士の戦功を書き上げた文書。恩賞の根拠となる。大将に提出し「一《いっ》見了《けんしおわんぬ》」の文言と、花押を受けた後、返却される。

全体的な戦況としては、師冬軍は厳しい戦いを強いられていたといえる。そして冒頭の書状を書き送った山内経之は、その師冬軍の陣中にあったのである。

●高幡不動胎内文書

経之の書状は、東京都日野市の高幡山《たかはたやま》明王院《みょうおういん》金剛寺《こんごうじ》（通称高幡不動《ふどう》）の本尊不動明王坐像の首部《しゅぶ》に納められた、いわゆる胎内文書《たいないもんじょ》のうちの一通である。この文書群については、昭和初年ごろまでには存在が確認されていたが、日野市教育委員会と東京都が昭和六十（一九八五）年度から同六十二年度に実施した合同調査後、日野市史編さん委員会内に設置された調査団が、平成二（一九九〇）年十月以降四〇回にわたる調査をおこなって全容を明らかにした。その成果は、平成五年に刊行された『日野市史　史料集　高幡不動胎内文書編』に集約されており、胎内文書の総数は六九通七三点であることが判明している。

これらの文書の多くは破損が激しく、文意すら判然としないものも相当数含まれる。しかしわずかに残された手がかりから、すべての文書が南北朝初期の武士や僧侶が書いた私的な書状と判断され、その大多数は師冬軍に従った経之が家族に宛てた書状であった。経之自身については、山内首藤氏《やまのうちすどう》系図のひとつに見える「経行」か、ともされるが明らかでなく、その所領の詳細についてもはっきりしない。

この文書群の性格を知るうえでの特徴として、すべての文書の裏に不動明王もしくは大黒天の印仏《いんぶつ》が押されていることがあげられ、何らかの供養の意味をもって本尊に納入されたものと思われる。本尊の火焔背銘《かえんはいめい》から、建武二（一三三五）年の台風によって破損した本尊や諸尊が、康永《こうえい》元（一三四二）年に修復されたことがわかっており、納入時期についてはそれ以降であったことは間違いない。しかし、文書群の大半の筆者である経之を供養するために納入されたのか、あるいは経之に関わらず、金剛寺の縁に繫がる人々を対象とした供養を意図したのかについては明らかでない。

●山内経之の戦い

さて、先に概観した常陸合戦にいたる様子を、経之の書状によって跡づけてみるとどのようになるであろうか。何通かの書状から、師冬軍の様子をみてみよう。まず暦応二（一三三九）年と思われる八月十六日に、

史 三河殿《みかわどの》の御下《おくだ》りも近《ちか》く候程《そうろうほど》に、とても御供《おとも》して、武蔵《むさし》まで下《くだ》るべく候。鎌倉《かまくら》へも上《のぼ》せたく候しかども、あまり見苦《みぐる》しげにしてもとて候。田舎《いなか》や申《もう》し、留守《るす》もいかに堪《た》え難《がた》く候らんと心許《こころもと》なく候。

〈『南北朝遺文　関東編』九八七号〉

師冬殿の御下向も近いので、御供をして武蔵まで下ります。鎌倉にも来てもらいたいと思ったけれど、あまりにひどい様子だったのでやめておきました。田舎での留守番も、堪えがたいものであろうと心配しています。

とあり、鎌倉の師冬軍に合流した経之が転戦するにあたって、留守を守る家族を案じる様子がうかがえる。その後、下向の日取りが二十日に決定したと知らせたあと、

史 下河辺庄《しもこうべのしょう》への向《む》かいに着《つ》き候《そうら》いて、向かわぬ人《ひと》は、皆々所領《みなみなしょりょう》を取《と》られ可《べ》き由申《よしもう》し候《そうろう》。その他《ほか》御状《ごじょう》申す人共《ども》は、事《こと》に人の申し候へば、本領《ほんりょう》を取られ候也《なり》。

〈『南北朝遺文　関東編』一〇一一号〉

下河辺荘の向かい側に着きました。下向しなかった人々は、みんな所領を没収

されるだろうということです。その他訴状を出すような人については、聞くところによると、本領も召し上げられるようです。

とあり、下総国下河辺荘《しもうさのくにしもこうべのしょう》（古河《こが》市から埼玉県北部の春日部《かすかべ》市などにいたる地域周辺）に到っている。師冬軍に従軍した武士達が、所領の没収におびえて同行している様子を知ることができる。そして十月十六日には、下総国山川陣所（現、結城《ゆうき》市上山川のうち）から、

史 百姓共《ひゃくしょうども》の方《かた》に、如何様《いかよう》にも候《そうら》へ、仰《おう》せ候いて、鞍《くら》・具足《ぐそく》借りて、載《の》せて給《たま》わるべく候《そうろう》。鞍・具足はし無《な》く候はば、徒歩《かち》にても馬《うま》をば牽《ひ》かせて下《くだ》し申《もう》すべく候。よろず何事《なにごと》も母御《ははご》に申し合《あ》わせて甲斐甲斐《かいがい》しく、幼《おさな》きことにても候はず候へば、計《はか》らい申させ候べく候。〈『南北朝遺文　関東編』一〇一三号〉

百姓たちにどのようにでも申して、鞍と具足を借りて、馬に乗せてよこしてください。鞍と具足がなければ、徒歩ででも馬を牽かせてよこしてください。もう幼いということもないのだから、すべてのことは母上と相談して、怠りなく処理してください。

と物資の補給を依頼する一方で、故郷の状況を心配し、息子の成長に期待する親心がつづられている。経之の困窮振りはほかの書状からもうかがい知ることができ、この山川陣所では従っていた家臣等が逃亡し、彼らが帰るであろう故郷に宛てて、捕らえて送還するように要請している。経之の書状から察するに、師冬軍の志気は高いとはいえない状況にあった。そのような軍勢の一員として参加し、暦応二年十月下旬からの激戦直前に書かれたのが、冒頭の書状である。そして、これ以降に書かれたと思われる経之の書状は存在せず、

彼は家族に書き送った予感の通り、この激戦のなかで戦死したものと考えられている。

経之はじめ多くの戦死者を出しながら、師冬軍は暦応二年のうちに駒城を攻略することはできなかった。師冬が、十二月十三日に山内首藤時通《ときみち》に対して、

史 駒館《こまだて》城合戦《じょうかっせん》の最中《さなか》、軍勢多《ぐんぜいおお》く帰国《きこく》の処《ところ》、今《いま》に至《いた》り忠節《ちゅうせつ》の条《じょう》、もっとも神妙《しんみょう》なり。

〈『南北朝遺文 関東編』一〇三三号〉

駒城で合戦がおこなわれている最中に、多くの軍勢が帰国してしまったのに、今に至るまで忠節を尽くしているのは、大変立派なことです。

との軍忠状を発していることからも、形勢が芳《かんば》しくなかったであろうことが想像できる。そして翌年五月二十七日、いったんは駒城を攻め落とした師冬軍であったが、即座に奪還され、二十九日の夜には師冬の陣屋が焼き払われて敗走したのだった。駒城をめぐる合戦は、親房方の圧勝で終わったのである。

●足利方の勝利を支えた人々

しかし駒城攻略を断念した師冬は、宇都宮を迂回して瓜連《うりづら》城（現、那珂《なか》市瓜連のうち）に入り、北から親房が拠る小田城をうかがった。そして体勢を整えた後、翌暦応四（一三四一）年五月に攻撃を開始した。これに対して親房は、何度となく親朝に援軍を要請したが、結局親朝が動くことはなく、十一月十八日には小田治久《はるひさ》が降伏したため、関宗祐《せきむねすけ》を頼って関城（現、筑西《ちくせい》市関館《せきたて》のうち）に移ったのである。その後大宝《たいほう》城（現、下妻市大宝のうち）の下妻《しもづま》氏とともに抵抗を続けたが、康永《こうえい》二（一三四三）年十一月には両城とも陥落、親房が吉野に戻ったことで南朝による東国経営は終結する。この常陸合戦に勝利し

た尊氏は、結城氏をはじめとする東国の有力武士層の掌握に成功し、東国における南朝勢力の大規模な抵抗運動は終息する。常陸合戦の勝敗は、南北朝内乱初期の重要なポイントとなったのである。

そして従来、その歴史的なポイントの状況を伝える基礎史料は、北畠親房から結城親朝に宛てられた書状群であり、その主役は親房や親朝のほか、師冬のような大将的な存在、あるいは小田氏や関氏のような地域の有力者たちであった。しかし山内経之の書状群によって、軍勢を構成するために召集された一人一人の武士たちや、彼らに同行させられた百姓たちもそこに立ち会っていたのだという、あまりにも当然のことを再認識させられることになったのである。彼の書状からは、華々しい戦功に彩られた輝かしく勇ましい合戦像ではなく、「戦争」によって強いられる苦難と悲哀を、直接に吐露する姿がはっきりと確認できる。高幡不動の胎内文書は、「戦争」の本質ともいえる多様な悲劇をまざまざと突きつける史料として、第一級の史料群といえるのである。

（櫻井　彦）

【引用史料刊本】

『南北朝遺文　関東編』――（東京堂出版）

【参考文献】

日野市史編さん委員会『日野市史　史料集　高幡不動胎内文書編』（一九九三年）
峰岸純夫『中世東国の荘園公領と宗教』（吉川弘文館、二〇〇六年）
岡野友彦『北畠親房』（ミネルヴァ書房、二〇〇九年）

20 「柳生の徳政碑文」を訪ねて

●山里のなかの徳政記念碑

近鉄奈良駅からバスで北東に一時間ほど走った山あいの地、新陰流《しんかげりゅう》で知られる柳生《やぎゅう》一族の本拠地、柳生の里。この里の山腹の巨大な自然石（花崗岩《かこうがん》。高さ三メートル×正面三・五メートル×側面二・五メートル）に一体の地蔵像とささやかな碑文が彫りこまれている。歴史教科書や史料集のうえでは、「柳生の徳政碑文《とくせいひぶん》」として知られる有名な史料である。

一九九八年の整備により、現在、この自然石には風雨を避けるための覆屋《おおいや》が架けられているが、今でも地蔵像の足元右下の三四×二一センチメートルの区画に、次のように陰刻《いんこく》された銘文《めいぶん》を読みとることができる。

史 正長元年《しょうちょうがんねん》ヨリ
サキ者《は》カンヘ（神戸）四カン
カウニ（郷）ヲヰメ（負目）アル
ヘカラス

わずか四行二七字。書かれている内容は「正長元（一四二八）年より以前に負っていた債務は、神戸四カ郷には存在しない（消滅した）」ということのみが、たどたどしい漢字混じりのカタカナで記されているにすぎない。しかし、この銘文《めいぶん》がこれまで中世史研究者のあいだで数々の議論を生んできた。ここでは、私が平成十五（二〇〇三）年に現地を訪れ

たときの体験を踏まえながら、この徳政碑文の研究史を紹介しよう。

この徳政碑文を最初に解読したのは、地元の郷土史家の杉田定一《すぎたていいち》氏であった。大正十三（一九二四）年、杉田氏は、これを正長元年の徳政一揆によって債務破棄《さいむはき》を勝ち取った神戸四ヵ郷の人々によって刻まれた徳政記念碑であると位置づけ、発表した。以来、この徳政碑文は多くの歴史研究者・歴史教育者に注目されて今にいたっている。かつてはこの碑文の「ヲキメ」という語が古語ではないとして疑問を唱える研究者もあったが、「負目」という語はすでに鎌倉時代から確認される言葉であることは明らかであり、現在、この碑文が正長元年当時のものであることに異論を唱える研究者はいない。

古くから日本社会では、売買や質入れによる権利の移転は一時的なものにすぎず、いつかは本来の持ち主にモノは戻されるべきだという観念が存在しており、実際に債務の破棄や売買物権の取り戻しが広くおこなわれていた（これを「商返《あきかえ》し」や「私徳政《しとくせい》」という）。しかし、室町時代に入ると、それが集団的・暴力的に実行されるようになり、債務を負った京都近郊の農民たちが、しばしば京都で金融業を営む土倉《どそう》や酒屋を組織的に襲撃するようになった。これが徳政一揆《いっき》である。このうち、とくに有名なのが、この正長の徳政一揆であり、これは「日本開白《かいびゃく》以来、土民蜂起《どみんほうき》これ初めなり」（『大乗院日記目録《だいじょういんにっきもくろく》』）と評されたように、民衆による日本史上初の組織的武力蜂起であった。近江《おうみ》国（滋賀県）で始まった正長の徳政一揆は、京都を経て大和《やまと》国（奈良県）に拡がり、最終的には畿内近国十余ヵ国にまで波及している。杉田氏は地元の地蔵碑文が、この正長の徳政一揆という歴史的大事件に関連したものであることを独力で突きとめ、それを徳政一揆により債務破棄を勝ち取った郷土の先人たちが、自らの勝利を記念して刻みこんだものであると明快に位置づけたのである。この杉田氏による碑文の評価は、基本的には現在にいたるまで継承されているといっていいだろう。

なお、この碑文の現代語訳のなかには、「正長元年ヨリサキハ」の部分を「正長元年より以前は」と訳したものと、「正長元年より以後は」と訳したものの二種類がみられ、有名なわりに統一的な解釈がなされていない。しかし、これについては、すでに勝俣鎮夫《かつまたしずお》氏によって中世語の「サキ《先／前》」は「以前」を意味することが明らかにされており、「正長元年より以前は」と解釈するほうが正しいことが確定している。また、言語学では亀井孝《かめいたかし》氏が「四カンカウ」の「ン」について、「四箇の郷」のくずれた発音をそのまま文字に写したか、ガの前の軽微《けいび》な鼻音《びおん》が先行する室町期の習慣を反映したものであろうと指摘している。

このほか、この債務破棄をおこなった主体は誰かという点でも、さまざまな議論がある。正長元年の徳政一揆の際には室町幕府は徳政令は一切発令しておらず、当然、これは室町幕府徳政令によるものではない。そのため、これを興福寺《こうふくじ》が正長元年十一月に発した徳政令（『東大寺文書《とうだいじもんじょ》』）によるものとする解釈が出されたこともあった。しかし、正長元年の大和国の状況を記した『春日若宮社頭日記《かすがわかみやしゃとうにっき》』には「里別《さとべつ》ニ得《徳》政ヲカルナリ」という記述がみえ、大和国では「里」ごとに徳政が実行されていたことが明らかである（これを在地徳《ざいちとく》政《せい》という）。そのため、現在では、この徳政碑文は幕府や荘園領主による徳政令の結果ではなく、神戸四ヵ郷の人々が独自に実施した在地徳政によるものと考えるのが通説となっている。なお、これにさらに私見を付け加えるならば、銘文中に「徳政」云々といった抽象的・法制的な用語が使われずに、「ヲヰメ」という極めて具体的・土俗的な表現が使われているあたりも、これが在地徳政であった傍証になるかもしれない。

事実として、神戸四ヵ郷は、すでに正応《しょうおう》二（一二八九）年には「四箇郷地主等《しかごうじしゅら》」と「神《かん》戸《べ》四箇郷土民等《しかごうどみんら》」が共同で春日社に訴状《そじょう》を提出していることが確認でき、早くから地域的な連帯が生まれていたことが確認できる地域である（『春日大社文書《かすがたいしゃもんじょ》』）。また、建武《けんむ》二（一三三五）年の興福寺の動員命令に際しては、ただ神戸四ヵ郷だけがそれに従わず独自行動をとっており（『大乗院奉行引付《だいじょういんぶぎょうひきつけ》』）、文明《ぶんめい》四（一四七二）年には神戸四ヵ郷が土一揆《つちいっき》の策源地とみなされている（「又不知親証事」紙背）。さらに、大永《だいえい》三（一五二三）年の山城《やましろの》国高《くにたか》神社の寄進記録には、山城国の諸村に交じって「ヤマトヤキウ」の名前が見える。これらから考えても、神戸四ヵ郷は大和国で興福寺の支配下にありながらも政治的独立性の強い地域で、宗教的には山城国とのつながりも深かったようである。独自の在地徳政をおこなうには、ふさしい潜在的力量を備えた地域といえるだろう。

●村の自立と在地

徳政碑文に関する研究史で、とりわけユニークなのは、千々和到《ちぢわいたる》氏の指摘である。千々和氏は、この碑文が刻まれた地蔵像が地元で「疱瘡《ほうそう》地蔵」と呼ばれていることに着目し、この地蔵は「柳生の塞《さい》の神」（境界神）であり、外界《げかい》の悪霊や疱瘡（天然痘）などの病気と同様に「ヲヰメ」（負債）が入ってくるのも防ごうとしたのではないかと論じた。また、勝俣鎮夫氏も千々和説をうけて、この地蔵像の作成年が紀年銘《きねんめい》から「元応《げんのう》元（一三一九）年」であり、これが畿内地域の＊惣村《そうそん》の一般的な成立時期でもあることから、「これは、惣村とい

惣村　中世における自治的な村落のことで、惣掟を定め、乙名などと呼ばれるリーダー層を中心に構成員からなる寄合を開き、村の運営をおこなった。

う村の成立にともなって、村の境の「塞の神」として、外部からの悪霊の侵入を防ぐ目的で彫られたもので、徳政宣言が刻まれるのにふさわしい場所であった」と論じている。いわば「村の記念碑」としての徳政碑文の新解釈である。

ただ、一般的に地蔵に「塞の神」の意味がともなうのは事実であり、たしかにこの地蔵についても「古くから疱瘡神として信仰され…」と記述した書物はある（平凡社『奈良県の地名』）。しかし、この「疱瘡地蔵」の名前の由来は、より詳しい書物によると「以前は面部《めんぶ》が剥落《はくらく》して、疱瘡にかかったように見えたところから、「ほうそう地蔵」の呼び名があった。昭和四十四年十月に、すぐ下の土中より失われていたお顔が見つかり、今はもとのように接着されて、「ほうそう地蔵」の呼び名を返上した」とのことである（『奈良県史7・石造美術』）。同様の話は現在の柳生町の古老からも確認することができ、同町の人々はみな、地蔵の名前の由来は「疱瘡神」というよりも、より即物的にその面部の剥落によるものとしている。千々和説のように「疱瘡地蔵」の名称のみから、この地蔵の疫病防塞《えきびょうぼうさい》の役目を強調するのは危険かもしれない。

とはいえ、これまで漠然《ばくぜん》と「神戸四ヵ郷」の徳政記念碑とされてきた碑文を、その立地に注目し、「村の記念碑」と読みかえた指摘は重要である。神戸四ヵ郷は、邑地《おうじ》・坂原《さかはら》・大柳生《おおやぎゅう》・小柳生《こやぎゅう》の四つの村からなる。かつては、この疱瘡地蔵の立地を東西の柳生街道と南北の月ヶ瀬《つきがせ》街道の交差点であるとして、それを神戸四ヵ郷全体の中核的なシンボルと考える理解もあった。しかし、現地に行けばわかるが、その立地は決して月ヶ瀬街道との「交差点」ではない。むしろ、その立地は神戸四ヵ郷のひとつ小柳生郷の入り口と考えるほう

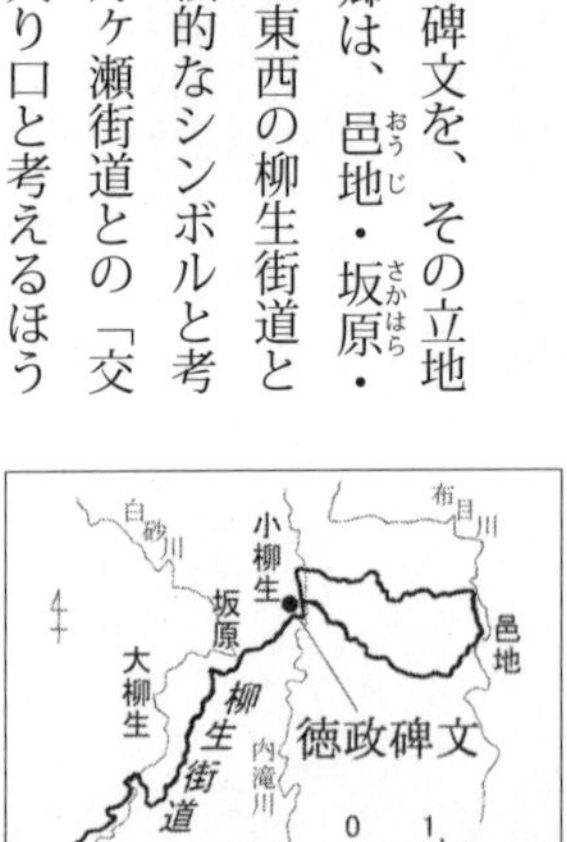

が正確だろう。

とくに小柳生郷は、神戸四カ郷の他の三村が大乗院領《だいじょういんりょう》であるのに対し、小柳生郷だけが一乗院領《いちじょういんりょう》だった（『春日大社文書』）。また、戦国時代には有名な柳生氏がこの郷から出るなど、神戸四カ郷のなかでも、さらに独自性の強い村だったようだ。神戸四カ郷としてではなく、この村が主体となって村の入り口に独自に徳政碑文を作成したと考えるのは、決して無理な想定ではないだろう。そして、そのことは以下に述べる近世史料や現在の柳生町の祭祀習俗《さいししゅぞく》からも裏付けがとれる（小柳生郷は近世には「柳生村」と呼ばれ、現在は「柳生町下柳生」とされる）。

享保《きょうほう》年中（十八世紀前半）に柳生藩家老松田四郎兵衛《かろうまつだしろべえ》によって編纂《へんさん》された『柳生家雑記録《やぎゅうけざっきろく》』（東京大学史料編纂所謄写本《とうしゃぼん》）は徳政碑文について語った最古の記録であるが、そこには、

史 地蔵堂《じぞうどう》地蔵石《せき》ニ正長元《しょうちょうがん》戊申年《ねん》（一四二八年）春日四箇郷《かすがよんかごう》ノ事書付有《ことかきつけあり》。宝永《ほうえい》二乙酉年（一七〇五年）迄《まで》二百《ひゃく》七拾《じゅう》八年ニ成《な》ル、昔年《せきねん》ハ龍灯上《りゅうとうたてまつ》ルト村老云伝《そんろういいつたえ》リ。山《やま》・田地有《でんちあ》リ。岩井又兵衛《いわいまたべえ》・永井孫四郎《ながいまごしろう》・中南惣四郎持也《なかみなみそうしろうもちなり》。

とある。ここから、近世前期には柳生村（旧小柳生郷）が主体になって地蔵に「龍灯上ル」という祭礼をおこなっていたこと、またその管理は柳生村の三人の村人によってなされていたことがわかる（岩井家・永井家・中南家は、現在も柳生町下柳生に存在する）。すくなくとも近世前期には、疱瘡地蔵は神戸四カ郷全体ではなく、柳生村のみの信仰対象物だったようだ。

また、そうした性格は、現在の疱瘡地蔵の祭祀のあり方にも共通している。二〇〇三年現在、疱瘡地蔵のある山林を所有しているのは、柳生町下柳生（旧小柳生郷）の神田《かんた》家であり、日々の管理（献花《けんか》や賽銭《さいせん》管理）は同じく下柳生の永井勝治郎《しょうじろう》氏がおこなっている。毎年八月二十三日には柳生町の子供を中心に「地蔵講《こう》」がおこなわれ、下柳生の立野寺《たつのじ》の僧侶による読経《どきょう》がおこなわれている。このように、現在の疱瘡地蔵の祭祀にいたっても、それに旧小柳生郷以外の住人はまったく関与していないのである。

以上、その立地および近世前期から現在にいたる祭祀のあり方から類推するかぎり、この碑文は神戸四ヵ郷の徳政記念碑というよりも、より正確には小柳生郷による徳政記念碑と位置づけることができそうである。つまり、この徳政碑文は地域（神戸四ヵ郷）が定めた在地徳政を個別の村（小柳生郷）が外部に対して再強調したもの、と思われるのである。現在、徳政をめぐる研究は大きく進歩しており、徳政令といえば公権力が定めるものという理解は、すでに大昔のものとされている。いまや在地徳政すらも、その地域のなかでさらに細かい利害問題があったことが明らかにされている。そうした研究動向のなかで、この柳生の徳政碑文も、また新たな脚光を浴びる日が来るかもしれない。

柳生の里に足を運ぶ機会があれば、ぜひ徳政碑文を訪ねてみてほしい。初めて見る人は「徳政記念碑」と呼ぶには、あまりに小さく目立たない印象の銘文に違和感をもつかもしれない。そう思う人は、ちょっと巨石のまえに座り、地蔵尊に額《ぬか》ずいて顔をあげてみるといいだろう。そうすると、碑文はちょうど目の高さにある。きっと中世の人々も、こうして碑文をながめていたはずなのである。

（現地では永井勝治郎氏〈一九一二年生まれ〉からお話をうかがうことができた。この文章も永井氏からの聞き取りの成果である。）

（清水　克行）

【参考文献】
峰岸純夫「杉田定一氏と柳生の徳政碑文」（『中公バックス日本の歴史一〇』付録、一九八四年）
勝俣鎮夫「柳生の徳政碑文―「以前」か「以後」か―」（『歴史と地理』三四九、一九八四年）
亀井孝「言語史上の室町時代」（『言語文化くさぐさ・亀井孝論文集五』吉川弘文館、一九八六年）
瀬田勝哉「中世末期の在地徳政」（『史学雑誌』七七―九、一九六八年）
千々和到「中世民衆の意識と思想」（『一揆四』東京大学出版会、一九八四年）
勝俣鎮夫「柳生の徳政碑文」（『見る・読む・わかる日本の歴史二』朝日新聞社、一九九三年）

21 中世の東アジア情勢と日本

●「日本国王」足利義満

明徳《めいとく》三（一三九二）年南北朝合一をはたした足利義満《よしみつ》は、二年後、征夷大将軍を子の義《よし》持《もち》に譲り、自身は太政大臣《だいじょうだいじん》になった。さらに、その翌年には太政大臣も辞任し、出家して道義《どうぎ》と号する。しかし、このことは、けっして義満の政界引退を意味するものではなかった。義満は、政権の舞台を北山第《きたやまだい》（後の金閣寺）に移して、なお権力を掌握しつづけるのである。南北朝内乱が終息した今、次に義満の視野にあったのは海外であった。応永《おうえい》八（一四〇一）年五月、義満は、同朋衆《どうぼうしゅう》の祖阿《そあ》と博多商人肥富《こいづみ》二人を明《みん》国へ派遣する。〔史料1〕は、この使節が携えた義満から明の皇帝に宛てた国書*である。

史〔史料1〕日本准三后《にほんじゅさんごう》某《それがし》書《しょ》を大明皇帝陛下《だいみんこうていへいか》に上《たてまつ》る。日本国《こく》は開闢《かいびゃく》以来《いらい》、聘問《へいもん》を上邦《じょうほう》に通《つう》ぜざること無《な》し。某《なにがし》、幸《さいわい》に国鈞《こくきん》を秉《と》り、海内《かいだい》虞《うれい》無し。特《とく》に往古《おうこ》の規法《きほう》に遵《したが》って、肥富《こいづみ》をして祖阿《そあ》に相副《あいそ》え、好《よしみ》を通じ、方物《ほうぶつ》を献《けん》ぜしむ。金《きん》千両《りょう》、馬《うま》十匹《ぴき》、薄《うす》様《よう》千帖《じょう》、扇《おうぎ》百本《ぽん》、屏風《びょうぶ》三双《そう》、鎧《よろい》一領《りょう》、筒丸《どうまる》一領、剣《つるぎ》十腰《こし》、刀《かたな》一柄《え》、硯筥《すずりばこ》一合《ごう》、同《おな》じく文台《ぶんだい》一箇《こ》。海島《かいとう》に漂寄せる者幾許人《ものいくばくにん》を捜《さが》し尋《たず》ねて之《これ》を還《かえ》す。某、誠惶誠恐《せいこうせいきょう》、頓首《とんしゅ》頓首、謹言《きんげん》。〈『善隣国宝記*』〉

日本では准三后である私（足利義満）が国書を明の皇帝にさし上げます。日本国がはじまって以来、中国に使者を送らないことはありませんでした。私は国

国書　肥富は博多の商人、祖阿は義満側近の同朋衆と推定される。同朋衆とは、将軍に側近し、芸能や雑事について奉仕する者をさし、阿弥号を称し時宗の僧が多かった。

『善隣国宝記』　相国寺の僧瑞渓周鳳《ずいけいしゅうほう》の記録で、古代以降の対外関係文書を収録している。文正元（一四六六）年から文明二（一四七〇）年までの間に著述されたと推定されている。

内を平定しましたので、昔からのとり決めに従い、肥富を祖阿に同行させて明国との親交を求め、金など日本の産物を献上し、漂流してきた人を送還いたします。

義満からの国書をうけた明の建文《けんぶん》帝は、翌年、義満を「日本国王」に*冊封《さくほう》し、明使として天倫道彝《てんりんどうい》と一庵一如《いちあんいちにょ》を日本へ派遣した。この明使を迎えるにあたり、義満は、兵庫津《ひょうごのつ》まで自ら出向かえ、さらに北山第でこの表文《ひょうぶん》を受領する際には、焼香し、三回礼をして跪《ひざまず》いて敬意をはらったという。

この後、明使は、約半年日本に滞在し、応永十（一四〇三）年帰国することになるが、この時、明使に同行して天竜寺の禅僧堅中圭密《けんちゅうけいみつ》らが明へ派遣された。〔史料2〕は、この時、再度義満が明皇帝に呈じた*国書であるが、国書は「日本国王臣源表す」という文言で書き出されていた。

史 〔史料2〕 日本国王臣《にほんこくおうしん》源《みなもと》表《ひょう》す。臣聞《き》く、太陽天《たいようてん》に升《のぼ》らば、幽《ひそか》として燭《てら》さざること無《な》く、時雨《じう》地《ち》を霑《うるお》さば、物《もの》として滋《しげ》らざること無し、と。いわんや大聖人《だいしょうにん》、明《めい》は曜英《ようえい》に並《なら》び、恩《おん》は天沢《てんたく》に均《ひと》しきにおいてをや。……是《これ》を以《もっ》て謹《つつし》みて僧圭密《そうけいみつ》（堅中）・梵雲《ぼんうん》（祥庵）・明空《みょうくう》（志玉）・通事徐本元《つうじじょほんげん》をして、仰《あお》ぎて、清光《しょうこう》を観《み》、伏《ふ》して方物《ほうぶつ》を献《けん》ぜしむ。生馬《せいば》二十匹《ぴき》、硫黄《いおう》一万斤《まんきん》、馬瑙大小《めのうだいしょう》三十二塊計《かいけい》三百《びゃく》斤、金屏風《きんびょうぶ》三副《ぷく》、槍壱千柄《やりいっせんえ》〈十力〉・太刀《たち》一百把《ぱ》・鎧《よろい》一領《りょう》并《ならび》に匣硯《はこすずり》一面《めん》并に匣・扇《おうぎ》一百把、此《こ》れが為謹《ためにつつし》みて表を具《ぐ》して聞《きこしめ》す。

冊封 中国の皇帝が、周辺国王の朝貢をうけて、その国王に爵位や称号を与えること。

〔史料2の〕**国書** 〔史料1〕は明王朝で規定する形式にかなった国書ではなかったが、明側は拒絶せずに受領し使節を派遣した。規定どおりでない国書を明が受け入れた背景には、この時期、明の国内で、洪武帝の死後皇帝となった子の建文帝と叔父の朱棣（後の永楽《えいらく》帝）との対立が顕在化してきたことにある。今回の国書は、どちらの皇帝が在位していても問題がないように二通用意されたという。そのうち永楽帝宛の国書の方が使用されることになる。

年号　日

日本国王であり明の皇帝の家臣である私が申し上げます。太陽が上れば陽光があたらないものはなく、時に応じた雨が降れば恵みをうけないものは知りません。明の皇帝は、太陽と同様であり、そのご恩は天の恵みに等しいものでありましょう。……ここに謹んで僧堅中圭密らを明へ派遣し、皇帝に拝し、生馬等日本の産物を献上いたします。

〈『善隣国宝記』〉

〔史料1〕の義満から明へ宛てた国書の文面では、明の皇帝を「陛下」と呼び、文末も「誠惶誠恐、頓首頓首、謹言」と相手に最大の敬意を表している。さらに、明使への丁重な応接や、〔史料2〕冒頭のように、明皇帝への返牒《へんちょう》に「明国王の家臣である」と義満が自称したことなどが、当時の先例に反すると、しばらくの間、公家社会でさまざまな論議をよんだ。二条満基《みつもと》は、義満の返書について、「書様以外也《かきざまもってのほかなり》、これ天下《てんか》の重事《じゅうじ》也」（『福照院関白記』応永九年十月一日条）と批判し、後に、三宝院満済《さんぽういんまんさい》も、「当時、幕府内における外交推進派であった斯波義将《しばよしゆき》ですらも、明使の厚遇《こうぐう》に疑問を呈しており、自分もそう思う」と回想している（『満済准后日記』永享《えいきょう》六年五月十二日条）。『善隣国宝記』の筆者である僧瑞渓周鳳《ずいけいしゅうほう》も、義満が用いた自称「日本国王臣源」や国書に中国年号を使用することには批判的であった。義満の死後、子の義持は日明国交を断絶するが、この選択は父子の確執というよりも、むしろ先例のない外交に対して寄せられた公家社会の非難にその理由を求めるべきであろう。義満の外交政策は聖徳太子の対等外交と比較して、屈辱的な外交とも評価されるが、はたして義満の外交姿勢の実態はどのようなものであったのだろうか。

明への国書や、遣明使の接遇について考察する上で、まず、応永八年以前の日明外交史を振り返る必要があろう。明は、一三六八年朱元璋《しゅげんしょう》（洪武帝《こうぶ》）によって建国された。洪武帝は、倭寇《わこう》対策として、一般の中国人が自由に国外に出ることを禁じる海禁政策をとり、外交は、明へ朝貢《ちょうこう》してきた周辺国王との関係のみに限定した。周辺国王が明へ朝貢使を派遣し、これに対して明皇帝がその朝貢してきた国王を明の家臣とみとめ、その国の国王号を与えることによって、明とその国との冊封関係が成立した。

洪武帝が、朝貢と倭寇禁圧を求めて、最初に日本に使者を派遣したのは、応安《おうあん》元（正平《しょうへい》二十三・一三六八）年のことである。この時、明の使者に、最初に応じたのは、当時、南朝方として九州を制圧していた後醍醐《ごだいご》天皇の皇子懐良《かねよし》親王であった。明は、この段階では、九州の懐良を日本の代表者と認識していたのである。懐良が使者を明へ派遣すると、洪武帝は応安四（建徳《けんとく》二・一三七一）年懐良を「日本国王良懐」に封じた。翌年、懐良を正式に「日本国王」に封じる明使が博多に到着するが、しかしすでに、使者が博多に来日した時、懐良は室町幕府の九州探題《たんだい》となっていた今川了俊《りょうしゅん》によって追放された後であった。「日本国王」に任命した懐良がすでに亡命したことを知った明使は、交渉相手を室町幕府に切替えるため上洛する。義満は、この事情を知り、懐良に替わり自身が明との国交の担い手になることを期して、応安五（一三七二）年禅僧聞渓円宣《もんけいえんせん》らを明への使者として派遣し、洪武帝に国書を呈じた。これが義満が最初に派遣した遣明使である。

しかし、この時、義満が呈じた国書に対して、洪武帝は、「すでに良懐（懐良と推定）を日本国王と認定している。身分上は北朝の天皇の臣下にすぎない義満との外交はできない」

と、この国書の受領を拒絶したのであった。「人臣《じんしん》に外交なし」、すなわちその政権のトップのみが外交相手というのが明の原則であった。国書の形式が明の定める「上表《じょうひょう》文」の形式になっていないことも拒否の理由とされた。康暦《こうれき》二（一三八〇）年にも、義満は「征夷将軍源義満」の名で遣明使を派遣するが、再度、明に拒絶された。義満は、二度の蹉跌《さてつ》で、明との外交では、明が定めた儀礼を遵守《じゅんしゅ》することが絶対条件であることを学んだのである。

義満は、明徳《めいとく》三（一三九二）年南北朝合一を達成すると、その後、外交主体となりうるライバルを次々排斥《はいせき》した。今川了俊は突如九州探題を解任され、港湾である堺と下関を擁する守護大名大内義弘《よしひろ》も討伐された（応永の乱）。その一方で、永徳三（一三八三）年には、念願の皇族に準じる「准三后」となった。これで義満が、三度目の遣明使を派遣する条件は整ったのである。

義満の屈辱的とも評される外交姿勢については、当時の明を中心とする通交貿易の趨勢《すうせい》からみれば、当然やむを得なかったものであり、公家の批判についても、義満の外交態度あるいは義満個人を批判したのではなく、義満の外交文書の字句批判にすぎないとの指摘もある（田中健夫参考文献）。また、近年、これまであまり注目されなかった応永九年の明使に対する義満の受封《じゅふう》儀礼を記録した宮内庁所蔵壬生《みぶ》家旧蔵本「宋朝僧捧返牒記」が検討され、この時の儀礼は義満昵懇《じっこん》の公家衆などによるごく内輪の儀礼であり正式なものではなく、しかも斯波義将の批判も伝聞によるものであったこと、明側の儀式規定に比するとむしろ儀礼で義満のとった態度は尊大なものであったこと、また、応永八年の国書も明の定型「表文」の体裁をなしていないことなどがあらたに指摘され（橋本雄《ゆう》参考文献）、「屈辱的であった義満の日明外交」というこれまでの評価に再考をせまっている。

義満の対明外交について、もうひとつ注目されてきたのは、義満が「日本国王」を自称したことである。「王権簒奪《さんだつ》」を図る義満が、天皇より高位の明皇帝から「日本国王」の称号を得ることで、国内でも「日本国王」として君臨しえたとする説がある（佐藤進一、今《いま》谷《たに》明参考文献）。しかし、義満は、国内の正式な場で「日本国王」称号を使用したことはなく、「日本国王」はあくまでも対外向けの外交称号にすぎなかったのである。また、中国の皇帝が認定した周辺諸国の首領「王」という称号は、当該地域の支配者であることまでも認定するものではなかった。明は、「王」と認定した人物が、その国の支配権をどの程度掌握していたかという実態について、それほど問題にはしていなかった。かつて、義満が遣明使を派遣しても、懐良の「日本国王」に明が固執しつづけたのもこうした背景がある。遣明使派遣によって義満が明の皇帝から獲得した「日本国王」の称号は、あくまでも「明との外交における日本の代表者」という立場にすぎず、その価値を国内の政治上で過大評価することには慎重であるべきだろう。

●倭寇の出自

日明外交は、活発化する倭寇の取り締まりを契機とするが、倭寇の被害に苦慮していたのは、明ばかりでなく朝鮮半島でも同様であった。『高麗史』では、観応《かんのう》元（正平五、一三五〇）年に倭寇が高麗の慶尚道《キヨンサンド》の固城《コソン》・竹林《チユクリム》・巨済《コジエ》を襲撃した事件を、「倭寇《わこう》の侵《しん》、此《ここ》に始まる」と記す。この期以降、四十数年間、倭寇の被害はピークとなり、これを朝鮮では「庚寅《こういん》以降の倭賊」と呼ぶ。

『朝鮮王朝実録』では、この倭寇の根拠地を「三島《さんとう》之倭寇」、つまり対馬《つしま》・壱岐《いき》・松浦《まつら》三地域と指弾している。一般に、十四世紀〜十五世紀に活発化する「前期倭寇」の出自については、これらの地域を根拠地とする日本人が中心とされ、十六世紀の「後期倭寇」が中国人を中心とするのに対比されてきた。

この点について、まず、〔史料3〕に引用した『朝鮮王朝実録』にみえる官人李順蒙《りじゅんもう》の上書に着目したい。

史 〔史料3〕臣《しん》聞《き》く、前朝之季《さきのちょうのすえ》、倭寇興行《わこうこうぎょう》し、民聊生《たみりょうせい》せず、然《しか》るに其《そ》の間《かん》、倭*《わ》人《じん》は一、二に過《す》ぎずして、本国之民《ほんごくのたみ》、仮《かり》に倭服《わふく》を着《ちゃく》して、党《とう》を成《な》し乱《らん》を乱《みだ》す。是亦《これまた》鑑《かがみなり》也。

〈『朝鮮王朝実録』世宗《せいそう》二十八（一四四六）年十月壬戌条〉

〔史料3〕では、「高麗の倭寇のうち倭人は一、二割にすぎない。高麗人が倭人の服装をしている」とあり、朝鮮人が「倭賊」と偽っていることが指摘されている。これが事実とすると、倭寇は、日本人と朝鮮人の連合あるいは朝鮮人のみの集団である可能性がある。この史料をもとに、倭寇の根拠地を対馬・済州島《チェジュド》に想定する説もある（田中健夫参考文献）。だが、この説に対して、〔史料3〕が書かれたのは、倭寇の最盛期から半世紀を経過した後の史料であり、他に傍証がないことから、内容の信憑性に疑問を呈する意見もある（浜中昇参考文献）。

こうした「倭寇は、何国人か」という論議が展開するなかで、前近代の国際関係を考察する際、近代の国民国家の概念を前提として、国籍や民族について論じること自体に疑問を呈する意見も出された（村井章介参考文献）。まず最初に、この時代、国家の領域や境界の概念が、近現代とは異なることを前提に、こうした問題を考えなければならないだろう。
さらに『実録』をみると、済州島から流れ移った人民が、朝鮮半島西部に滞在し、「倭人」の言葉や衣服を学んでいる例や、「倭人」の父母が朝鮮人であったり、「倭人」のなかにも朝鮮に民族的出自をもつ人物が登場する。これらの事実を鑑みると、必ずしも「倭」＝日本人と限定できないことがわかる。倭語を話し、倭服をまとう「倭人」は、国家や固定した民族集団にとらわれない人間集団であり、済州島や対馬のような境界地を拠点に、国境を越えて広域的に移動をする人々の存在を指摘し、かれらを境界人（マージナル・マン）と呼ぶことも提唱された（村井章介参考文献）。もはや、「倭寇」は、どの国の出身で何国人かという問い自体が無意味となってこよう。

●朝鮮に居留した日本人

前期倭寇の消長は、九州情勢と密接に連動している。今川了俊が九州の南朝勢力を一掃しているころ、倭寇はピークをむかえていた。倭寇の制圧に活躍した李成桂《イソンギエ》は、一三九二年朝鮮王朝を建国した。朝鮮は、幕府をはじめ倭寇の禁圧や被虜人《ひりょにん》の送還に応じる守護大名や商人層との通商を受容したため、多元的な日朝通交関係が形成されたのである。
明の海禁政策とは対照的に、朝鮮王朝は、倭寇に対して懐柔と通交奨励策をとり、*朝鮮に投降したり、帰順する倭寇に対しては官職や住居を与え、通交を認めた。こうした朝鮮王朝の寛容な外交政策は、倭寇の沈静化に効果をあげたが、一方で*通交者の急増をまねいた。増え続ける通交者の抑制策として、朝鮮王朝は、まず、朝鮮が通交者として認定した者に「図書《としょ》」という銅印を与え、通交者はその銅印を押した通行証（書契）を必要とした。

朝鮮王朝に投降した倭寇　「投下倭」といい、そのうち官職を与えられた者を「受職人」という。

朝鮮王朝への通交者　将軍・幕府重臣・守護大名・九州探題・守護大名・対馬や壱岐や九州の在地領主・博多商人等々におよび、その広域性と重層性が指摘される。十五世紀後半からは、通交名義人と実際の発遣者が一致しない「偽使」問題が俎上にあがってくる。

また、対馬の宗氏が発行する「文引《ぶんいん》」と呼ばれる渡航証明書の携帯を義務づけた。さらに、倭人の寄港地を慶尚道の薺浦《チェポ》・富山浦《プサンポ》・塩浦《エンポ》の三浦《さんぽ》と呼ばれる三ヵ所の港町に限定した。

三浦には、使節接待のため倭館《わかん》が設置され交易もおこなわれ、倭人が居留するようになった。三浦に居留する倭人は「恒居倭《こうきょわ》」と呼ばれる。この恒居倭は、たびたびの制限にもかかわらず増加をたどり、明応《めいおう》三（一四九四）年には、三浦合計で三一〇五人（五二五戸）を数えている。〔史料4〕は、文明《ぶんめい》六（一四七四）年三浦でおきた大火のあと、現地を視察した役人の報告をふまえて＊申叔舟《シンスクチュ》が国王に呈した意見書である。

史 〔史料4〕 倭《わ》の家《いえ》の形《かたち》は、土室《どしつ》の如《ごと》く、塗《ぬ》るに土《つち》を以《もっ》てし、蓋《おお》うに茨《かや》を以てす。火《や》くと雖《いえど》も財産《ざいさん》に傷《きず》なし。但《た》だ土地《とち》狭《せま》く人《ひと》稠《しる》く、其《そ》の家、鱗比《りんぴ》し、以て延焼《えんしょう》するに至《いた》る。……三浦《さんぽ》の倭《わ》、その麗甚《れいはなは》だ衆《おお》し。後禍《こうか》となるを恐《おそ》る。

〈『朝鮮王朝実録』成宗五（一四七四）年正月庚戌条〉

記録によれば、三浦の土地は狭く人が多く、家々が魚の鱗《うろこ》のように立ち並んでいるので、またたくまに延焼してしまったとのべる。申叔舟編『海東諸国紀《かいとうしょこくき》』収載の三浦の絵図にも、倭人の家が密集して描かれている。三浦には、寺院も建立され、倭語や倭服の人々が行き交い、紛争の解決についても自力の社会慣行が認められたという。まさに、三浦は、朝鮮国のなかに食い込む「日本中世社会」であり、朝鮮王朝にとっては、「正統な朝鮮社会とはまったく異なるガン細胞にも比すべき異分子」というべき存在であった（村井章介参考文献）。

「後禍」を憂う申叔舟の懸念は、現実のものとなる。このころ、成宗《ソンジョン》に替わって朝鮮国王

申叔舟 一四四三年、日本通信使の書状官として日本を往来した経験をもつ。一四六七年以降は礼曹（外務省・文部省に相当）判書に任命され、日本の太政大臣に相当する領議政に任じられた後も終生この職を兼務し、朝鮮王朝の対外政策の中枢でもあった。ハングル創製でも中心的な役割をはたす。『海東諸国紀』は、申叔舟が成宗の命をうけて一四七一年著述された。日本国紀・九州国紀・使節の接待等について記す。同書は、海東諸国総図の他、日本国図・九州図・壱岐島図・対馬島図・琉球国図・朝鮮三浦図等、最古の印刷地図を含む。三浦図は、火事のあった

に即位した燕山君《ヨンサングン》の時代になると、官僚の疑獄事件や派閥抗争、国王の奢侈等により行政機関は弛緩する。この結果、さまざまな破綻が国内に生じるが、三浦も例外ではなかった。かねてから三浦に居住する倭人の接待や往来にかかる費用は民衆の大きな負担であり、しばしば滞りがちになっていったが、これに憤怒した倭人が「辺民を殺害し将帥を辱《はずかし》める」行為におよんだ（『中宗実録』）。また、三浦の倭人と近隣朝鮮漁民との争いも多発した。

永正《えいしょう》三（一五〇六）年クーデターによって燕山君が廃され、弟中宗《*チュンジョン》が即位すると、こうした現状を打開するため、有能な武将を派遣し、これまでの通交関係の先例を厳格に運用することを命じた。三浦の倭人たちは、これを圧政ととらえた。永正七（一五一〇）年二月、四人の薺浦の恒居倭が海賊と誤認されて殺害された事件がおこると、四月四日薺浦と釜山浦の倭人らは、対馬の宗盛順《もりずみ》の援護をうけて大規模な暴動をおこした。これを三浦の乱（三浦倭変）という。乱の結果、倭人は朝鮮軍に敗北し、恒居倭はすべて対馬に送還され、貿易は一時途絶した。その後、永正九（一五一二）年壬申《じんしん》約条が結ばれ通交関係は再開するが、乱後、再び恒居倭が認められることはなかった。

だが、「境界に住む人々」は朝鮮王朝の厳しい通交制限にも屈しなかった。三浦の乱後も、対馬は「日本国使臣」を名乗る偽の使節を仕立てる。また、密貿易も活況を呈するのである。日朝関係ばかりでなく、日明外交も、大永《だいえい》三（一五二三）年におこった寧波《ニンポー》の乱後退潮となり、十六世紀になると、正式な国家間の通交は衰退に向かうといわれる。しかし、退潮となるのは国家間関係を軸とする交流であって、この時期、非合法で、多民族的で、しばしば暴力をともなう「後期倭寇」が、交流の担い手として活発化してくるという

年に追加されたものである。

中宗　韓国のドラマで人気をえた『チャングムの誓い』は、中宗の治世を舞台としている。

（村井章介参考文献）。

前近代に生きた人々にとって、自分が国家の一員である意識をどれほどもっていただろうか。おそらく、近現代と比較すると、国家領域や国境の観念も絶対的なものではなく、きわめて相対的なものであり、それは国家の周縁地域について、より顕著であったことだろう。中世の対外交渉史を考える上で、こうした国家の枠組みにとらわれない人々の存在を看過してはならないのである。

（錦　昭江）

【引用史料刊本】

『善隣国宝記』―田中健夫編『善隣国宝記、新訂続善隣国宝記』

『朝鮮王朝実録』―『李朝実録』（学習院東洋文化研究所）

【参考文献】

佐藤進一『南北朝の動乱』（中央公論社、一九七四年）

田中健夫『中世対外関係史』（東京大学出版会、一九七五年）

高橋公明「室町幕府の外交姿勢」（『歴史学研究』五四五、一九八五年）

今谷明『室町の王権』（中央公論社、一九九〇年）

村井章介『中世倭人伝』（岩波新書、一九九三年）

田中健夫『前近代の国際交流と外交文書』（吉川弘文館、一九九六年）

浜中昇「高麗末期倭寇集団の民族構成」（『歴史学研究』六八五、一九九六年）

田中健夫『東アジア通行圏と国際認識』（吉川弘文館、一九九七年）

大隅和雄・村井章介『中世後期における東アジアの国際関係』（山川出版社、一九九七年）

橋本雄「室町幕府外交の成立と中世王権」(『歴史評論』、一九九八年)
村井章介『中世日本の内と外』(筑摩書房、一九九九年)
新田一郎『太平記の時代』(講談社、二〇〇一年)
関周一「明帝国と日本」(『日本の時代史』一一、吉川弘文館、二〇〇三年)
村井章介『分裂する王権と社会』(中央公論新社、二〇〇三年)
村井章介『境界をまたぐ人びと』(山川出版社、二〇〇六年)
橋本雄「室町日本の対外観」(『歴史評論』六九七、二〇〇八年)

22 乱取り—戦場の略奪の行方

●乱取りとは

乱取《らんど》りあるいは乱妨取《らんぼうど》りという言葉がある。乱妨は濫妨とも記され、その意味は江戸時代初期に成立した『日葡辞書《にっぽじしょ》』によれば、「略奪すること、あるいは強奪すること」とある。乱取りとは、戦国の戦場で常態的におこなわれていた人や物の略奪をさす言葉なのである。藤木久志《ひさし》氏は、こうした乱取りの実態に注目することで、それまでの領主層の視点から描かれた戦国の戦場ではなく、戦争下の民衆の視点を通した新しい戦国の戦場を描きだした。

戦場となった村々では、侵攻してきた敵の軍勢から*禁制《きんぜい》を手に入れることで、村を守ろうとした。一例を挙げよう。天正十八（一五九〇）年、相模小田原城を本拠とする北条氏が*惣無事令《そうぶじれい》に違反したとして、豊臣秀吉の軍勢が関東へとなだれこんだ。その時、豊臣軍の進路にあたる箱根の底倉《そこくら》村の村人たちは危険を回避するために、山中へと逃げ散ったのである。しかし、村長は村にとどまり、徳川家康を通じて秀吉から*朱印状《しゅいんじょう》を得ることに成功した。その内容は三カ条あり、豊臣軍の「濫妨狼藉《らんぼうろうぜき》」の禁止が第一条に掲げられていた。もし豊臣軍が底倉村に迫れば、この禁制を掲げて村を守ろうとしたのである。もちろん、禁制を手に入れるには多額の銭が必要になる。また、軍隊そのものが村を守ってくれる訳ではなく、実際には自力による安全保障が求められていた。しかし、実際に濫妨する軍勢

禁制　軍勢の乱妨狼藉や物資の挑発を禁止する文書。冒頭に「禁制」とある。

惣無事令　豊臣政権による私戦停止令。戦国大名間の領土紛争を公儀として裁定する方針を示した。

朱印状　戦国大名が領国支配をすすめる際に使用した印判状のうち、朱印が押されているもの。花押を略すことで、同一内容の文書を大量に発行できるようになった。

に対して抵抗した時に、敵対の罪に問われないためにも必要だったのである。

●武田軍の越後侵攻―『甲陽軍鑑』に描かれた乱取り

では、戦国の村人たちが厳しい負担に耐えながら、避けようとした乱取りの実態についてみていこう。江戸時代初期に成立した軍書『甲陽軍鑑《こうようぐんかん》』には戦国の乱取りの雰囲気が色濃く残されている。以下は、『甲陽軍鑑』の作者ともいわれる春日虎綱《かすがとらつな》（高坂昌信《こうさかまさのぶ》）が武田信玄によって取り立てられていく様子を描いた一部分である。

史 信玄公《しんげんこう》の御恩《ごおん》をかうむり、今《いま》、高坂弾正《こうさかだんじょう》にまかりなり、……川中嶋《かわなかじま》に在城《ざいじょう》を仕《つかまつ》り、……越後《えちご》さかい（境）へはたらきの時《とき》は、七百騎《ななひゃっき》あまりの人数《にんずう》にて、御当家《ごとうけ》にたいし一《いち》のごうてき（強敵）にさす長尾謙信公《ながおけんしんこう》のおさえに、信玄家《け》にて一のよわき我等《われら》をおかせられ、川中島《かわなかじま》において大勝《たいしょう》の御《ご》いせひを以《もっ》て、……某《それがし》大将《たいしょう》にて、此《こ》のあたりの衆《しゅう》を引《ひ》き連《つ》れ、関《せき》の山《やま》のあなたまで放火《ほうか》いたし、輝虎公《てるとらこう》の御座城《ござしろ》へ……近所《きんじょ》まで働《はたら》き候《そうろう》て、越後の者《もの》をらんどり仕り、此方《こなた》へ召《め》し遣《つか》うこと、ただこれ信玄公御《おん》ほこさきの盛《さか》んなる故《ゆえ》なり、

信玄公の御恩によって高坂弾正となり川中島地域を治めている。越後へと出陣する際には、七〇〇騎余りの大将として長尾（上杉）謙信公の抑えとなる。川中島の戦いの後は、私が大将として配下を指揮して、関山を越えて放火し、輝虎（謙信）公の居城近くまで侵入し、越後の人々を乱取りし、こちらで召し使った。これは信玄公のご威光のおかげである。

虎綱は、対上杉の最前線として川中島にある海津《かいづ》城を拠点として北信濃ににらみをきか

せていた。川中島の戦い（ここではよくいう第四次の戦いをさすと思われる）の大勝利ののち、虎綱自身の家来や信玄からつけられた＊同心衆《どうしんしゅう》を引き連れ、信越国境を越えて上杉謙信の居城である春日山城近くまで迫り、越後の人々を乱取りしたことが記されている。そして乱取りされた人々は、武田方に連行され奴隷として召し使われた。こうしたことは信玄公のご威光のおかげであるとしている。

　こうした略奪は、戦国大名も認めるところであった。では、略奪した人や物をどうしたのか。

史 分捕《ぶんど》りの刀《かたな》・脇差《わきざし》・目貫《めぬき》・こうがい・はばきをはづし、よろしき見廻《みまわ》りになる。馬《うま》・女《おんな》など乱取《らんどり》につかみ、これにてもよろしく成《な》る故《ゆえ》、御持《おも》ちの国々《くにぐに》の民百姓《たみひゃくしょう》まで、ことごとく富貴《ふうき》して、勇《いさ》み安泰《あんたい》なれば、騒《さわ》ぐべき様《さま》、少《すこ》しもなし。

略奪した刀や脇差から、目貫などをはずし、良い身なりとなる。馬や女も略奪し、これでも良い身なりになる。信玄公の領国では、民百姓までが豊かとなり、領国は安泰であり、民百姓が騒ぐような様子もない。

　戦争に参加するのは武士だけではない。動員された雑兵達にとっては、戦場での略奪が稼ぎにもなったのである。雑兵達は戦場で敵を倒し、奪った刀や脇差から目貫などの金属部分をはずし売ったのであろう。また略奪してきた馬や女性も売買し、彼らは身なりが良くなり豊かになっていく。前出の引用部分とともに捉えると、武田信玄の勢力が盛んであるがゆえに、民百姓も雑兵として動員されるが、戦場は国外であり、乱取り稼ぎをおこなうことができる、のであろう。したがって武田氏の領国は安泰なのである。戦国大名同士

同心衆　有力家臣（寄親）に付属させられた下級家臣（寄子）。

の勢力争いだけではない、もうひとつの戦国の戦場の姿が見えてくる。虎綱は、信玄と謙信が対等の弓矢の大将であるとされることに異議を申し立てている。その理由は、信玄公は三度も越後へ侵攻した、もし謙信公が対等の弓矢の大将であるというならば「甲斐《かい》の内《うち》少《すこし》も焼《や》きなされ候《そうろう》て、らん取《どり》の一人《ひとり》も越後《えちご》へ」とってこそ、そういえるであろう、と記している。敵国へ侵攻し、自国の民にある種の豊かさをもたらす乱取りをおこなえることは、良き大将、強き大将に必要な資質であったと認識されていることが読み取れる。襲われた戦場の村々の悲惨さの対極に、おのれの領国の人々の豊かさや生命をつなぐのための行動、という戦争の一側面を捉えることができる。

●乱取りの季節

戦場では人身売買がおこなわれていた。先ほど、自身の領国が武田軍の乱取りの被害にあった上杉謙信の例をみてみよう。大正時代にまとめられた越後と佐渡に関した編年史料集『越佐《えっさ》史料』に、その記録が採取されている。

史 小田開城《おだかいじょう》、カゲトラ（景虎）ヨリ御意《ぎょい》ヲモツテ、春中《はるじゅう》、人《ひと》ヲ売買事《ばいばいのこと》、廿銭《にじっせん》・卅銭程致《さんじっせんほどいた》シ候《そうろう》。

小田城が落城すると、景虎（上杉謙信）の命令で、春の間、人身売買がおこなわれた、その値は二〇銭から三〇銭程であった。

永禄九（一五六六）年に、上杉軍が関東に乱入し、常陸《ひたち》小田城を攻め落とした。その際、謙信の命令によって、小田城落城の際に乱取りされた人々が、春の間、二〇〜三〇銭の安値で売り買いされている。この時、上杉軍は永禄八年の十一月に関東に攻め込み、翌三月に越後へと引き上げている。上杉謙信の関東出兵のパターンを整理すると、今回のように晩秋に出陣し戦場で年を越し、翌春に帰国するというパターンが多い。秋の収穫後の農閑期から、春から夏にかけての端境期《はざかいき》に戦争する、という季節性が読みとれる。越後では二毛作をおこなうことができず、秋の収穫がとぎれ、夏の畑の作物を収穫するまでの端境期は食糧不足に悩まされる。冬場に戦争をおこなうということは、冬場の口減らしにつながる。そして、動員された越後の人々＝雑兵《ぞうひょう》達は、乱取りをし、略奪物を売買し、いくらかの稼ぎを手にして春に越後へ帰る。

乱取りと季節の関係を示すもうひとつの例をみてみよう。江戸時代初期に成立した軍記物・農書である『清良記《せいりょうき》』では、伊予大森城の城主土居《どい》清良《きよよし》が家老たちに以下のように尋ねている。

史 此国《このくに》の麦・稲の就熟《しゅうじゅく》を、敵方《てきがた》にはつもりて寄《よ》せ来《きた》り、狼藉《ろうぜき》を宗《むね》として乱取《らんどり》を事《こと》とするに依《より》て、農《のう》のひまを奪《うば》われ、作毛損《さくもうそん》させられ、大小・上下困窮して路頭《ろとう》に死人多《しにんおお》し。……敵《てき》は其国《そのくに》の作時分《さくじぶん》を計《はか》りて、其盛《そのさかり》を知《し》り来《きた》る習慣《しゅうかん》いなれは、……作《さく》を早《はや》くして早く取《と》りては如何《いか》に。

敵は大森領の麦や稲などの作物の成熟度をはかって攻め寄せてくる。乱取りがおこなわれ農作業をする暇がなく、農作物も略奪されてしまう。大森領では身分の上下を問わず困窮して、道ばたで死ぬ者も多い。敵はその国の作付けの時期をはかり、収穫期を知って攻め寄せてくるので、作付けを早くして、早く収穫してはどうだろうか。

敵は麦の収穫期、稲の収穫期をねらって攻め寄せてくるのである。乱取りの被害を最小限に抑えるために、麦や稲の作付け時期を早めるなどの対策を講じようとしている。この諮問に対し家老は、早く収穫すればその分未成熟で収穫量が減る、と反対したが、清良は、敵に取られるよりはましだ、農業に詳しい者を集めよ、と命じている。『清良記』には、秋の稲の収穫時に繰り返し攻め寄せる土佐一条氏の軍勢や、麦の収穫時に豊後水道を船で押し渡り攻め寄せてくる豊後大友氏の軍勢の姿が描かれている。これらの軍勢は、実際の戦闘には至らず、乱取りすることを目的としている。大友氏の軍勢などは、麦を刈り取った後、船のなかで脱穀をしている。先ほどみた『甲陽軍鑑』にも、「越後《えちご》の内《うち》を此方《このほう》へ少《すこ》しもとる事《こと》なけれども…越後へはたらき、輝虎《てるとら》居城《きょじょう》春日山《かすがやま》……近所《きんじょ》へ焼《や》きつめ、らんぼうに女《おんな》・わらんべを取《と》りて、子細《しさい》なく帰《かえ》る」とある。戦国時代の戦争は、たんに領地の拡大などを目的とするだけではなく、食料の確保をめぐる争いでもあった。

●十六世紀の奴隷貿易と乱取り

では次に、乱取りという略奪行為の行方を、もうひとつの戦場でみてみよう。天正末年、九州では薩摩《さつま》の島津氏が九州統一に向けて北上を続け、豊後の大友氏と全面戦争に発展していた。この戦争は、島津軍有利に進められ、大友軍は豊後一国に追いつめられようとしていた。この戦争に関しておきた出来事をイエズス会*の宣教師ルイス＝フロイスが『日本史』のなかに記録している。

史 薩摩軍が豊後で捕虜《ほりょ》にした人々の一部は、肥後《ひご》の国に連行されて売却された。その年、肥後の住民はひどい飢饉《ききん》と労苦に悩まされ、自分の身を養うことすらおぼつかない状態にあったから、買いとった連中まで養えるわけがなく、彼らはまるで家畜

イエズス会 キリスト教カトリックの一派。東洋布教に力を入れ、戦国期に多くの宣教師が来日した。

のように、高来《たかく》に連れて行かれた。かくて三会《みえ》や島原《しまばら》の地では、時に四〇名もが一まとめにされて売られていた。肥後の住民はこれらのよそ者からまぬがれようと、豊後の婦人や男女の子供たちを、二束三文で売却した。売られた人々の数はおびただしかった。

薩摩軍は、豊後の戦場で略奪した人々を肥後まで連れておこなって人身売買をおこなった。しかし、肥後はその年飢饉であり、肥後の人々は買い取った豊後の人々をさらに高来へ連れて行って転売した、とある。高来とはこの時代に島原半島を指して使われる広域名称であった。その中心的な地域が三会と島原であり、そこではまとまった数の人身売買がおこなわれていた。この記述で注意するべき点は、奴隷として市場にでたのは、女性や子どもたちであった、ということだろう。フロイスは、豊後のすべての人々は三つの集団にわけられる、と記した。第一集団は戦争で命を失った人々、第二集団は「敵の捕虜となって薩摩や肥後に連行された後、羊の群のように市場を廻り歩かされたあげく売られていった」人々、第三集団は病気や飢餓で貧困に陥り、互いに殺し合い、略奪しあう人々、だという。

薩摩や肥後で、戦争にともなう奴隷市場が各地に開かれていた様子が読みとれる。高来へ連れてこられた人々はどこに売られていったのだろうか。『日本史』には、その行く先を推測する手がかりもある。

史 第三は、予（羽柴秀吉）は商用のために当地方に渡来するポルトガル人、シャム人、カンボジア人らが、多数の日本人を購入し、彼らからその祖国、両親、子供、友人を剥脱し、奴隷として彼らの諸国へ連行していることも知っている。それらは許すべからざる行為である。よって、汝《なんじ》、伴天連《ばてれん》は、現在までにインド、その他の遠隔の地に売られて行ったすべての日本人をふたたび日本に連れ戻すよう取り計らわれよ。もしそれが遠隔の地ゆえに不可能であるならば、少なくとも現在ポルトガル人らが購入している人々を放免せよ。予はそれに費やした銀子《ぎんす》を支払うであろう。

天正一五（一五八七）年、九州に出陣し島津氏を降伏させた羽柴（のち豊臣）秀吉は、その帰途の博多において、イエズス会の副管区長コエリョやフロイスに使者を派遣し三つの尋問を伝えた。右に掲げた記述は、その一部である。フスタ船*に乗船し、博多湾上に滞在していたコエリョやフロイスは、すぐに下船し小西行長《ゆきなが》の宿舎に赴いて、尋問へ返答することを求められた。第三の尋問では、コエリョらに対し、ポルトガル商人らが売買した日本人奴隷を日本に返還するよう取り計らえ、と要求している。その売り先は、インドにまでおよんでいたことがわかり、シャム商人らの存在から広く東南アジア地域に日本人奴隷が九州より輸出されていたことがうかがえる。遠隔地ゆえに連れ戻すことが不可能であれば、せめて国内で今まさに買い集められている日本人の放免を求めている。その交渉にかかる費用は秀吉が負担する、とある。これに対してコエリョらの返答をみてみよう。

史 第三の質問である日本人の売買に関しては、格別の厳罰をもって禁じていただきたいと言うことは、司祭がすでに殿下《でんか》に懇願《こんがん》すべく用意していた覚書《おぼえがき》のうちもっとも主要な箇条のひとつであった。日本人のように名誉をいとも尊《たっと》ぶ国民にとり、人身売買をおこなうことは、たとえそれらが彼らの間であれ、国外に対してであれ、大いなる信用の失墜と言う外なく、寒心《かんしん》に堪えざるところであった。だが、この忌む

フスタ船 南蛮船の一種で、軍船。五〇〜二〇〇トン級の小型快速船。

べき行為の濫用《らんよう》は、この下《しも》の九ヵ国において広まったもので、五畿内《ごきない》や坂東《ばんどう》地方では見られぬことである。我ら司祭たちは、かかる人身売買、および奴隷貿易を廃止させようと、どれほど苦労したか知れぬのである。だがここにおいてもっとも肝要なのは、外国船が貿易のために来航する港の殿たちが、厳重にそれを禁止せねばならぬという点である。

尋問に対する答弁であるので、司祭側は自分たちに責任がないのだ、という点を主張していくことになる。彼らも日本人の人身売買に対して心を痛め、その廃止に努力をしてきたのだ、と強調する。日本人の名誉を重んじる国民性を評価しつつ、人身売買は日本国内でもおこなわれているではないか、と指摘する。さらにもっとも重要な点は、外国船が寄港する港の領主たちが取締りを怠っていることだ、と訴える。言外に、日本人の人身売買を領主たちも認めているではないか、という告発がそこに見え隠れするのではないだろうか。宣教師たちにとって主たる活動地域であった九州の乱取りは、その結果としての人身売買が十六世紀の奴隷貿易のネットワークとつながっていたことに留意しなければならない。

フロイスは、五畿内や坂東地方では人身売買の風潮がない、と記しているが、先にみた上杉謙信の小田城落城後の人身売買の例からはそれはあてはまらないし、武田信玄も信濃の国のある城を攻め落としたのち、略奪してきた人々を甲府で市を開き売買している。戦国時代の戦場では必ずと言っていいほど乱取りがおこなわれていたのであろう。土居清良は、乱取りを許可した武将をとがめた際に、「下々《しもじも》は、かようのことに利《り》を得《え》させねば、勇《いさ》まず」と反論され、普段は乱取りは固く禁止だと戒《いまし》めておき、場合によっては褒美の乱取りを許すことも必要だと心得るべきだ、と諭されている。こうした乱取りという習慣は、豊臣秀吉の文禄《ぶんろく》・慶長《けいちょう》の役の際に朝鮮へともち出された。従軍した大名達により朝鮮人陶工など技術者の多くが日本に連行され、お国焼きなど各地の特産品生産の基《もとい》となったことは教科書の記述にもある。朝鮮の戦場から、家族への土産としてテルマ・カクセイと称する朝鮮の人々を送る、と書かれた武士の書状も残されている。

こうした戦場での乱取りは、関ヶ原の戦いを経て、大坂冬の陣・夏の陣での元和偃武《げんなえんぶ》の達成（戦国争乱の終結）により消滅する。海外への日本人奴隷の流出も、国内での戦場の閉鎖と江戸幕府の海禁《かいきん》政策により終息していくのである。

（藤木　正史）

【引用史料刊本】

『甲陽軍鑑』―酒井憲二編『甲陽軍艦大成』第一巻　本文編上、第二巻　本文編下（汲古書院、一九九四年）

『越佐史料』―高橋義彦『越佐史料』巻四（大形村（新潟県）、一九二八年）

『清良記』―松浦郁郎校訂『清良記』（佐川印刷、一九七五年）

『日本史』―ルイス・フロイス著、松田毅一他訳『完訳フロイス日本史』八（中公文庫、二〇〇八年）

【参考文献】

黒田基樹『百姓から見た戦国大名』（ちくま新書、二〇〇六年）

藤木久志『飢餓と戦争の戦国を行く』（朝日新聞社、二〇〇一年）

藤木久志『新版　雑兵たちの戦場』（朝日新聞社、二〇〇五年）

藤木久志『土一揆と城の戦国を行く』（朝日新聞社、二〇〇六年）

23 刀狩令は百姓の武装解除令か

●刀狩のイメージ

天正十六（一五八八）年、豊臣秀吉が発令した刀狩令《かたながりれい》は、太閤検地の実施と共に豊臣政権の中心的政策であったと教科書で学ばれた記憶をもつ方も多いであろう。豊臣政権という強大な統一権力が、それまで武器を所持し、時には領主に抵抗した戦国時代の百姓たちから武器を没収し、村から武力を奪った、とするイメージが強いのではないだろうか。そのイメージは、その後の江戸時代の百姓たちが刀や鉄砲ではなく、鋤や鍬といった農具をふりかざし、筵旗《むしろばた》をひるがえし、強力な武器をもつ武士へと立ち向かっていく、近世の百姓一揆の悲壮な姿へと続いていく。

●江戸時代の百姓と武器

では実際に、刀狩令後の百姓たちは武器をまったく所持していなかったのだろうか。実は江戸時代に農村には多くの武器があったことが、残された史料から明らかにされている。一例を挙げてみよう。

史　古《いにしえ》ハ諸国《しょこく》ノ郷民《ごうみん》鉄炮《てっぽう》ヲ所持《しょじ》スルコトヲ制《せい》セラレズ、家《いえ》ノ有無《うむ》ニマカセテ、縦《ほしいまま》ニ用《もち》ヒケル所《ところ》ニ、去《さんぬる》貞享《じょうきょう》四年《ねん》ニ、公庁《こうちょう》ヨリ改《あらため》ノコトヲ命《めい》セラレ、

これまでは百姓が鉄砲を所持することは禁止されていなかった。所持している者は自由に使用していたのだが、貞享四年に幕府より鉄砲改めが命じられた。

出典は、信濃《しなの》松本藩水野家が享保《きょうほう》九（一七二四）年に編纂した『信府統記《しんぷとうき》』である。貞享四（一六八七）年に時の徳川綱吉《つなよし》政権が全国に鉄砲改めを命じたことがわかる。指示に従い鉄砲改めを実施した松本藩では、領内で一〇四〇挺もの鉄砲を計上した。そのうち五〇〇挺は没収された。先に挙げた史料の続きには、農業に影響を及ぼす獣害対策としての鉄砲と、猟師が所持する鉄砲などに限り、数を定めて引き続き所持が認められたことが記されている。この数は、松本藩が保有する鉄砲総数を上回ると考えられており、農村に武力がいまだ存在することがわかる。この時までに鉄砲所持が禁止されていなかった事実は、豊臣政権下の武装解除としての刀狩令を徳川政権が継承しなかったことを意味するのだろうか。綱吉政権の鉄砲改めは全国におよんでおり、仙台藩では約四〇〇〇〇挺、御三家のひとつ紀伊藩にいたっては八〇〇〇〇挺もの鉄砲が村にあった。

また秀吉の刀狩令の二一年後にあたる慶長十四（一六〇九）年には、百姓の山野《さんや》、用水利用に関する*相論《そうろん》において、刀や槍、鉄砲を用いて喧嘩《けんか》におよべば、使用した村を厳しく処分するとした幕法《ばくほう》が出ている。ここでは村に鉄砲だけではなく、刀や槍も含めて武器が存在することを前提にその使用が禁止されている。しかし、所持までもが禁止されているわけではない。とすれば、豊臣政権下の刀狩令は徹底されなかったのだろうか。その実態がいかなるものであったのかを検証し直す必要がある。

相論　土地争いや用水争いなど、さまざまな紛争や訴訟を意味する用語。

●刀狩の真意

統一政権下の武器を奪われた民衆像は確かなことなのだろうか、具体的に秀吉の刀狩令をみてみよう。刀狩令の条文は教科書にも取りあげられている。刀狩令の発令範囲はその残存状況から、天正十六（一五八八）年当時、豊臣政権の支配下にあった地域全域にわたっている。宛名が記されていないことから、特定の相手を対象にだされたものではない全国法であったことが指摘されている。大高檀紙《おおたかだんし》と呼ばれる最高級品の紙を二枚貼り継いだ横幅一メートルを超す料紙《りょうし》に、大きな字で三カ条が書かれ、奥に秀吉の朱印が押されている。その第一条の冒頭にはこうある。以下、出典は『小早川家文書《こばやかわけもんじょ》』による。

史 一《ひとつ》、諸国百姓《しょこくひゃくしょう》、刀《かたな》、脇指《わきざし》、弓《ゆみ》、やり、てつはう、其外武具《そのほかぶぐ》のたぐい所持候事《しょじそうろうこと》、堅《かた》く御停止《ごちょうじ》候。

ひとつ、諸国の百姓は、刀、脇指、弓、槍、鉄砲の他、あらゆる武器を所持することを禁止する。

今まさに、百姓たちはすべての武器を没収されようとしている。私たちがもっていた刀狩のイメージは、まさしくこの一文から始まったものだった。第一条の続きには、百姓の武器所持を禁止する理由が語られる。百姓たちがいらざる道具、つまり武器を所持していると、年貢などを納めることを怠り、おのずと一揆を企てるおそれがある、そうした事態に陥れば百姓たちは耕作をせず不作となる、領主の取り分が減ってしまうぞ、大名や領主たちは百姓から武器をことごとく没収し、秀吉のもとに進上せよ、と。刀狩令は、武器を没収される百姓たちにあまねく知らしめられたわけではない。刀狩をおこなうよう秀吉に命令された大名、領主に向けられたものであった。つまり、第一条は大名、領主らに刀狩のメリットを説明したものだったのである。

では、実際に大名、領主たちは刀狩をいかに実行していったのだろうか。加賀大聖寺《かがだいしょうじ》領を領する溝口秀勝《みぞぐちひでかつ》という小大名がいた。秀勝は発令の翌月には早くも領内の刀狩を終え、没収した武器を豊臣政権の刀狩奉行へと届けている。刀狩奉行は、没収した武器の請取状《うけとりじょう》を秀勝に対して交付しており、どのような武器が集められたかがわかる。その内訳は、刀一〇七三腰、脇指一五四〇腰、槍身一六〇本、笄《こうがい》五〇〇本、小刀七〇〇本の合計三九七三本である。この時、豊臣政権で秀勝の取次《とりつ》ぎ役を務める長束正家《なつかまさいえ》が請取状に添えた手紙では、秀勝が「御分領《ごぶんりょう》（大聖寺領）百姓《ひゃくしょう》、刀《かたな》・脇指《わきざし》そのほか武具《ぶぐ》、ことごとく取集《とりあつ》」めて、送り届けたことはとても満足に思う、とある。しかし実際に大聖寺領で没収された武器の内訳には「そのほか武具、ことごとく」と言いながらも、鉄砲や弓など、より強力と思われる武器はみえない。このことは何を意味するのだろうか。先に挙げた正家の添え状の追《おっ》て書《が》きをみてみよう。出典は『溝口文書』である。

史 尚以《なおもって》、刀《かたな》、わきさし、員数《いんすう》すくなく候《そうろう》との儀《ぎ》、何とも不被仰候《おおせられずそうろう》、町人田畠作不申候者《ちょうにんたはたをつくりもうさずそうろうもの》二八人《ひと》さしにて、以来《いらい》刀わきさし御《お》もたせあるへきのよし候、以上《いじょう》。

なお刀や脇指の数が少ないことについては何ともおっしゃいませんでした。町人で田畑を作らない者については、今後は指定をして刀・脇指の所持を許可するとのことです。

取次ぎ役は豊臣政権と各大名、領主間の円滑な命令の執行や意思疎通をはかる重要な立場であった。この追書きは、刀狩奉行もしくは秀吉の指示や意志を正家が秀勝に対して示したものである。その内容は二点あり、まず今度の大聖寺領の刀狩において没収された刀や脇指の数が思いの外少なかったが、秀吉は何も言わなかった、とある。大聖寺領は加賀の江沼《えぬま》・能美《のみ》二郡四万四千石であり、その規模からいって二六〇〇本余りの数は多いようにも思えるが、それでもまだ村には刀・脇指があるはずだ、というのである。ここでも、鉄砲や弓などには触れられていない。もう一点は、町人で田畑を耕作しない者には、人を指定して今後は刀・脇指の帯刀を許可する、というものである。つまり刀狩によりいったん刀・脇指の帯刀権《たいとう》を禁止し、今後は許可制にする、というもので、豊臣政権の刀狩りへの姿勢やねらいが読みとれる。

●武器を封印した百姓

このように刀狩りをめぐるやりとりをみていくと、刀狩令第一条の冒頭がすべての武器の没収をうたいながら、その関心は刀と脇指にあったことがわかる。当時からこの政策は、「刀かり（刀借、刀駆など）」と呼ばれていた。そして帯刀権の許可制からは、田畑を耕作する百姓の帯刀は認められないが、田畑を耕作しない町人であれば人を指定して帯刀を許可するという農と商の分離にひとつの焦点があったことが読みとれる。

さらに江戸時代の各藩の藩法《はんぽう》をみていくと、刀狩以後の百姓と刀の関係の行方がわかる。寛永《かんえい》十九（一六四二）年の岡山藩の藩法では、町人や百姓が刀・脇指を差すのは構わないが、武士のように長大なものや派手なものは禁止するとしている。寛永六（一六二九）年の秋田藩の藩法でも刀の長さや、鞘《さや》の色についての制限が加えられているものの、帯刀そのものは禁止されていなかった。先にあげた慶長十四年の山野用水相論に対する幕法《ばくほう》をあわせて考えれば、幕府や大名たちは百姓の武装解除をその基本方針としていなかったことがわかり、むしろ武士と百姓を外見で見分けることができるという身分の区別に重点をおいていたのである。

豊臣秀吉の刀狩令は、百姓から武器を奪う武装解除令ではなかった。刀狩の後も、村には鉄砲をはじめとして多くの武器が存在していた。刀狩令も江戸時代の幕法も武器の行使について制限を加えたものであった。ではなぜ、江戸時代の百姓一揆には農具を手にして権力に抗う百姓たちのイメージが付与されたのか。現在、百姓一揆の総数は一四三〇件とされているが、百姓が武器を持ちだしたのはその一パーセントにあたる一五件にすぎなかった。また百姓と領主との間では鉄砲不使用の原則が働いていたという指摘もある。この原則は百姓たちの自己規制と、領主との不文律の合意の上で成り立っていた。百姓たちは武装解除された非力な存在ではなかった。むしろ自分たちの意志で武器の行使に制限を加えていた。刀狩令は、うち続いた内戦への回帰を否定した百姓たちの武器封印の意志の上に成立しうるものだったのである。

（藤木　正史）

【引用史料刊本】
『信府統記』―鈴木重武他編述『信府統記』（国書刊行会、一九九六年）
『小早川家文書』―『大日本古文書』（一九七一年）

【参考文献】
藤木久志『刀狩り』（岩波書店、二〇〇五年）
藤木久志「刀狩の現実」（『歴史地理教育』七〇三号、二〇〇六年）
塚本学『生類をめぐる政治』（平凡社、一九八三年）

24 禁中并公家中諸法度はどのように制定されたのか

●天皇の学問

いわゆる禁中《きんちゅう》并《ならびに》公家《くげ》諸法度《しょはっと》は、従来、江戸幕府がこの法度によって、天皇を政治から遠ざけ、学問や和歌に専念させるものとしてとらえる傾向が強かった。こうした見方は、戦前だけでなく、戦後の研究でもしばらくは続いてきた。このため、法度そのものに関わるさまざまな論点について十分に分析されてこなかった面がある。このことは、その史料名についてもいえることで、法度を記す史料上の表題には、正しくは「禁中并公家中諸法度」と書かれ、実はこの「中」を欠いたまま広く通用して（「禁中十七箇条」「東照宮十七ケ条」などとも書かれている）、現在に至っているところである（以下、「禁中并公家中諸法度」の用語を用いる）。

次に、法度に関わる論点がもっともよくあらわれている第一条と末尾の日付・発給者の箇所を引用してみよう。

史　禁中并公家中諸法度

（第一条）一《ひとつ》、天子《てんし》諸芸能《しょげいのう》の事《こと》、第一《だいいち》御学問《ごがくもん》なり、学《まな》ばざれば則《すなわ》ち古《いにしえ》の道《みち》に明《あき》らかならず、しかも政《まつりごと》を能《よ》くし、太平《たいへい》を致《いた》すは、＊貞観政要《じょうがんせいよう》の明文《めいぶん》なり、寛平遺誡《かんぴょうのゆいかい》、経史《けいし》を窮《きわ》めずと雖《いえど》も、＊群書治要《ぐんしょちよう》を誦習《しょうしゅう》すべしと云々《うんぬん》、和歌光孝天皇《わかこうこうてんのう》より未《いま》だ絶《た》えず、綺語《きご》たりと雖も、我《わ》が国《くに》の習俗《しゅうぞく》なり、棄《す》て置《お》くべからずと云々、禁秘抄《きんぴしょう》に載《の》する所《ところ》、

貞観政要　八世紀初頭に成立した、唐の太宗と群臣の問答録。一〇巻。

群書治要　中国の政治に関する唐代の叢書。六三一年に成立。五〇巻。徳川家康が古活字本を刊行した。

御習学専要《ごしゅうがくせんよう》に候《そうろう》事。

慶長《けいちょう》二十乙卯《いつぼう》年七月日

昭実《あきざね》 在判（二条関白）
秀忠《ひでただ》 御在判
家康《いえやす》 御在判

〈明治大学刑事博物館所蔵「公家衆諸法度」〉

（第一条）一、天皇がおさめるべき諸芸能のうち、第一は学問である。学ばなければすなわち先王の道を明らかにすることができなくなる。よき政をおこない、太平の世とすることは、『貞観政要』に明文となっている。『寛平遺誡』には、経書・史書を究めていなくても、『群書治要』を学ぶべきことが説かれている。和歌は光孝天皇より未だ絶えておらず、飾り立てた言葉とはいっても、わが国の習俗なので棄て置くべきものではない。『禁秘抄』に記載されている有職故実《ゆうそくこじつ》を習学することが肝要である。

禁中并公家中諸法度の作成準備としては、慶長十五（一六一〇）年九月に、徳川家康が鎌倉五山の僧らに『群書治要』を書写させているころまでさかのぼる。慶長十九（一六一四）年四月には、法度の参考となる諸記録の書写が開始され、『貞観政要』のほか、公家の記録までも写させ、翌二十年三月に完成した。この間、家康は摂家《せっけ》（近衛《このえ》・九条・一条・二条・鷹司《たかつかさ》の五家）をはじめ公家たちと、「大臣・*准后《じゅごう》・親王《しんのう》」などの座席の順番のこと、官位に関することなどについて話し合っており、法度の作成は*金地院崇伝《こんちいんすうでん》が中心となって進められた。そして、大坂夏の陣から二カ月後の慶長二十年七月、法度の連署《れんしょ》をおこなった徳川

准后 准三宮《じゅさんぐう》。三宮（太皇太后宮、皇太后宮、皇后宮）に准じて、天皇の近親者やとくに功労のあった公卿・武家・僧侶などを優遇するために設けた称号。

金地院崇伝 以心崇伝。江戸初期の臨済宗の禅僧で、幕政に参画し、黒衣の宰相と呼ばれる。

家康・秀忠・前《さきの》関白二条昭実《あきざね》が公家たちを二条城に集めて、禁中并公家中諸法度十七ヵ条を制定した。そして七月三十日、禁中に公家たちが集められ、＊武家伝奏《ぶけてんそう》広橋兼勝《ひろはしかねかつ》がこれを読み聞かせ、その書写も命じられたのである。

第一条の文章は、冒頭の「天子」の二字を除くと、「棄て置くべからずと云々」までは、鎌倉初期に順徳《じゅんとく》天皇が＊有職故実《ゆうそくこじつ》書として著した『禁秘抄』からの引用である。『禁秘抄』には、中国の帝王学を代表する書物『群書治要』『貞観政要』や、宇多《うだ》天皇が醍醐《だいご》天皇に贈った天皇の心得書『寛平遺誡』など、故実の規範となる和漢の書が引用されている。第一条の「学問」は、四書五経《ししょごきょう》をはじめ、天皇学として学ぶべき統治の学問を指し、次に和歌や有職故実の習学が課せられたのである。このように、第一条の意図について、天皇を政治から遠ざけ、学問や和歌に専念させたものととらえるのは正しくはなく、天皇が果たすべき役割を根本的に規定したものと理解できるのである。

禁中并公家中諸法度は、その後改訂されることはなかったが、万治《まんじ》四（一六六一）年正月十五日の禁裏御所《きんりごしょ》の火災によって原本が焼失したため、寛文四（一六六四）年に写し直され、四代将軍家綱《いえつな》と摂政二条光平《みつひら》（二条昭実の孫）がそれぞれ署名して再度発布されている。ちなみに、寛文期のものは、右史料の「太平を致す」の後に、「は、未だこれ有らざるなり」という語句が加えられており、これは、『貞観政要』からの引用なので、元々はこの文言が入っているべきで、寛文期に整えられたと考えられている。

●摂家と親王の座席順

法度は、二条昭実と徳川秀忠・家康の連署によって出され、幕府と朝廷の合意によって

武家伝奏　幕府と朝廷との交渉にあたった公家の役職。

有職故実　公家や武家の儀礼・官職・制度などの先例。

制定されたことを示しているが、このことにはどのような意味があるのだろうか。次に第二条・第三条・第十三条を引用してみよう。

史 (第二条) 一《ひとつ》、三公《さんこう》の下親王《したしんのう》、……親王の次前官《つぎぜんかん》の大臣《だいじん》、三公在官《ざいかん》の内《うち》は親王の上《うえ》たり、辞表《じひょう》の後《のち》は次座《じざ》たるべし、其《そ》の次諸《しょ》親王、但《ただ》し、儲君《ちょくん》は各別《かくべつ》、前官大臣関《かん》白職《ぱくしょく》再任《さいにん》の時《とき》は、摂家《せっけ》の内位次《いじ》たるべき事《こと》。

(第三条) 一、清花《せいが》の大臣、辞表の後座位《ざい》、諸親王の次座たるべき事。

(第十三条) 一、摂家門跡《もんぜき》は、親王門跡の次座たるべし、摂家三公の時、親王の上たると雖《いえど》も、前官大臣は次座相定《あいさだ》める上は、これに准《じゅん》ずべし、但《ただ》し、皇子連枝《おうじれんし》の外《ほか》門跡は、親王宣下《せんげ》有《あ》るまじきなり。

(第二条) 一、三公(三大臣)の下に親王が座ることとする。……親王の次に辞職後の大臣が座る。大臣在職時は親王の上位に座り、辞職後は下位に座ることとする。その次に世襲親王家が位置する。ただし、皇太子は最上位の座で、前官大臣の関白再任の場合、摂家内の次の座席に座ることとする。

(第三条) 一、清華の大臣でも、辞職の後の座順は、世襲親王家の次に座わることとする。

(第十三条) 一、摂家門跡は、親王門跡の次の座席とする。摂家が三大臣となった時、親王よりも上位の座となっても、前官大臣は親王の次の座席と定めたので、これに准じること。ただし、世襲親王家出自の門跡は、親王宣下《せんげ》をおこなうことを禁じる。

右の第二・三・十三条は、朝廷内の座順を規定したものである。こうした条文を作成した背景には、摂家と親王の座席順をめぐる争いがあり、たとえば慶長十六（一六一一）年四月には伏見宮邦彦《ふしみのみやくにひこ》親王と准后二条昭実の間で座順争いが起きている。この争いの裁定は先延ばしとなったが、家康はこうした公家社会における座順問題の解決を図ることを迫られ、慶長十九（一六一四）年十二月末には、大臣・准后より親王が上位に座ることとしている。しかし、摂家側がこれに強い反論を示し、さらに崇伝に調査研究をおこなわせ、摂家や公家たちとの意見交換を経て、法度のような決定としたのである。法度が示す通り、座席の順は、三公（太政大臣・左大臣・右大臣）、親王、前官大臣、諸親王（世襲親王家）、清華家（久我《こが》・三条・西園寺《さいおんじ》・徳大寺《とくだいじ》・花山院《かざんいん》・大炊御門《おおいみかど》・今出川《いまでがわ》・広幡《ひろはた》・醍醐《だいご》）の前官大臣の順となった。こうして、摂家が三大臣在任の時には、親王に対して優越した地位となったのである（もっとも、伏見宮の場合はその後も世襲親王家でなく親王家として特別な待遇を得た）。

ここで再度、法度の発給者を確認すると、「二条昭実」という摂家を代表する者が署名しており、法度制定には、摂家の意向が強く反映し、摂家にとって有利な内容が盛り込まれたと考えられる。

次に、江戸前期の武家伝奏の職務上の覚書《おぼえがき》を写した史料をみてみよう。

史 慶長《けいちょう》廿年《にじゅうねん》の十七ケ条《じょう》の壁書《かべがき》……公武《こうぶ》より出《いで》たる法度《はっと》なり、武家《ぶけ》より出タルニテハナシ、武家ハカリカラ出タルト思《おも》う輩《ともがら》アリ、……十八年ノは武家ヨリ諸家《しょけ》へ出タルト見《み》ユ……十七条は、二条《にじょう》ノ後《のち》ノ中院《ちゅういん》昭実公《あきざねこう》、時《とき》に関白《かんぱく》術作《じゅつさく》ノユへ、摂家《せっけ》ノ為《ため》ノ能《よ》き様《よう》ニ書《か》きタル事《こと》これ有《あ》りト、先輩曰《せんぱいいわ》く、俗親王《ぞくしんのう》は摂政《せっしょう》・関白ナトヨリ上座《じょうざ》ニ着《ちゃく》し給《たま》フ事、古例《これい》ヲ、十七条ヨリ、親王ノ上ニ摂政モ関白モ着せらるなり、僻《ひかんと》なり。

〈宮内庁書陵部所蔵《くないちょうしょりょうぶしょぞう》「職方聞書并覚書」〉

十七条の壁書は、……幕府と朝廷の合意により出された法度である。幕府から出されたものと思っているものもいるがそうではない。……慶長十八年の公家衆法度は、幕府から公家に出されたものである。……十七条は、二条昭実の取り計らいで摂家に有利な規定があり、古例では、親王は摂政・関白より上座に着すとしていたが、十七条により親王の上に摂政・関白が着すことになったが、おかしなことだと聞いている。

この史料の記述のように、禁中并公家中諸法度は、幕府が一方的に発布した法度ではなく、摂家の利害を反映させた上で、朝廷と幕府の合意の上で制定されたものであったわけである。

●摂家の役割

さらに禁中并公家中諸法度の第十一条をもとに、摂家の役割について考えてみよう。

史 （第十一条）一《ひとつ》、関白《かんぱく》・伝奏《てんそう》、ならびに奉行職事等《ぶぎょうのしきじら》が申《もう》し渡《わた》す儀《ぎ》、堂上《とうしょう》・地下輩《じげのともがら》、相背《あいそむ》くに於《おい》ては、流罪《るざい》たるべき事《こと》。

（第十一条）一、関白・武家伝奏・朝廷の儀式を掌る奉行の職事らの命令に対して、堂上の公家や地下の者たちが背いた場合には、流罪処分とする。

すでに慶長十八（一六一三）年の公家衆法度において、摂家と武家伝奏が公家の統制の中心となることが幕府によって規定されていたが、右の第十一条の規定では、摂家から任命された関白と、武家伝奏・奉行職事の命令に背いた者は厳罰に処すと決められたのである。法度制定から半世紀を過ぎた延宝《えんぽう》元（一六七三）年、改元の儀式で二名の蔵人《くろうど》＊が武家伝奏と奉行職事の命に背くという事件が起きるが、そこでは、第十一条が規定する「流罪」を前提に量刑が審議され、結果として「蟄居《ちっきょ》」処分になった。

こうした関白の地位につく摂家による朝廷の統制は、前述の座席問題などをはじめとして、朝廷内のさまざまな矛盾や問題を解決しうる内容が規定されていたのであり、朝廷内の身分や階級の編成、さらにはそうした秩序の安定化をはかるものであったのだ。

以上のように、禁中并公家中諸法度は、江戸幕府が一方的に朝廷の無力化を意図したものという理解では正しくなく、幕府と朝廷との合意によって制定されたものであり、朝廷を幕藩体制のもとに位置づけ、その役割を適合的に機能させるために、朝廷内の秩序や階級編成を明確に示したものであったと考えられる。

（田中　暁龍）

蔵人　令外官《りょうげのかん》である、蔵人所《くろうどどころ》の職員。天皇身辺の雑事や、天皇と摂関らとの連絡役にあたった。

【参考文献】

田中暁龍「禁中并公家諸法度の機能に関する一考察―延宝元年の公家処罰と禁中法度を中心に―」（『日本歴史』五七一号、一九九五年）
田中暁龍「禁中并公家諸法度第一条についての一考察」（竹内誠編『徳川幕府と巨大都市江戸』東京堂出版、二〇〇三年）
橋本政宣『近世公家社会の研究』（吉川弘文館、二〇〇二年）

高埜利彦「禁中并公家諸法度（前）（後）」（『歴史と地理』四六〇・四六三号、一九九三・一九九四年）
杣田善雄「禁中并公家中諸法度〈座次規定〉と朝幕関係」（『日本史研究』五四二号、二〇〇七年）
山口和夫「朝廷統制の法度」（『史料を読み解く三　近世の政治と外交』山川出版社、二〇〇八年）

25 慶安御触書は存在したのか

●慶安御触書の謎

慶安御触書《けいあんのおふれがき》といえば、慶安二（一六四九）年二月二十六日に、江戸幕府が全国に発令したとされる農村法令で、日本史教科書であれば必ずといっていいほど掲載されていた史料である。その冒頭は、次のように始まる。

史 一《ひとつ》、公儀御法度《こうぎごはっと》を恐《おそ》れ、地頭《じとう》・代官《だいかん》の事《こと》をおろそかに存《ぞん》ぜず、扨又名主《さてまたなぬし》・組頭《くみがしら》をば、真《まこと》の親《おや》とおもふべき事《こと》。

公儀のご法度を恐れ、地頭や代官のことをおろそかにしないで、さてまた名主や組頭を、本当の親のように思うべきこと。

このほかに、朝早く起きなさい、酒や茶を買って飲んではいけない、みめかたちの良い女房であっても、大茶《おおちゃ》を飲み、物参《ものまい》りや遊山《ゆさんず》好きなものは離縁しろなど、百姓の日常生活全般にわたって規制を加える一方で、農具の手入れや農作業についても指導するなど、全三二カ条に及ぶ長大な法令である。

ところが最近の高校の教科書では、慶安御触書の取り扱い方が慎重に傾き、一部の教科書では姿を消し、また掲載されている場合でも、慶安二年に発令された幕府法令とは明記されなくなりつつある。

たとえば現行の山川出版社『詳説日本史B』では、慶安御触書は教科書本文からは削除されて、寛永《かんえい》十九（一六四二）年の農村法令に差し替えられ、欄外に「このような法令としては、一六四九（慶安二）年に幕府が出したとされる『慶安の触書』が有名であるが、最近はその存在に疑問が出されている」と註記されている。これはいったいどういうことなのだろうか。

実は慶安御触書は、早く明治時代から疑問視されていたのである。まず帝国大学文科大学教授の内藤耻叟《ちそう》が、条文の長さやその内容から、幕府法令としての実在に疑問を投げかけ、戦後歴史学でも、榎本宗次《そうじ》が、『御触書寛保集成《おふれがきかんぽうしゅうせい》』をはじめとする幕府法令集に収録されていないこと、後世の※地方書《じかたしょ》や五人組帳前書《ごにんぐみちょうまえがき》に引用・反映されないこと、近世初期の法令にかかせないキリシタン禁制《きんぜい》や田畑永代売買禁止《たはたえいたいばいばいきんし》についての記載がないこと、商い心の要求は慶安年間の実情に合わないことなどを掲げて、否定説を唱えている。だが両氏とも、御触書が幕府法令でなかったとすれば、いったいなんであるのかという対案を示さなかったため、結局疑わしきは罰せずとされ、長く幕府法令説が支持されてきたのである。

その後、戦後六〇年を経て近世史研究における史料調査も進展し、全国各地で自治体史誌や古文書目録が刊行されたが、その調査の過程で、慶安二年当時に幕府法令として出されたはずの慶安御触書の現物は日本のどこからも発見されなかったのである。つまりこの現物未発見という事実こそが、慶安御触書＝非実在説の最大の根拠となったのである。

そして一九九〇年代にはいると、慶安御触書の真偽をめぐって論争が盛んとなり、宝暦《ほうれき》～天明《てんめい》期（一七五一～八八）幕府代官創作説が提示されたり、その一方で幕府法令としての実在説も依然主張された。しかし実在説は現物が発見されないかぎり成立の余地はなく、

御触書寛保集成　八代将軍吉宗《よしむね》の命により編集された江戸幕府の法令集。延享《えんきょう》元（一七四四）年完成。

地方書　近世の地方制度に関する規則・慣例・裁決などを収録した書物。

宝暦~天明期幕府代官創作説は、史料解釈に致命的な欠陥があり、説得力に欠けていた。しかし議論のなかで、ひとつわかったことがあった。それは、慶安御触書に関連する写本類が、甲州《こうしゅう》から信州《しんしゅう》、すなわち山梨県から長野県に集中して残存していることである。慶安御触書の謎を解くカギは、甲州あるいは信州にあると想定されるのである。

すると果たして、それまで十八世紀後半をさかのぼらないと思われていたはずの御触書の関連史料が、山梨県南アルプス市において、元禄《げんろく》十（一六九七）年「百姓身持之覚書《ひゃくしょうみもちのおぼえがき》」という表題で発見されたのである。この史料は、甲斐《かい》国巨摩《こま》郡江原《えはら》村に出されたもので、全部で三二カ条あり、わずかな文章の異同を除けば、ほとんど慶安御触書と同じ内容であった。元禄十年当時の江原村は、甲府徳川藩徳川綱豊《つなとよ》（のちの六代将軍家宣《いえのぶ》）の所領であり、慶安御触書とは、もともと「百姓身持之覚書」と題する甲府徳川藩法だったことが明らかとなった。

●百姓身持之覚書の時代性と地域性

では慶安御触書の正体が、元禄十年の「百姓身持之覚書」だったとすれば、元禄にふさわしい時代性と甲府藩領の地域性が、史料内容に反映されているかが問題となる。

まず村役人呼称である。用いられている呼称は、名主《なぬし》、組頭《くみがしら》、長百姓《おとなひゃくしょう》である。村役人の名称は、東日本では名主・組頭、西日本では庄屋《しょうや》・年寄《としより》と呼ぶことが多い。しかし村役人を長百姓と呼ぶ地域は限定される。東日本では、甲州から信州佐久《さく》地方に、すなわち甲府徳川藩領であった地域に多く確認され、*年貢割付状《ねんぐわりつけじょう》の宛所《あてどころ》に、名主・長百姓・惣百姓《そうびゃくしょう》として使用されている。また甲州の長百姓は、年番名主《ねんばんなぬし》を選出する母体であり、年番交代

年貢割付状　領主や代官所が村宛てに発行した年貢賦課の請求書。その年の村高などが記され、最後に年貢総量と納期が記される。

システムは、甲府徳川藩時代に採用された制度である。

ほかにも村役人呼称に「百姓代《ひやくしょうだい》」が出てこないことがある。もともと「百姓代」は、惣《そう》百姓代の意味で用いられ、寛文《かんぶん》・延宝《えんぽう》期（一六六一～八一）に登場してくる。しかし村方三役人のひとつに数えられるようになるのは、十八世紀以降、享保《きょうほう》年間（一七一六～三六）のことである。

つぎに年貢割付状《ねんぐわりつけじょう》の呼び方である。「百姓身持之覚書」では「差紙《さしがみ》」と呼んでいる。このように年貢割付状を「差紙」と呼ぶ地域は、十七世紀後半の甲州から信州、それに上野国《こうずけ》である。やはり甲府徳川藩領が設定されていた地域と使用例は重なっている。

あるいは「いもの落葉」である。いもといえば、ジャガイモ、サツマイモ、サトイモが思い浮かぶが、ジャガイモは江戸時代にはそれほど普及せず、サツマイモは十八世紀になって全国に栽培が奨励される。また落葉という表現はどちらにも当てはまらない。「いもの落葉」とは、サトイモの葉柄《はがら》を指すとみられる。よって「百姓身持之覚書」が、享保年間をくだることはない。

しかし元禄十年に甲府徳川藩領に発令された「百姓身持之覚書」には、さらに年代をさかのぼる原型本が存在する。それは「百姓身持之事《ひやくしょうみもちのこと》」と題する地域的教諭書である。現在のところ、長野県佐久市と山梨県南アルプス市で写本が発見されており、寛文五（一六六五）年がもっとも古い作成年代である。「百姓身持之事」は、全三六カ条から構成されていたと考えられ、慶安御触書、すなわち「百姓身持之覚書」三二カ条よりも条文数が多かった。内容的にも異同があり、下人を使役して大経営をおこなう村落上層農民を対象とする条項がみられるなど、十七世紀前半の時代状況を反映し、また法令というより説諭的な性格のある教諭書である。

そしてもっとも大きく削除・改変されたのは、「商い心」に関する条項である。慶安御触書＝「百姓身持之覚書」第一七条では、次のように記されている。

史 一《ひとつ》、少《すこ》しは商心《あきないごころ》もこれありて、身上《しんしょう》持《も》ち上《あ》げ候様《そうろうよう》に仕《つかまつ》るべく候、その子細《しさい》は、年《ねん》貢《ぐ》のために雑穀《ざっこく》を売《う》る事《こと》候も、又《また》は買《かい》候にも、商心《あきないごころ》なく候《そうら》えば、人《ひと》にぬかるるものに候事。

少しは商いの心得もあって、身上を持ち上げるようにしなさい。その理由は、年貢のために雑穀を売り買いするにも、商いの心得がなければ、人に出し抜かれてしまうからである。

ところが「百姓身持之事」では、本文に続けて次のような付帯条項がある。

史 付《つけた》り、遠商《とおあきない》せんよりは、冬田《ふゆた》に水《みず》をかけよと、古《いにしえ》より世語《せご》にも申《もう》し伝《つた》え候《そうろう》、冬田へ水をかけ候《そうら》えば、地肥《じご》え、稲《いね》かふもくさり、その年《とし》の作能《さくよ》き物《もの》に候事。

付けたり、遠くまで商売にでかけるくらいなら、冬の田に水をかけろと昔から世間に申し伝えられている。冬の田に水をかければ、土地は肥え、稲株は腐り、その年の収穫は良くなるものである。

十七世紀前半に商い心を要求するのは、近世の商品経済の展開から見ると、あまりに早く、それゆえに慶安御触書否定説の有力な根拠であった。しかし御触書の原型である「百姓身持之事」では、付帯条項があり、そこでは商い心を積極的に推奨することはなく、遠商い、遠隔地商業に手を出すよりも、冬田に水を張って、収穫量を増やす努力をしたほうが良いとしているのである。しかし元禄十年の「百姓身持之覚書」では、十七世紀後半の幕藩制的全国市場の確立を受けて、この付帯条項は削除されたのである。

●百姓身持之覚書から慶安御触書へ

では元禄十年の甲府徳川藩法「百姓身持之覚書」は、なぜ後世、慶安御触書として有名になったのだろうか。「慶安御触書」というタイトルを最初に確認できるのは、文政《ぶんせい》十三（天保《てんぽう》元・一八三〇）年、美濃《みの》国岩村《いわむら》藩版である。岩村藩は、譜代の小藩で、藩主は大給《おぎゅう》松平《まつだいら》氏（分家）である。当時の岩村藩は、当主の松平乗美《のりよし》が年少ということもあり、幕府学問所総裁の林述斎《はやしじゅっさい》に後見役を頼んでいた。述斎は、岩村藩主松平家の出身という縁故から、岩村藩の藩政改革に関与し、その一環として慶安御触書の領内への配布を試みたのである。その際、誤字や脱字を防ぐとともに迅速な伝達を実現するため、木版印刷による配布方式を採用したのである。この配布方式は、印刷による法令伝達の先駆けとなり、学問所総裁林述斎の権威も手伝って、多くの大名や旗本、幕府代官によって模倣されることとなった。

慶安御触書を採用した時期は、天保年間に集中している。もっとも早いのは上野《こうずけ》国沼田《ぬまた》藩で、天保元年、ついで同四年の遠江《とおとうみ》国掛川《かけがわ》藩、同五年には出羽《でわ》国米沢《よねざわ》藩・信濃国千村《ちむら》預所《あずかりしょ》、同六年・信濃国椎谷《しいや》藩飛地《とびち》、同八年・備中《びっちゅう》国成羽《なりわ》知行所《ちぎょうしょ》、同九年・関東代官山本大膳《だいぜん》、同十二年・信濃国中之条《なかのじょう》代官大原左近《さこん》、嘉永元・三（一八四八・五〇）年の三河《みかわ》国吉田《よしだ》藩といった具合である。当時は天保の大飢饉《だいききん》や、甲斐国天保一揆や三河国加茂《かも》一揆といった民衆蜂起、大塩平八郎《おおしおへいはちろう》の乱が発生し、社会的混乱に対応するかのように御触書は採用されている。これは幕藩領主が民心を抑制する手段として御触書を選択したといえよう。

また採用したのは、林述斎に縁があった東日本の中小規模の幕藩領主がほとんどであった。配布の形式は、木版本を採用する領主が多く見られ、木版印刷というメディアによって配られたことも、当時としては画期的であった。

この岩村藩版の御触書は、明治時代になると司法省の『徳川禁令考《とくがわきんれいこう》』に収録され、活版印刷されて全国に出回り、やがて慶安の御触書はあたかも実在したかのように今日まで錯覚されることになったのである。

（山本　英二）

徳川禁令考　司法省が編纂した、徳川幕府の法制史料集。

【引用史料刊本】

『山梨県史資料編13近世6上　全県』（山梨県、二〇〇四年）

【参考文献】

榎本宗次「『慶安御触書』考―その成立年代についての疑義―」（『歴史評論』一〇六号、一九五五年）

山本英二『慶安御触書成立試論』（日本エディタースクール出版部、一九九九年）

山本英二『慶安の触書は出されたか』（山川出版社、二〇〇二年）

26 生類憐みの令はなぜ出されたのか

●始まりはいつか

江戸幕府の五代将軍徳川綱吉《つなよし》といえば、極端に犬を愛護した悪法、世にいう生類憐《しょうるいあわれ》みの令で有名である。実は、生類憐みの令という名の法令はない。犬を含めて、生き物すべてを保護する法令が次々と出されたのは確かなのだが、それらが後世になって、そう呼ばれるようになったのだ。教科書のなかには、「生類憐みに関する法令」と記されているものもある。したがって、生類憐みの令が出されたのかといえば、その名の法令は出されていないが、そのような趣旨の法令は出されたことになる。

次に、生類憐みの始まりとみなされている法令を確認してみよう。これもまた驚かれるかもしれないが、生類憐みの令がいつから出されたのかについても、いまだに見解は定まっていない。したがって、教科書に記されている例も少ない。しいてあげれば、一六八五年に出された次の貞享《じょうきょう》二年令である。

史 先《さき》にも令《れい》せしごとく、ならせ給《たま》う御道《おみち》へ犬《いぬ》・猫出《ねこで》るともくる（苦）しからず、何方《いずかた》にならせ給うとも、今《いま》より後《あと》つなぎを（置）く事有《ことあ》るべからず。

〈『*徳川実紀《とくがわじっき》』貞享二年七月条〉

以前にも命じたように、将軍が御成りの道筋に、犬や猫が出ても問題はないので、今後はつなぎ置かなくてもよい。

これまで生類憐みの令は、ことさら犬のみ注目されてきたことから、まさにそれを象徴

徳川実紀　家康から一〇代将軍家治までの歴史を編纂した江戸幕府の歴史書。

する法令であった。ただし、「先にも令せしごとく」とあるように、すでにこのような主旨の法令が出されていた可能性が高いので、この法令で生類憐みの始まりとみなすには無理がある。

次の貞享四（一六八七）年令も、始まりとみなされている有力な法令である。

史 惣《そう》じて人宿《ひとやど》又《また》は牛馬《ぎゅうば》宿《やど》・其外《そのほか》にも生類《しょうるい》煩《わずら》い重《おも》く候《そうら》えば、未《いま》だ死《し》なざる内《うち》に、捨《す》て候様《よう》粗《あら》相《あい》聞《き》こえ候、右《みぎ》の不届《ふとどき》の族《やから》これ有《あ》らば、急度《きっと》仰《おお》せ付《つ》けられるべく候。

〈『御当家令条《ごとうけれいじょう》』*No.*四七九〉

人や牛馬を宿泊させる場所などに、まだ死んでいないのに重病のものを捨てる、けしからぬ者がいる。厳しく言い付けるように。

貞享四年令からわかることは、重病の人間も遺棄することが社会的な問題となっていたことである。動物だけではなく人間の命まで軽視されていたといってもよい。このように生類憐みの令は、単なる犬対策ではなく、人も含めた生き物すべての生命を大切にすることを教諭するための法令であった。ただし、この法令も始まりとするのは難しい。というのは、近世前期の私撰の幕府法令集といわれる『武家厳制録《ぶけげんせいろく》』には、なんと天和《てんな》二（一六八二）年を年代として収録されているからである。したがって、この法令は、いつ出されたのかがはっきりしていないという問題点がある。

その天和二年には、次に示した法令が高札《こうさつ》にして全国に公布されている。事例にするのは宇都宮藩のものである。

史 一《ひとつ》、忠孝《ちゅうこう》を励《はげ》まし、夫婦《ふうふ》・兄弟《きょうだい》・諸親類《しょしんるい》にむつまじく、召《め》し仕《つかまつ》るもの（者）に至《いた》る迄《まで》、憐《れん》

御当家令条　近世中期の私撰の幕府法令集。正徳《しょうとく》元（一七一一）年完成。

愍《びん》をくわう（加）べし、若《も》し不忠不孝《ふちゅうふこう》のもの（者）あらば、重罪《じゅうざい》たるべき事《こと》。

〈『宇都宮市史　近世史料編Ⅰ』〉

忠孝に励み、夫婦・兄弟・親戚が仲良く、召使いまで憐みなさい。もし、忠孝にそむく者がいたならば重罪にする。

天和二年高札は全六条で、その第一条に、忠孝を奨励しつつ、夫婦を始め召使いに至るまで「憐愍」することが教諭されている。この高札にも、生類憐みの趣旨を読みとることができる。理由は、大きな点で二つある。第一は、「憐愍」＝生類憐みという言葉が用いられていること、第二は生命を大切にすべきことを人心教化していること、である。しかも、この高札は全国で示され、しかも繰り返して教諭され続けたこともわかっている。ということは、この天和二年高札をもって、生類憐みの令が始まったと考えられる。

●犬対策から何がわかるのか

では肝心の犬対策はどう考えればよいのか。広大な犬小屋が建てられたことは確かだし、その費用を負担することになった村では、百姓の暮らしを苦しめた。しかし、当時の江戸は、野犬が横行し、その犬をめぐって殺伐《さつばつ》とした風潮であったといわれている。たとえば、食犬の風習があったので、犬を殺して食べる者がいた。捨て子も多かった。だからこそ、生類憐みの令でも、捨て子が禁じられているのだ。道端で捨てられた赤子《あかご》がどうなるのかといえば、運よく助けられればよいのだが、最悪の場合には野犬に襲われてしまうこともあった。つまり、野犬をどうするのかが、社会的な課題となっていたのである。

そして、次の史料にみられるように綱吉自身も、犬対策を通して人心教化を図っていた。

この法令は、犬対策が勘違いされているという理由から、貞享四年に申し渡されている。

史 面々《めんめん》飼《か》い置《お》き候《そうろう》犬《いぬ》、毛色《けいろ》など帳《ちょう》にしるし《(記)》置《お》き、見《み》え申《もう》さず候えば、何方《いずかた》よりなりと犬をつれ《(連)》参《まい》り、数《かず》を合《あ》わせ候ように風聞《ふうぶん》これ有《あ》り候、畢竟《ひっきょう》人《ひと》の生類《しょうるい》あわれみ《(憐)》候様《よう》にと思召《おぼしめ》され、段々《だんだん》仰《おお》せ出《いだ》される処《ところ》に、実《じつ》これ無《な》き仕方共《しかたとも》に、向後《こうご》は養《やしな》い置き候犬など見え申さず候わば、随分相尋《ずいぶんあいたずね》しれ《(知)》候様仕《つかまつ》るべく候。

〈『*江戸幕府日記』貞享四年二月二一日条〉

それぞれが飼っている犬は、毛色などを帳面に記録させている。ところが、犬が見当たらない場合には、どこからか犬を連れてきて、ただ数合わせだけしているように聞こえている。なぜ、このようなことを次々にしているのかといえば、人間が生類を憐むためである。成果もないので、これからは飼い犬がいなくなれば探し出しなさい。

近ごろ、犬対策が勘違いされていることから、あらためて幕府は、飼い犬を始めとして犬を大切に養育することを命じた。ところで犬対策をめぐっての、肝心なそのねらいとは何なのか。犬ではなく「人の生類あわれみ《(憐)》」を教諭することに目的があった。したがって、犬対策も、実は生類憐みをとおして人心教化を図っていたのだ。

すなわち、生類憐みの令は、単なる犬対策のみではなく、人を含めた生き物すべての生命を大切にすべきこと、これを人びとに教諭するために出されたのである。もちろん、目的はともかく、その方法に行き過ぎたところがあったことは間違いない。だからこそ、綱吉が死去すると、彼がおこなった政策は次々に廃止されていった。ところが、幕府の法令

江戸幕府日記 江戸幕府の公用日記。国立公文書館所蔵。

集『＊御触書寛保集成《おふれがきかんぽうしゅうせい》』によれば、正徳元（一七一一）年に、「親子・兄弟・夫婦を始め、諸親類にしたしく（親）、下人《げにん》等に至る迄、これをあはれむ（憐）べし」という高札が全国に掲げられている。ということは、生命を大切にするという、綱吉政権が目指したもっとも重要なねらいは、その後の政権でも継承されることになった。

（武井　弘一）

御触書寛保集成　↓205頁参照。

【引用史料刊本】

『徳川実紀』―『新訂増補国史大系　徳川実紀』第五篇（吉川弘文館、一九七六年）
『御当家令条』―『近世法制史料叢書』二（創文社、一九五九年）
『宇都宮市史　近世史料編Ⅰ』―（宇都宮市、一九八〇年）

【参考資料】

武井弘一「生類憐み政策の始期をめぐって」（『歴史評論』六五五号、二〇〇四年）
武井弘一「生類憐み政策の本質」（『地方史研究』三三五号、二〇〇八年）
塚本学『生類をめぐる政治』（平凡社、一九八三年）
松尾美恵子「生類憐みの令」（所理喜夫編『古文書の語る日本史』六、筑摩書房、一九八九年）

27 藩政の確立と名君・暗君像

●十七世紀に登場した名君と暗君

国内外の平和が達成された四代将軍徳川家綱《いえつな》のころの幕府政治は、これまでの強圧的な武断《ぶだん》政治をあらため、学問や法令・制度に則《のっと》った文治《ぶんち》政治へと、その政治手法を転換した時期であった。一方、諸藩では、藩主が権力の強化をはかり、安定した藩政を目指した、いわゆる藩政の確立期にあたる、と日本史の授業で教わった記憶があるのではないだろうか。そして、その代表的な藩主として、教科書では、会津藩の保科正之《ほしなまさゆき》や水戸黄門でおなじみの水戸藩の徳川光圀《みつくに》、金沢藩の前田綱紀《つなのり》、岡山藩の池田光政《みつまさ》が取り上げられており、彼らを、儒学を信奉し藩政の確立に努めた「名君」と紹介しているものもある。

同じころ、陸奥《むつ》国十万石の盛岡藩の藩主であった南部重直《なんぶしげなお》（外様《とざま》大名、一六〇六〜一六四）は、彼ら「名君」とは反対に、「暴君」・「暗君」として語り伝えられており、現在でもその評価が根強く残る。これまでの研究では、重直の藩政を描く際、十八世紀に盛岡藩士がまとめた「祐清私記《ゆうせいしき》」（『南部叢書《なんぶそうしょ》』*）が多く利用されてきた。そこでは重直が、次のように酷評されている。

史 殊《こと》に御生《ごせい(性)》質《しつ》御《ご》短慮《たんりょ》にて、無法《むほう》・非儀《ひぎ》の御方《おかた》にて御座候《ござそうろう》、御諌《おいさめ》も中々《なかなか》承引《しょういん》し玉《たま》はず、御譜代諸士《ごふだいしょし》朝暮《あさくれ》気《き》を屈《くつ》し候由《よし》、殊に御譜代の者共《ものども》をば気が片事《かたこと》にて容体《ようだい》無骨者《ぶこつもの》共とて身帯身上《しんだいしんじょう》に及《およ》ぶ者多《おお》ければ、皆口《みなくち》を閉《と》じて一言申《ひとこともう》し上《あ》げ候者なし。

南部叢書　盛岡藩とその領内に関する七〇余点の史料を集めた叢書。一一冊。

とくに性格は短気、乱暴で道理にそむくことをする御方である。家臣の意見をなかなか承知せず、古くから南部家に仕える譜代家臣は一日中ふさぎ込んでいる。とくに譜代家臣を融通が利かない頑固者で、礼儀・作法を知らない無風流者として、処罰されるにいたる者も多いので、皆口を閉じて言葉を発する者もいない。

●本当に暴君だったのか

ではなぜ、重直はこのように「暴君」・「暗君」として語られているのだろうか。彼は、藩政の確立とは無縁な藩主だったのだろうか。

江戸で生まれ育ち、乱世を知らない重直は、まさに典型的な近世大名であった。彼については、熊本藩主の細川忠利《ただとし》が、「此《こ》の人《ひと》ハ兼々《かねがね》見申《みもう》し候処《そうろうところ》も珍《めずら》しく候」(『細川家史料』)と手紙に記していることからすると、周囲の大名たちの目には、「珍し」＝風変わりな個性の強い人物と映っていたようである。また、寛永十三《かんえい》(一六三六)年には、参勤交代で江戸に到着する日に遅れて蟄居《ちっきょ》を命じられ、さらに「其後色々不行儀之儀《そのごいろいろふぎょうぎのぎ》」(「旧記雑録」)が三代将軍徳川家光《いえみつ》の耳に入って改易《かいえき》*が噂されるなど、危うい行動もあった。遅れた原因の一説は、道中で側室《そくしつ》と揉《も》めたからだという。確かに手を焼く藩主だったようだ。

この重直が批判される要因のひとつに、譜代家臣を疎《うと》んじ、新参家臣を大勢召し抱えて重用《ちょうよう》したことが挙げられている。史料のなかには、譜代家臣の整理を断行する際に重直が、家臣の名前が列記された帳簿に目を閉じて墨を引き、暇《いとま》を出す者を決め、没収した禄《ろく》で新参家臣を召し抱えた、と伝えるものもある。また、「内史略《ないしりゃく》」(『岩手史叢《いわてしそう》』)は、譜代

改易 武士に対する刑のひとつ。領地・家禄を没収し、家名を断絶させること。蟄居より重い。

家臣を「武《ぶ》を表《おもて》として文《ぶん》を裏《うら》」とすると好意的に評価した上で、次のように記す。

史 公思《こうおも》ひらく、吾辺邑《われへんぴ》の諸士《しょし》いまだ太平《たいへい》の風《ふう》を知《し》らず、是《これ》を以《もっ》て遊芸《ゆうげい》・巧言《こうげん》・令色《れいしょく》の士数十人《すうじゅうにん》を招《まね》きて陪従士《ばいじゅうし》として交会《きょうかい》の席《せき》に陪《したがわ》せしめて、奢侈《しゃし》を飾《かざ》り、旧臣《きゅうしん》を疎《うと》み、老臣《ろうしん》にも列《れつ》せしむ。

重直が思うには、江戸から遠く離れた盛岡の武士たち（＝譜代家臣）は、泰平の世の風俗を知らない。そこで重直は、遊びの芸事に長《た》け、言葉巧みで、他人の顔色をうかがうような武士を多く召し抱えて、側近くに仕えさせ、贅沢をし、譜代家臣を疎んじ、新参家臣を家老にも登用した。

確かに重直は、二百名を越える新参家臣を召し抱えている。彼らの多くは、全国各地に出自をもち、江戸に集住して新たな仕官先を求めていた牢人《ろうにん》やその子弟らであった。

では、新参家臣は単に「遊芸・巧言・令色の士」だったのか、というと、実態はそうではない。重直は、江戸に集住する牢人のなかから有能な人材を積極的に召し抱え、家老や盛岡町奉行、江戸で幕府や諸藩との折衝にあたる江戸留守居役《るすいやく》、財政を預かる勘定頭《かんじょうがしら》、藩主の目となり諸事を監察する横目《よこめ》（＝目付）など、藩の主要な役職に彼らを就任させて、藩政に参画させており、また、郡《こおり》奉行や代官に任命して、地方行政にもあたらせている。相応の能力がなければ、こうした要職を勤めることは困難だろう。*右筆《ゆうひつ》として召し抱えられた新参家臣も多いが、それは、藩政の確立にともない諸機構が次第に整備され、文書による職務の遂行がより一層浸透していくなかで、文書作成能力に長けた人材が求められたことによるものだろう。

右筆　文書・記録を作成する役職。書札礼《しょさつれい》などの知識が必要とされた。

新参家臣は、なにも政治能力だけが求められたわけではない。砲術や馬術といった武芸や、右筆のように筆道に優れた牢人も召し抱えられている。重直は病気がちであったことから医師も多く召し抱えられているが、当時の医者は医術だけでなく幅広い教養を身につけていた。彼らは、知識や技能を盛岡に伝え、さらに弟子を育ててそれを継承させていった。盛岡への新たな知識や技能（文化）の流入と定着に彼らが果した役割も見逃せない。

戦乱の世から泰平の世へと移り変わり、幕藩体制が確立していくなかにあって、重直は、譜代家臣ではなく、新たな支配秩序のなかで即戦力となりうる能力をもった人材（＝新参家臣）を召し抱えて登用し、藩主権力の強化をはかり、藩政機構の整備に努めた。中世においては藩主家である南部家より勢力を誇ることがあった譜代一門の八戸氏《はちのへ》（遠野《とおの》南部氏、一万二千石）を、家老として本格的に藩政に参画させたのも重直であった。藩政の確立に邁進《まいしん》した藩主の一人、という重直の側面がみえてこよう。

次に、重直が批判される要因として、相続人を決めずに死去したことも指摘されているので、今度はこの点について探ってみよう。

重直は、男子二人を失い、養子を迎えたがこれもすぐに失った。弟に重信《しげのぶ》と直房《なおふさ》がいたが、兄弟仲が悪かったため、将軍家綱に養子（＝相続人）のことを願い出ている。「祐清私記」によると、

史 将軍家綱公《しょうぐんいえつなこう》へ養子《ようし》の事願《ことねがわ》せけるは、仰《おお》せ下《くだ》されけるは、養子願い事無用《むよう》たり、遺跡《ゆいせき》の事は悪《あ》しくは御斗《おはか(計)》らひ有間《あるま》じく、只病気《ただびょうき》の保養致《ほよういた》すべしと有《あ》りしかば、其後《そのご》は養君《ようくん》の沙汰《さた》もなかりけり。

将軍家綱公へ養子の事を願い出ると、将軍の意向として伝えられたことには、養子の願いは無用である、相続の事は悪くはしないから、療養に専念せよ、とあるだけで、その後は養子の沙汰もなかった。

とあり、願い出は「無用」とされ、幕府からは沙汰がないままだったという。これを従来は、幕府による積極的介入とその政略的意図を前提とした大名改易像と、重直の「暴君」・「暗君」像が先行していたこともあり、失政続きの重直を心よく思わない幕府が、大藩の細分化を狙って重直の相続人の願い出を認めず、また、重直自身も自暴自棄となり、あとは改易覚悟で相続人を決めずに亡くなった、と説明されてきた。

しかし、幕府の日記である「*柳営日次記《りゅうえいひなみき》」（『寛文年録』）の記事には、

史 南部《なんぶ》山城守《やましろのかみ》内養子《うちようし》の事《こと》、上意《じょうい》を以《もっ》てこれを仕《つかまつ》りたき由《よし》申《もう》し上《あ》げ候《そうろう》に付《つい》て、上聞《じょうぶん》に達《たっ》し、尤《もっと》もにこれを思《おぼ》し召《め》す間《あいだ》、追《おっ》て養子《ようし》仰《おお》せ付《つ》けらるべき旨《むね》、……上意《じょうい》の趣《おもむき》を以てこれを仰せ遣《つか》わさる

南部重直の養子の事。重直が将軍家綱の意向に委ねて養子を迎えたいと申し上げていることについて、将軍のお耳に入り、もっともなことだと思っていらっしゃるので、追って養子を決定する旨、……将軍の意向を伝えに使者を遣わした。

とあり、重直は相続人の選定を将軍家綱の意向に委ねており、家綱からもその願い出を「尤も」なことととして認められていたことがわかる。幕府が大藩の細分化を狙って願い出を拒否していたわけでも、まして、重直が自暴自棄となり改易覚悟で相続人を決めずに亡くなっ

柳営日次記　江戸幕府日記のうちのひとつで、内閣文庫所蔵。幕府の正史『徳川実紀』編纂の基となった。明暦二（一六五六）年～安政六（一八五九）年までの記録。七七一冊。

たわけでもなかったのである。

●暴君として描いたのは誰か

ではなぜ、重直はもっぱら「暴君」・「暗君」として語り伝えられ、諸書に描かれてきたのだろうか。それには、寛文四（一六六四）年の重直の死を機に、これまで鬱憤《うっぷん》を募《つの》らせてきた譜代家臣の巻き返しが大きく影響している。

重直は、幕府が相続人を選定する以前に病気で亡くなってしまった。そこで、譜代家臣は重直の弟の重信を擁立して一派を形成し、新参家臣も別の一派を形成して、両者は激しく対立したと諸書は伝える。しかし、この騒動を伝える記事の内容をみると、新参家臣の擁立《ようりつ》した人物が記事によって異なるなどする一方で、譜代家臣が重信擁立に貢献した点では共通しており、その点が特に強調されている。そこには、新参家臣に比して、譜代家臣の盛岡藩士としての正当性と優位性を示す作意《さくい》が透けてみえてくる。

結局、幕府は弟の重信に八万石、同じく直房に二万石（八戸藩）を与えて、重信が盛岡藩主となった。騒動後の盛岡藩の様子を伝える「祐清私記」の記事は、

史 在所《ざいしょ》の人々《ひとびと》に、上方衆《かみがたしゅう》、或《あるい》は他方《たほう》へ一味《いちみ》したる人には、君《きみ》(重信)より御咎《おとが》めもなかりけれ共《ども》、手前《てまえ》より身《み》を引肩《ひきかた》をすくめ、去共鼻《されどもはな》をまげて出仕《しゅっし》せり、……去共重信公《しげのぶこう》は名《めい》将《しょう》にて御座《おわ》しければ、何《なん》の御隔《おへだ》てもなく上下《じょうげ》其悪臣《そのあくしん》を改《あらた》め玉《たま》わず御仕置遊《おしおきあそ》ばされけるこそ有《あ》り難《がた》けれ、去年《さんぬるとし》工藤権太夫所《くどうごんだゆうところ》にて一味《いちみ》の者共連判《ものどもれんぱん》を御取寄《おとりよ》せ御覧成《ごらんな》られけるに、多《おお》くは譜代《ふだい》の臣《しん》なり、其時仰《そのときおお》せられけるは、如何《いか》にも譜代は頼母《たのも》しき所これ有《あ》る由《よし》にて、先々《さきざき》より扶持《ふち》召《め》し上《あ》げられ候人々、此時《このとき》小《こ》扶持つゝ下さる。

盛岡の者で、新参家臣の一派、或いは他の一派へ組した者に対し、重信よりお咎めもなかったので、彼らは身を潜めながらも、何食わぬ顔で出仕している。……しかしながら、重信公は名将でいらっしゃるので、どの派に組していようが隔てなく、悪臣を改めずに政治をおこなわれることがありがたいことだ。去年（＝寛文四年）、工藤権太夫のところで重信擁立で結束した者が連判状を認めたものを取り寄せ、重信が御覧になったが、その多くは譜代家臣であった。その時重信は、やはり譜代家臣は頼もしいということで、先代の重直のころに扶持を召し上げられた者たちに、扶持を少しずつ与えた。

と記す。譜代家臣と新参家臣の融和につとめた重信は「名将」・「名君」として、また、譜代家臣は「頼母し」い「忠臣」として描かれた。それとは対照的に、新参家臣を登用するなど、彼なりの手法で藩政の確立につとめた重直は「暴君」・「暗君」として、また、新参家臣は「遊芸・巧言・令色の士」・「悪臣」として描かれていくことになった。

重直の死後、盛岡藩を去った新参家臣は、新参一派の中心人物とされ、重直から破格の七百石を宛《あて》がわれていた赤尾又兵衛とその弟だけであった。それを「祐清私記」は、重信による譜代家臣と新参家臣の融和策の成果と評価する。一方で、新参家臣が盛岡藩にとってすでに必要不可欠な存在となっていたこともまた事実であり、彼らとその子孫が、譜代家臣とともに、その後も盛岡藩の中核を担っていった。

「祐清私記」は譜代家臣の側に立った記述であり、史料は、書き手によってそこに描かれる対象への評価も異なる。藩政の確立をめぐり家臣団で対立が生じていればなおさらで、史料を利用する際の我々の姿勢も問われてくる。重直を「名君」とはいわないが、多くの史料から複眼的に、重直と彼の藩政の確立に果した役割を再評価する必要があるだろう。

（兼平　賢治）

【引用史料刊本】

「祐清私記」―『南部叢書』（歴史図書社）

「細川家史料」―『大日本近世史料　細川家史料』（東京大学出版会）

「旧記雑録」―『鹿児島県史料　旧記雑録後編』（鹿児島県）

「内史略」―『岩手史叢』（岩手県立図書館・岩手県文化財愛護協会）

「柳営日次記」―『寛文年録』（野上出版）

【参考文献】

兼平賢治「南部騒動　新史料から暴君重直像を読み直す」（福田千鶴編『新選　御家騒動』上、新人物往来社、二〇〇七年）

兼平賢治「近世前期における牢人（新参家臣）の一生と武家社会の転換（上）（下）―盛岡藩主南部重直による牢人の召抱えを事例に―」（『岩手史学研究』九〇・九一号、二〇〇九・一〇年）

工藤利悦『盛岡藩　歴史史料ガイドⅡ』（盛岡市教育委員会、二〇〇三年）

細井計ほか『岩手県の歴史』（山川出版社、一九九九年）

森嘉兵衛『岩手県の歴史』（山川出版社、一九七二年）

28　天保の改革と上知令

●上知令とは何か

江戸幕府の政治史のなかで、三大改革と呼ばれるものがある。八代将軍徳川吉宗《よしむね》の享保《きょうほう》の改革、老中松平定信《さだのぶ》の寛政《かんせい》の改革、そして老中水野忠邦《ただくに》の天保《てんぽう》の改革である。三大改革最後の天保の改革は、物価を高騰させた原因とみなされた株仲間《かぶなかま》*の解散、あるいは都市江戸に流入した貧民を農村へ帰させる人返《ひとがえ》しの法のように、都市政策ばかりが注目されている。しかも、天保十四（一八四三）年に出した上知令《じょうちれい／あげちれい》が反対にあい、将軍の名において撤回して忠邦も失脚したため、わずか二年あまりで失敗におわったと評されることが多い。そのとおりかもしれないが、それでもあえて上知令をとおして忠邦の考えていた改革プランを描き出してみることにしよう。

そもそも上知令とは何なのか。江戸・大坂周辺は、幕府の直轄地である幕領《ばくりょう》のほかに、大名や将軍の家臣である旗本《はたもと》などの私領が入り組んで複雑だった。そこで、幕府はここの領地を取りあげて、領主には代わりに土地などを与えるという計画を立てていた。ところが、経済的な損失を嫌った領主などが反対し、やがて幕府内部も対立したことから撤回せざるを得なくなった。幕府が一度出した命令を撤回する、これは幕府権力の衰えを示すことになった。

このようなリスクをおかしてまで、なぜ幕府は上知令を出したのか。幕府が公表した正

株仲間　幕府や藩が認可した商工業者の独占的な組合。

式な理由は「御取り締まり」のため、これしかわかっていない。したがって、上知令が出された目的には諸説があり、おおまかにみれば次の三点にまとめることができる。

①幕府財政のたてなおしを目指して、年貢率の低い幕領と、それが高い大名・旗本領を交換するため。

②領地が入り組んでいる江戸・大坂周辺を直轄することで、幕府権力を強化するため。

③対外的危機に対応すべく、江戸・大坂周辺の警備を強化するため。

では、この三つのなかで、どれが目的としてふさわしいのか。次の史料をみてみよう。

史 御料所《ごりょうしょ》の内《うち》、薄地《はくち》多《おお》く……当時《とうじ》、御料所より私領《しりょう》の方《ほう》、高免《たかめん》の土地《とち》多くこれ有《あ》り候《そうろう》は、不都合《ふつごう》の儀《ぎ》と存《ぞん》じ奉《たてまつ》り候、……此度《このたび》江戸《えど》・大坂最寄《おおさかもよ》り御取《おと》り締《し》まりのため上知《あげち》仰《おお》せ付《つ》けられ候、右領分《みぎりょうぶん》、其《そ》の余《あま》り飛《と》び地《ち》の領分にも高免の場所《ばしょ》もこれ有り、御沙汰次第差《おさたしだいさ》し上《あ》げ、代知《かえち》の儀、如何様《いかよう》にも苦《くる》しからず候得共《そうらえども》、三つ五分より宜敷《よろしき》場所にては、折角《せっかく》上知相願《あいねがい》候詮《せん》もこれ無《な》く候間《あいだ》、御定《おさだ》めの通《とお》り三つ五分に過《す》ぎざる土地下《くだ》され候得ば、有り難《がた》く安心仕《あんしんつかまつ》るべく候。

〈『徳川禁令考《とくがわきんれいこう》』No.二二三四〉

幕領には、やせた土地が多い……今、幕領より大名・旗本領の方が、年貢率が高いのは不都合である……このたび、江戸・大坂周辺の取り締まりのために、幕府へ土地を返すことを命じる。右の領地だけでなく、飛び地にも年貢率の高い場所があるので、命令次第で返すように。代替地については、どのような場所でもかまわないが、年貢率が三割五分以上の場所では、せっかく返した意味がないので、それ以下の土地を与える。

幕領は「薄地多《はくちおお》」いという理由で、それが高い大名・旗本領と交換することを命じていることから、さきに示した説のなかでは、①の目的で出されていることが理解できる。

ところが、江戸・大坂周辺だけではなく、新潟でも上知はおこなわれていた。日本海沿岸では密貿易がさかんで、それを取り締まり、かつ海岸を警備するためにおこなわれたのである。ということは、新潟でみれば③の目的で出されたことになるが、日本海の密貿易問題が、どれだけ江戸・大坂に影響をあたえるのか。どう考えても関連性を見出すことは難しい。上知令は江戸・大坂・新潟をひとくくりにしてみるのではなく、それぞれの地域事情に応じて出されたと考えてみてはどうか。そこで江戸周辺に絞ってみよう。

●江戸周辺の地域的特質

江戸周辺で上知の対象となったのは、江戸十里四方である。江戸十里四方とは、江戸から半径五里（約二〇キロメートル）の範囲内を指す。ここは政治的・軍事的にみて、幕府の防衛線のようなものであった。たとえば、ここに住む浪人《ろうにん》はすべて検査を受け、これより外に犯罪者が追放されていた。しかも、鉄砲の使用まで全面的に禁じられていたことから、幕府によって治安の最重要地域と認識されていたのである。

ところで、なぜ鉄砲があったのか。武士が使っていたのではない。実はイノシシやシカなどの獣から田畠を守るために、百姓が鉄砲を持つことが許されていたのだ。つまり、発砲することによって、獣害を防いでいたのである。しかし、この鉄砲が思わぬ社会問題となってしまう。商品経済が発達し、村には貧富の差が広がった。没落した百姓の息子は農業を継げず、村を出ていくしかない。居場所のない無宿《むしゅく》として、次から次に宿を移り、博《ばく》打《ち》をおこない騒ぎをおこす。このようなアウトローが、勝手に鉄砲を持ち出し徘徊《はいかい》していたのだ。

つまり、アウトローが持つ鉄砲をどうするのか、これが幕政にとって大きな問題となっていた。そのため天保の改革が始まる直前の天保九～十一（一八三八～四〇）年に、幕府は村に出まわっている不要の鉄砲を没収した。隠し鉄砲を摘発したのである。そうすることによって、アウトローが鉄砲を手にすることができないようにしたのだ。

引き続いて天保の改革をおこなった忠邦も、村に広まっていた鉄砲の規制に乗り出していく。天保十四年三月、鉄砲を管理する＊大目付《おおめつけ》へ、次のことを命じているからである。

史 関八州《かんはっしゅう》の内《うち》、御制禁《ごせいきん》の隠《かく》し鉄炮所持致《てっぽうしょじいた》し候《そうろう》もの《（者）》、又《また》は打《う》ち候もの共《（者）ども》の儀《ぎ》に付《つき》ては、前々相触《まえまえあいふ》れ置《お》き候趣《おもむき》もこれ有《あ》り候処《ところ》、右《みぎ》鉄炮に相用《あいもち》い候合薬等《ごうやくなど》、在方《ざいかた》において猥《みだ》りに売買致《ばいばいいた》し候より、自前《しぜん（然）》隠し鉄炮取《と》り扱《あつか》い候もの《（者）》共、今《いま》を以《も》って相止《や》まず趣相聞こえ候に付、以来《いらい》合薬ならびに塩硝《えん（焔）しょう》の類《たぐい》、武家要用《ぶけようよう》の品《しな》は勿論《もちろん》、製薬《せいやく》等に商《あきな》い候は格別《かくべつ》、百姓《ひゃくしょう》共へ売《う》り渡《わた》し候節《せつ》は、猟師稼《りょうしかせ》ぎ其外実用《そのほかじつよう》の次第《しだい》得と承け糺《ただ》し、在《ざい》町《まち》共其所《そのところの》役人《やくにん》共より書付《かきつけ》これを取り売り渡す。
〈『幕末御触書集成《ばくまつおふれがきしゅうせい》』No.四六九八〉

関東で禁じられている隠し鉄砲を所持している者、または発砲する者については、以前から言い渡しているように、鉄砲に使用する合薬が村で売買されているから、いまだに使用がやまないように聞こえる。今後は、合薬・焔硝などは、武士に必要な場合、あるいは製薬のために商売する場合をのぞいては、百姓へ売却するにあたって、猟師稼ぎなど用途をしっかり聞き、町では役人が記録を

大目付 幕府の職制のひとつ。大名や旗本などの監察をおもな職務としたが、鉄砲改や宗門改などの職務もおこなった。

とって売るように。

関東では、あいかわらず不法に鉄砲を所持し、あるいは発砲する者がいた。その原因は、鉄砲の消耗品である焔硝などの火薬が売買されているからだ。そこで忠邦は、見知らぬ者に火薬を売らないことで、鉄砲が使えないようにしたわけである。

ここで、関東がどのような場所なのかをおさらいしてみよう。まず江戸十里四方は治安の最重要地域で発砲ができなかったことは先述した。つまり、村で鉄砲使用が許されていた場所は、江戸十里四方の外側であったということになる。ここでアウトローが鉄砲を持って徘徊して社会問題となったことから、幕府は天保九〜十一年に不用の鉄砲を没収して治安維持を強化していた。

次に天保の改革で、江戸十里四方の内側で何がおこなわれたのかといえば、それが上知令の発令であった。幕府が隠し鉄砲を摘発した後に上知令を出したということは、江戸十里四方の外側と内側、ひいては関東全体の治安維持を強化したことを意味する。これこそが、上知令を出した忠邦の改革プランだったわけである。したがって、上知令が発令された目的は、まさに「御取り締まり」のためであり、諸説のなかで近いものをあげれば②になる。

もちろん、これは江戸周辺のみのことだから、大坂周辺あるいは新潟で同じことはいえないかもしれない。しかも、上知令そのものは失敗に終わっている。ポイントは何か。これまで天保の改革の農村政策は、あまり評価されてこなかったということだ。しかし、上述した内容から、幕府が関東全域の支配を強化しようとしていたことは明らかなので、今後はもっと天保の改革の農村政策に注目していくべきである。

（武井　弘一）

【引用史料刊本】

『徳川禁令考』（『徳川禁令考』前集第四、創文社、一九五九年）
『幕末御触書集成』（『幕末御触書集成』第五巻、岩波書店、一九九四年）

【参考資料】

武井弘一「天保期隠し鉄砲の摘発とその歴史的意義」（『日本歴史』六四九号、二〇〇二年）
武井弘一「関八州鉄砲改めと天保改革」（竹内誠編『徳川幕府と巨大都市江戸』、東京堂出版、二〇〇三年）
塚本学『生類をめぐる政治』（平凡社、一九八三年）
藤田覚『天保の改革』（吉川弘文館、一九八九年）

29 ペリー来航予告情報と開国

●オランダはペリーよりも前に条約を結ぼうとしていた

「太平のねむりをさますしやうきせん（蒸気船と上喜撰*をかけている）」（青方簡斎《あおかたかんさい》「浦賀実録」長崎歴史文化博物館所蔵）と、ペリー*の来航は突然の出来事のようにいわれている。確かに一般庶民には突然の出来事だったが、幕府上層部と有力外様大名などは事前に情報を得て知っていた。すなわち、ペリー来航予告情報は、来航のちょうど一年前の嘉永《かえい》五（一八五二）年六月に長崎出島に着任した新任のオランダ商館長からリークされていたのである。商館長が最初に提出した情報は、「別段風説書」（長崎に入港するオランダ船が幕府に提出していた世界情報が記載された文書、オランダ語原文をオランダ通詞が翻訳した）のなかに仕込んであった。来航予告は、多くの海外情報のなかの最後のほうに、以下のような文面で記されていた。なおかつ、商館長は、その冒頭部分には目立つように鉛筆で丸印を付けていた。

史 北亜墨利加《きたあめりか》供和政治《きょうわせいじ》ノ政府《せいふ》、日本国《にほんこく》ニ使節《しせつ》ヲ送《おく》リ、日本国《にほんこく》ト通商遂《つうしょうとげ》たき由《よし》ニこれあり候《そうろう》、右一件左《みぎいっけんさ》ノ通《とお》りにこれあり候。

右使節ハ共和政治ノフレシデント〈共和政治司《し》〉ヨリ日本ケイスル〈帝《みかど》ノ義《ぎ》〉ニ、書簡《しょかん》並《ならびに》日本ノ漂流民送越《ひょうりゅうみんおくりこし》候由ニこれあり候。

右使節ハ日本湊《みなと》ノ内《うち》二《に》三所《さんかしょ》北《きた》亜墨利加人交易《じんこうえき》ノ為《ため》、開《ひら》きたく、且《かつ》日本湊ノ内、都《つ》

上喜撰　緑茶（宇治茶）の銘柄で、喜撰とは、宇治に隠遁したと伝えられる六歌仙のひとり、喜撰法師に由来する。喜撰の上物という意味。

ペリー（一七九四～一八五八）アメリカ東インド艦隊司令長官。嘉永六（一八五三）年に、太平洋航路の開設などを目的としてフィルモア大統領の親書を携え、艦隊を率いて来日。その航海や日米交渉の様子を『日本遠征記』として残している。

合宜《ごうよろ》しき所ニ石炭《せきたん》ヲ貯《たくわ》え置《お》き、カリフヲルニー〈地名〉ト唐国《からくに》ト蒸気船《じょうきせん》ノ通路《つうろ》ニ用《もち》いたく、願《ねが》い立《た》て候由これあり候。

アメリカ合衆国政府が日本国に使節を送って、日本と通商をおこないたいという情報がある。この件に関しては以下の通り。

すなわち、右使節は合衆国大統領から日本皇帝に書簡ならびに漂流民を届けるというものである。

また右使節は日本国内の港のうち二、三ヵ所をアメリカ合衆国との交易のために開かせたいと考えており、かつ日本国内の港の内に都合のいい場所に石炭を貯え置き、カリフォルニアと中国とを結ぶ蒸気船航路の拠点として利用したいという情報もある。

実際に来航したペリー艦隊から日本人漂流民の送還はなかったが、そのほかは比較的正確に予告情報を伝えている。さらにこの後には蒸気船サスケハナ号やサラトガ号など浦賀に来航したアメリカ海軍の艦船名や、使節は直接江戸に向かう命令を受けているらしいこと、司令官がオーリックからペリーに交代したこと、「上陸囲軍《じょうりくかこいぐん》」（陸戦隊、すなわちアメリカ海軍では海兵隊*を指す）を用意していること、来年三月前の出帆は難しいことなど、かなり詳細な情報が書かれていたのである。

新任の商館長の名前は、ヤン・ヘンドリック・ドンケル＝クルチウス。彼はオランダ本国政府からある密命を受けて長崎に赴任したのであった。それは、「アメリカが日本と通商条約を結ぶ前に、わが国（オランダ）が日本と通商条約を結ぶように日本に働きかけよ」

海兵隊　主として海軍の作戦にあたり、艦上や地上戦闘のために訓練された歩兵隊のこと。古代ローマの艦隊にみられ、近代になってイギリス、オランダなどに創設された。アメリカでは一七七五年に創設された。

というものだった。そのプランは、アメリカにおける対日通商要求の高揚を憂慮した、フィリップ・フォン・シーボルト（国禁を犯したとして、文政《ぶんせい》十二（一八二九）年に日本を追放されたオランダ商館付のドイツ人医師）が建議したものでもあった。オランダ政府としては、表向きはペリーに協力するように振舞っていたが、実際には日本におけるオランダの権益を確保することが至上命題だったのだ。そのために、バタビア（インドネシアにおけるオランダの根拠地、現ジャカルタ）高等法院裁判官であったドンケル＝クルチウスをあえて派遣したのである。

　彼は、その目的を果たすため日蘭双方で構成する条約委員会をつくって成案をなし、締結を目論んだ。そのために情報をリークすることからはじめたのである。それが冒頭の「別段風説書」なのである。そして、彼は日本人通詞*に「さらに重大な情報を提供する用意がある」とほのめかした。当時の長崎奉行牧義制《まきよしさだ》は、自分では判断できないとして老中阿部正弘《まさひろ》まで伺いを出した。海防掛《かいぼうがかり》（幕府の対外方針に関して意見を具申する老中の諮問機関、目付《めつけ》や勘定《かんじょう》奉行《ぶぎょう》などで構成）にまで諮問した後で、阿部は長崎に返答する。それは「風説書と同様の取り扱いであれば提供させてもかまわない」とのことであった。すなわち、弘《こう》化《か》二（一八四五）年にオランダ国王の開国勧告*に対して二度と書簡を送ってこないでほしいと断わったために、返事を要する書簡とは扱わないでおくということなのだ。

　さて、嘉永五年八月、ドンケル＝クルチウスは、「別段風説書」に続き、バタビアのオランダ総督《そうとく》公文書を提出した。そこには、ペリー来航の詳しい背景が説明され、オランダは日本と交易に関する「方便《ほうべん》」を用意していると書かれていた。そこで幕府は、翌九月「方

通詞　当時長崎にはオランダ通詞と唐通事が置かれていた。オランダ通詞は出島に会所を設け勤務した。オランダ人と長崎奉行所などの役人との間を通訳したり、対オランダ貿易で重要な役割を果たした。

オランダ国王の開国勧告　弘化元年、オランダ国王ウィレム二世が将軍宛に開国のやむを得ない情勢を伝えた親書を将軍宛に送ってきた一件。翌年幕府は老中奉書の形で拒絶した。

便」たる日蘭通商条約草案も入手した。それは一〇条からなり、①交易の港は長崎に限定、②長崎に外交官を常駐させる、③居留地造成は日本側がおこなうこと、④交易は江戸・京・大坂・堺・長崎の五ヵ所商人に限定、⑤交易法と番所《ばんしょ》の設置、⑥交易の決済法、⑦物品税の規定をたてるべきこと、⑧交易上の訴訟の取り扱い役所、⑨領事裁判権の承認、⑩石炭貯蔵所の設置が書かれていた。オランダ側はこの草案をアメリカ合衆国の使節との交渉にも利用すれば日本は安全だと申し添えたのである。

●老中阿部正弘の対応

幕府は、ここにすべての予告情報を入手した。阿部正弘は、再び海防掛に諮問したが、当時における幕府の英知を集めた海防掛も、情報の真偽が判断できず、長崎でオランダ人と接触した長崎奉行に判断をゆだねた（十月）。長崎から帰府した奉行牧は「オランダ商館長は貪欲で、日米両国の間に入って漁夫の利を得ようとしている」と答申した。これにより、幕府高官は、情報にあるようなことは起こらないと判断し、もし起こっても将軍のご威光でいかようにもなると、ありもしない権威にすがりつこうとしたのである。こうして十一月、幕府の方針は決した。あえてアメリカやオランダに対応することはしない。「従来通り」なのである。なお、オランダの対日条約締結の目論見もこの時点でもろくも崩れ去ったのである。

しかし、老中阿部正弘だけは、このまま捨て置くわけにはいくまいと思っていた。

それは、どうやら薩摩藩主島津斉彬《なりあきら》が、長崎に派遣した家臣（聞役《ききやく》）から、ペリー来航予告情報を掴んでいるらしかったからであった。事実、島津は、七月ごろには①アメリカ船が江戸近海に渡来する、②目的は通商要求、③許可されなければ上陸して戦争する準備をしている、④石炭貯蔵所を設置しようとしている、⑤商売の仕方はオランダと異なる方法を要求するなどの情報を得ていたのである。まさにオランダ「別段風説書」の情報を網羅している。薩摩藩の「用頼み」(薩摩弁で「ゆたのん」)のオランダ通詞が同藩の聞役に漏らしたのである。

ところで、島津から開示要求があったのかはっきりしないが、十月には阿部は島津に口頭でペリー来航予告情報の一部を漏らした。さらに十一月には、島津とともに福岡藩主黒田斉溥《なりひろ》、佐賀藩主鍋島斉正《なべしまなりまさ》の三人に「別段風説書」のペリー来航予告情報の部分を文書で伝達した。阿部としては、島津は琉球の押さえ、黒田と鍋島は長崎防衛担当の役目を負うことから、前代未聞の情報開示をおこなったものと考えられる(さらに浦賀奉行、浦賀防衛の会津《あいづ》・彦根《ひこね》・忍《おし》・川越《かわごえ》藩にも開示された)。この情報開示は、はっきりと意見聴取を意味したものではなかったようだが、十二月、大胆にも意見書を提出したのが、黒田であった。

●黒田氏の意見書

黒田の意見書の内容は、近年全文が報告されて明らかになったものである。また、阿部は、ペリー来航後に大名・旗本、その他に外交意見書を提出させるので、その前提として来航前に黒田が意見書を出したのは実に興味深い。

意見書の前段は、「別段風説書」のペリー来航部分を引用している。引用したのは主張の正当性を補完するためと、後段で情報の正確さを述べたいがためと思われる。そして、以下のように主張する。

史 此節《このせつ》アメリカ通商相願《つうしょうあいねがい》候共《そうらえども》、御許容仰《ごきょようおお》せ付《つ》けらるべき次第《しだい》とも存《ぞん》じ奉《たてまつ》らず候、然時《しかるとき》ハ軍船引連《ぐんせんひきつ》れおり候ニ付《つき》、必《かなら》ず戦争《せんそう》にもおよぶべく、……万《まん》が一《いつ》は伊豆諸島《いずしょとう》、殊《こと》に大島等夷人手《おおしまなどいじんて》に入《い》れ、大砲《たいほう》等備《そなえ》付け候ハバ、如何様《いかよう》の御取計《おとりはからい》これあるべきや、……江戸江上方《えどへかみがた》より船路絶《ふなろた》え申《もう》すべく、江戸中《じゅう》の騒動如何《そうどういかが》これあるべきや、……右《みぎ》等《など》の事情定《じじょうさだめ》て宜《よろ》しく御評議《ごひょうぎ》もあらさせらるべく候えとも、右御内達拝承仕《ごないたつはいしょうつかまつり》候て日夜心痛限《にちやしんつうかぎ》りなし、……もっとも交易御免《こうえきごめん》仰せ付けられ候えは、……諸州《しょしゅう》より通商相願候節如何《せついかが》仰せ付けらるや、至《いたっ》て御面倒《ごめんどう》の御事《おんこと》に至《いた》るべし……然《しから》ば、如何様仰せ付けられ候共、異船《いせん》ニ対用《たいよう》いたし候軍船これなくては必勝《ひっしょう》の道《みち》、別《べつ》にこれなく、……海防巧者《かいぼうこうじゃ》の人江《ひとえ》とくと御尋《おたずね》あらさせられ候様存じ奉り候

今回アメリカが通商を願ってきても、お許しになられる状況とも思われません。その場合軍船を引連れてきていますから必ず戦争になるでしょう。……万が、一伊豆諸島、とくに大島を占領されて大砲等を備え付けられてしまったらどのようなお取計らいがあるというのでしょう。……上方から江戸への航路が遮断され、（物資が途絶えると）江戸市中に騒動が起こり、どうなることでしょうか。……これらのことは評議の話題となっているでしょうが、今回、情報を廻達していただき、事情を承ると日夜、心配で際限がなくなってしまいます。……もっとも通商許容となると……諸外国から通商要求が出てきた場合、どのように対応なさるというのでしょうか、至って面倒な状況に陥ってしまうと考

えます。……であればこそ、どのように仰せられるにしても、外国船に対して有効な軍船がなくては、必勝はおぼつかないところです。……海防施策に巧みな人物に十分諮問したらいかがかと存じます。

かなり回りくどい言い方をしているが、要するに海軍の創設を提唱しているのである。そして、さらに次には、

①「土州《としゅう》漂流人」すなわち、＊中浜万次郎《なかはままんじろう》はアメリカに居住していたこともあるので江戸に呼び寄せて異国の事情を聞いたらどうか。

②噂ではあるが、今年か来年数十隻の軍船が浦賀に来航するとのことで、対応策を一日も早く決断してもらいたい。

③この噂は実に容易ならざるものなので御三家をはじめしかるべき大名に「内達」すべきである。

と提案している。海軍創設、対外方針の早期策定、情報の開示は、来航後の幕府の重要施策でもあり、黒田の先見性が読みとれる。

しかし黒田の意見書は、幕府役人への激烈な批判的文言も散見され、阿部から見せられた幕府海防掛は、黒田の意見書を完全に無視したようである。島津は心配して幕府内部の様子を探らせたが、意見書は無視されており「まったくどうしようもない」と徳川斉昭《なりあき》に書簡で嘆いている。

●雄藩連合の萌芽

しかし、この意見書の唯一の写本は、尾張徳川家一四代当主慶勝《よしかつ》の御手許文庫《おてもとぶんこ》に伝わっ

中浜万次郎（一八二七～九八）　ジョン万次郎として知られる。土佐の漁師であったが、天保十二（一八四一）年に出漁中に漂流し、アメリカの捕鯨船に救助される。アメリカで教育を受けた後、自力で帰国。嘉永六（一八五三）年には幕府に出仕し、築地の軍艦操練所の教授をつとめた。万延《まんえん》元（一八六〇）年の遣米使節団に随行の咸臨《かんりん》丸に通訳として同乗した。後、鹿児島や土佐で教授し、明治二（一八六九）年開成学校（のちの東京大学）二等教授となった。

ているのである。また、慶勝は自らの日記の中で黒田の意見書に言及している。このことから、黒田の意見書は、ひとり黒田の個人的な意見の発露ではなく、斉昭や慶勝、斉彬など、後に一橋派と称される政治勢力、すなわち親藩・外様大名などの有力大名連合（雄藩連合）が強力にバックアップしていたことを指摘しうる。

つまり従来の学説では、ペリー来航後にこれら政治勢力が活発に活動し始めたといわれているが、事実は、これらの運動は、ペリー来航直前の、阿部正弘の予告情報の開示から始まったことが指摘できるのである。確かにインパクトとしては実際に来航して目の当たりにした黒船の威容は特筆すべきであるが、これまで海外情報を収集して分析していた雄藩連合は、来航直前には、心の準備ができていたのである。

なおいえば、島津氏は、嘉永六年初頭に渋谷に下屋敷（現、常陸宮邸付近）を入手しているが、これは、ペリー来航時の避難場所を考慮して極秘裏に入手したことが判明している。日本で唯一、実質的な準備をしたのは薩摩藩なのである。阿部も、黒田の意見書にあるように御三家まで情報をリークしたところまではしたのだが、あくまでも「別段風説書」レベルで、バタビア総督公文書、日蘭通商条約草案までは開示していない。ただし、同じ雄藩連合の伊予宇和島《いよううわじま》藩主伊達宗城《だてむねなり》が島津に伝えたところでは、阿部は、江戸の軍備が手薄になるのを慮って、伊達や久留米藩主有馬慶頼《ありまよしより》の参勤交代の帰国を延期するのではないかとしていることから、阿部も来るべき日への心の準備はしていたのである。

ところで、万が一ペリー艦隊が江戸湾に来ることになれば、真っ先に対応するのは、浦賀奉行所の与力・同心である。浦賀には天保《てんぽう》期から長崎のオランダ通詞が詰めており、その知識・情報から、番船（警備船）に「白旗*」を掲げるプランなどを練っていたくらいだから、嘉永五年の秋以降、与力たちは、奉行に対して、噂は本当か、また本当ならば、どのような対応をしたらよいのか糾していたのである。奉行は老中に指示を求めたが、老中阿部の指示は「渡来はない。そう心得よ」というものであった。これは先の長崎奉行牧の情報分析を採用した結果である。しかし、与力らは納得しない。なおも食い下がると奉行は初めて「別段風説書」の情報を開示した。それを見て与力らは「浦賀は外交窓口ではないので、長崎に回れ」という対応でよいか奉行に確認を取っている。

●ペリー来航

嘉永六年六月三日夕刻、黒く巨大な蒸気船二隻と帆船二隻が浦賀沖に姿をあらわした。浦賀奉行所与力《よりき》*中島三郎助《さぶろうすけ》は番船に乗り込み、異国船のうち旗艦サスケハナ号に交渉のためまっすぐ向かったのである。

ペリー側の記録によると日本側通詞が「艦隊がアメリカからやってきたのかどうかたずねたが、そうであることを予期しているようだった」と観察されている。与力らは「オランダ人がかねて言っていた通りではないか。上官の名前、船の数などすべて符合している。ただ四月ごろと言っていたのが六月になったのがちがっただけだ」と悔しがったが、ときすでに遅かった。

しかし、浦賀与力たちの交渉と奉行・阿部老中らの対応は、来航を知っていただけに、従来よりも相当迅速な対応であったことは指摘しておきたい。それから六日後の六月九日には、幕府は、合衆国大統領の親書（アメリカ国書）を受領したのである。

白旗　すでに『日本書紀』において降伏の印としての記述があるが、平氏の赤旗に対して源氏の白旗と対置して用いることもあったので、すべてが降伏の印ではない。十九世紀初頭、ロシアとの紛争が生じた際、長崎のオランダ通詞が商館長にヨーロッパでの交渉の使節がどのような作法で敵に近づくか問い合わせている。一八四四年のオランダ国王の開国勧告により、異国船の来航がより頻繁になると考えた浦賀奉行が、一番船等に使節の印としての白旗を常備するプランを老中に上申した。結果は不可だったが、長崎の知識が浦賀でも共有されていたこと、降伏ではなそして、さらに七月上旬には国書の内容開示と対外政策の意見諮問をおこなう。これは、情報の開示と意見諮問がいかに大事かを、阿部が、ペリー来航直前の黒田の意見書を読んで体得したことによろう。そして、その前提として、成功こそしなかったが、日蘭条約締結のためにオランダが予告情報をリークしたことがあったことを忘れてはならないだろう。

ただし、オランダのこの動きをペリーは事前に十分に予測しており、自らの対日交渉にオランダ商館長を関与させるつもりは一切なかった。十九世紀の西洋諸国の外交とはそういうものなのである。

（岩下　哲典）

【引用文献刊本】

「別段風説書」―岩下哲典『改訂増補版幕末日本の情報活動―「開国」の情報史』（雄山閣、二〇〇八年）

【参考文献】

田保橋潔『増訂近代日本外国関係史』（刀江書院、一九四三年）

加藤祐三『黒船前後の世界』（岩波書店、一九八五年）

フォス・美弥子『幕末出島未公開文書』（新人物往来社、一九九二年）

岩田みゆき『幕末の情報と社会変革』（吉川弘文館、二〇〇一年）

保谷徹『幕末維新と情報』（吉川弘文館、二〇〇一年）

三谷博『ペリー来航』（吉川弘文館、二〇〇三年）

加藤祐三『幕末外交と開国』（筑摩書房、二〇〇四年）

く、使節としての白旗を日本側が認識していたことの証拠として重要な一件である。

中島三郎助（一八二一～六九）浦賀奉行所与力。ペリー来航時には、旗艦サスケハナ号に乗船するなど、使節の応対につとめた。長崎海軍伝習に参加し、築地の軍艦操練所教授方出役などを務め、後進を育成した。戊辰戦争時には、榎本武揚と行動をともにし、蝦夷地に渡海、箱館政権では箱館奉行並に就任した。明治二（一八六九）年、新政府軍との戦争で二人の子どもとともに戦死。

岩下哲典『江戸の海外情報ネットワーク』（吉川弘文館、二〇〇六年）
岩下哲典『予告されていたペリー来航と幕末情報戦争』（洋泉社、二〇〇六年）
松方冬子『オランダ風説書と近世日本』（東京大学出版会、二〇〇七年）
今津浩一『ペリー提督の機密報告書』（ハイデンス、二〇〇七年）
岩下哲典『改訂増補版　幕末日本の情報活動――「開国」の情報史』（雄山閣、二〇〇八年、初版は二〇〇〇年）
田中葉子・岩下哲典「長崎青方文書『浦賀実録』の検討」（『開国史研究』第九号、二〇〇九年）
オフィス宮崎編訳『ペリー艦隊日本遠征記』上下（万来舎、二〇〇九年）
松方冬子『オランダ風説書』（中央公論社、二〇一〇年）

30　道中日記にみる江戸時代の旅

●江戸時代の旅

　江戸時代の庶民は長らく、土地に縛られ、年貢をしぼり取られ、生きるか死ぬかの瀬戸際の生活を強いられてきたとされてきた。だが事実は必ずしもそうではなかった。後述するように、ここ二〇年で飛躍的に進んだ旅研究によって、一定の社会的規制を受けつつも、庶民が自律的に旅をおこなっていたことがわかってきたのである。このことを示すひとつの手がかりが次の史料である。

史　拙寺《せつじ》檀中《だんちゅう》八郎《はちろう》歳三拾八才《としさんじゅうはっさい》ニ而《て》、此度《このたび》神社仏閣《じんじゃぶっかく》諸国修行《しょこくしゅぎょう》のため罷出候《まかりいでそうろう》、其《その》もの切《きり》支丹宗門《したんしゅうもん》胡乱《うろん》ケ間敷《がましき》ものに御座無《ござな》く候、依而《よって》国々関所《くにぐにせきしょ》御番所《ごばんしょ》御気懸《おきがね》無く御通《おとお》シ下《くだし》置《お》かるべく候、若万一病死《もしまんいちびょうし》等《など》仕候《つかまつりそうら》ハヾ其の処《ところ》の御法《ごほう》を以《もっ》て、御取仕舞下《おとりしまいくだ》さるべく候、此方《こなた》へ御届《おとど》けニ及《およ》び申《もう》さず候。　以上《いじょう》

弘化三酉年霜月二十二日　羽州米沢郡十王村曹洞宗《うしゅうよねざわぐんじゅうおうむらそうとうしゅう》

瀧《りゅう》沢《たく》寺《じ》印

国々御関所　処々御役人衆中《しょしょごやくにんしゅうちゅう》

〈白鷹町史〉

　私の寺の檀家八郎は三八歳で、このたび諸国修行の旅に出かけます。この者はキリシタンなど怪しい者ではありませんので、関所・番所をお通しください。もし万が一病死などしましたら、その土地の慣習によって処理してください。

こちらへは届けなくても結構です。

この史料を「往来手形《おうらいてがた》」という。現在でいえばパスポートに近いものである。この文書は全国の関所や橋場《はしば》・舟渡《ふなわたし》などを通過する際身分証明書代わりとなり、無事通行が許可された。これを発行するのは、村役人や檀那寺《だんなでら》であった。檀那寺は寺請制度《てらうけせいど》によって檀家《だんか》の所属宗派を保証する役割を担っており、これが旅の場合も適用されたのである。また「往来手形」には行き倒れた場合の処理の仕方が書かれている場合もあり、通常は倒れた土地の慣習に則って埋葬してもらうよう願うことが多い。つまり、行き倒れたら、故郷ではなくその土地で永遠に眠ることになるのである。こうした文書が登場してきたのには、ようやく旅が庶民にも可能となってきていたという社会的背景がある。

さて戦後新たに登場した研究方法として地方史研究がある。これは戦前の英雄史・政治史中心の歴史を変革し、地方（地域）の歴史から日本史の全体像を描いていこうとするものである。また郷土愛を高らかに歌い上げる戦前の郷土史からの脱却を目指したものであった。それはすなわちそれぞれの地域の歴史が日本（世界）の歴史に照らして普遍なものなのか、特殊なものなのか考察するという基本的かつ科学的な学問姿勢が欠けていたことを反省するものでもあった。

こうした地方史運動のなか、盛んとなってきたのが自治体史の編纂《へんさん》事業である。あわせて旧家《きゅうか》が所蔵する古文書の調査がおこなわれ、蔵に仕舞われ、時にはゴミ同然に扱われてきた大量の古文書に光があてられる時がやって来たのである。これによって、それぞれの地域の歴史を詳細に復元することが可能となった。しかもその古文書の多くは近世以降のものであったため、近世史の研究が格段に進歩することとなった。

●道中日記が書かれた理由

そんな古文書群のなかのひとつに「道中《どうちゅう》日記」がある。これは、旅人自身が記した旅の記録である。この道中日記の出現によって、慶安御触書《けいあんのおふれがき》や女今川《*おんないまがわ》などの往来物《*おうらいもの》に書かれているような「物見参《ものみまい》りはしてはいけない」庶民の像が大きくくつがえることになった。

ではこうした文書が数多く書かれたのはなぜだろうか。嘉永《かえい》元（一八四八）年五月の陸《む》奥国《つのくに》江刺郡《えさしぐん》黒石村《くろいしむら》（現奥州市）の作太郎の道中日記の文末には、

> 史 文政《ぶんせい》八年之年《ねんのとし》鵜木長右衛門殿参宮《うのきちょうえもんどのさんぐう》 仕《つかまつり》 道中記《どうちゅうき》を願上《ねがいあげ》、拙者義持参致《せっしゃぎじさんいた》し嘉永元《かえいがん》申《さるの》年《とし》五月《がつ》十五日相立申候也《にちあいたちもうしそうろうなり》、八月廿《にじゅう》五日《ご》帰宅《きたく》仕候、先大概書記候得共《さきにたいがいかきしるしそうらえども》、紙筆《しひつ》に尽《つく》しかたし、何方之御人様参《いずかたのおひとさままい》り候ても名所掛所御気《めいしょかけしょおき》を付《つけ》て御廻《おまわ》りならるべく候。
> 以上
> 〈「伊勢参宮道中記」〉
>
> 文政八（一八二五）年に伊勢参宮をおこなった鵜木長右衛門の道中日記を頼んで借り、これを持参して嘉永元年五月十五日にこの旅に出、八月二十五日に帰村した。そして帰宅後その概要を記したが、すべてを書き表すことはできないので、参られる方はどなたでも気を付けて名所掛所をお回りください。

との文言が記されている。ここから、道中日記は後世の旅人にとって数少ない情報源であり、一方書き手は、同じ地域の後発の旅人に見られることを十分に意識していたことがわかる。

道中日記には、交通の要衝間の里程《りてい》、宿場での宿屋名、城下町や名所の簡単な紹介、由

女今川 江戸時代の代表的な女子の教訓書。貞享《じょうきょう》四（一六八七）年初版。

往来物 手紙文例集の形態で編纂された初等教科書の総称。近世には約七〇〇〇種出版された。

来・縁起の説明、各地の名物などが書き込まれている。日にちや難所の説明などもあるため、後世の旅人にとって、これほど安心感を与えてくれるものはなかったに違いない。

●旅のルート

しかし道中日記を歴史史料としてみた場合、大きな問題がある。それはすなわち情報量の少なさである。少ないものになると、日にちと地名、宿泊した宿名程度しか記されていないものもある。こうした史料では、ただ単にどこの人がこうした場所を廻ったという事実がわかるにすぎない。では、これを多く集めて分析してみたらどうであろうか。

これによっていろいろと興味深い事実がわかってきた。道中日記のなかでも圧倒的に多く史料が残っているのが伊勢参宮《いせさんぐう》である。そこでまず伊勢参宮の実態が明らかになった。何より大きな特徴として近世の旅人はおおよそ同じルートを辿っていた。東日本から伊勢参宮をおこなう場合、東海道を通って伊勢神宮まで行き、そのまま帰るのではなく、奈良や大坂、京、吉野、高野山などをまわっていた。これに西国三十三番札所巡礼《ふだしょじゅんれい》を兼ねている場合もあった。そして帰路は中山道《なかせんどう》を辿るのが一般的なケースである。しかし往路も帰路もただ真っ直ぐに歩んだわけではない。道から少し外れて久能山《くのうさん》や秋葉山《あきはさん》、善光寺《ぜんこうじ》などに立ち寄ることが当然であった。さらに、十九世紀に入ると、金毘羅《こんぴら》や厳島《いつくしま》、岩国錦帯橋《いわくにきんたいきょう》、出雲大社《いづもたいしゃ》などへ足をのばす人さえあらわれた。また標準的にはおおよそ六〇日から八〇日くらいの旅であった。時期は冬季の農閑期か、田植えと収穫の合間である夏季が多かった。

●荷物回送

道中日記は旅人の実態だけでなく、各所の様相や旅のシステムなどを解明する手がかりとなる場合がある。現在の福島県南相馬《みなみそうま》市鹿島《かしま》あたりの住人が伊勢参宮をおこなった道中日記のうち、東海道近辺の名所鳳来寺山《ほうらいじ》（愛知県新城《しんしろ》市）の部分を抽出すると、

史 門谷《かどや》此處《このところ》ニ而《て》大野屋《おおのや》へ荷物《にもつ》を頼《たのむ》へし、宿引受《やどひきうけ》ニ而心支なし、尤《もっとも》荷物等《など》これあり而八御山《おやま》甚《はなはだ》難所也《なんしょなり》。……鳳来寺《ほうらいじ》上《のぼ》り石段《いしだん》大《おお》難所、峯薬師《みねやくし》御朱印《ごしゅいん》千五百石《こく》也、三重《さんじゅうの》塔《とう》、東照大権現《とうしょうだいごんげん》宜《よろしき》御普請也《ごふしんなり》、其外末社数々《そのほかまっしゃかずかず》、宝物有《ほうもつあり》、案内《あない》ニ尋《たずね》テ開帳《かいちょう》ヲ願《ねがう》べし、少《すこ》し行《ゆき》而行者戻《ぎょうじゃもど》シ、大難所也、下《くだ》り而壱軒茶屋《いっけんちゃや》アリ、此間《このかん》ニ川《かわ》アリ、かちわたし大野峠《おおのとうげ》アリ。

〈「伊勢参宮道中日記」〉

門谷（登山口のひとつ）の大野屋へ荷物を預けると、宿が責任をもって大野（登山口のひとつ）に送ってくれるので心配ない。もっとも荷物などがあっては鳳来寺山はとても大変なところである（以下山内の説明は略）。

たわいもない記述ではあるが、登山口同士で参詣者の便に資するため、荷物の回送がおこなわれていた事実が判明する。他の道中日記の記述を重ね合わせると、ただ荷物を預けるだけで済んだのか、割印《わりいん》の切手のようなものが必要であったのか、金額はいくらだったのか、などの事実が徐々に解明されるだろう。実際、同様な荷物の回送は全国的に、時にはかなり広域におこなわれていたことがわかってきている。このように道中日記は、旅人の主観に基づく記述であるため、逆にさまざまな事実を掘り起こす可能性を秘めている。各地の名産品や菓子屋名、旅籠《はたご》屋名などの記述やその年代によっては、現在の地域社会や観光に貢献することも十分に可能である。

神宮大麻 伊勢神宮が年末に授与する神札。「おおぬさ」ともいう。

●サカムカエ

また下野《しもつけ》国小野寺《おのでら》村（現栃木県下都賀《しもつが》郡岩舟《いわふね》町）延喜式《えんぎしき》内社村檜《むらひ》神社の大宮司《だいぐうじ》寺内義信ら八名が伊勢参宮した際の道中日記では、小野寺村に帰宅した際の様子が描かれている。

史 一《ひとつ》、小野寺村《おのでらむら》壱里半《いちりはん》帰宅《きたく》沙汰聞《さたきこ》へ、謡坂《うたいさか》より段々《だんだん》向迎人迎馬《むかえびとむかえうま》かさり謡坂まで出候《いでそうろう》得共《えども》、乗替《のりかえ》仕《つかまつ》らず、彦二郎《ひこじろう》馬ニ而帰宅仕候、筆子《ふでこ》・取子《とりご》、見明《みみょう》より中妻人々大勢《なかづまひとびとおおぜい》之出向《のでむかえ》に預《あず》かり、見舞《みまい》候事《こと》。……

一、同日《どうじつ》出迎之人々酒肴菓食《しゅこうかしょく》これを振舞《ふるまう》、凡《およそ》三四拾人《じゅうにん》これあり候事。

一、晦日《みそか》二者《は》……三組御尊札御祓《くみごそんふだおはらい》壱枚宛《いちまいずつ》、并名主中《ならびになぬしちゅう》壱枚宛、三右衛門《さんえもん》・佐兵衛《さひょうえ》江《へ》壱枚宛配札《くばりふだ》仕候。

〈「伊勢参宮上京道中日記」〉

小野寺村に帰ると、その旨が伝わり村境の謡坂まで迎えの人が馬を飾って出張ってきたが、彦二郎はそれに乗らず帰宅した。筆子・取子のほか、見明や中妻から人々が大勢出迎えてくれた。この出迎えの人々に酒肴・菓子などを振る舞われたが、およそ三、四〇人いた。翌日には三組、名主中などへそれぞれ札を配った。

いわゆるサカムカエといわれる儀式の様子が記されている。当時旅から戻ってくる人々を村境まで見送ったり迎えたりする習慣があった。そして出迎えるとそこで簡単な酒食の宴を催したりする。また旅をした人は村の代表者であるから、皆の代わりに伊勢神宮から※神宮大麻《じんぐうたいま》を受け取ってきてそれを渡す役目もある。道中日記による事実が、そのほかの史料などとつきあわされていけば、地域ですでに消滅した習俗を再現することも可能である。

さて村には、道中日記だけが残っているわけではない。伊勢に限らず通常遠隔地の寺社に参詣する場合、参詣講《さんけいこう》を結成して、代表者が参詣する場合が多い。なぜそういうことをするかというと、一回伊勢参りをすると数両のお金がかかる。肥沃な土地か否かの地理的条件にもよるが、村によっては個人（家）がこれだけの費用を捻出することは到底不可能である。そこで講などを結成して皆でお金を出し合い、毎年代表者が参詣するわけである。その決め方もさまざまで、順送りであったり、くじ引きであったりで、数年に一度順番がまわってくる仕組みになっている。そこで、この参詣講の講員名簿（この年は誰がおこなった、次の年は誰がおこなったという記録になっている場合が多い）や、代参者に渡す餞別《せんべつ》額を書き上げたもの、など参詣講に関連する史料が見つかっている。あるいは旅先で購入した名所案内の類、絵図、先述の往来手形など雑多な史料によって、面白い事実が判明することもあるだろう。

こうした研究成果によって、想像以上に多くの人々が旅をしていたことがわかってきた。それとともに、旅をすることによって多くの人の知見が広がったことは日本史上大きな意義をもっているだろう。新しい土地を見ることによって、自分の故郷を相対化する。またそれによって郷土への愛着が強まる。心理的なものだけではない。多くの人にとって関心事であった農業技術の伝播に果たした役割も大きい。もちろん薬や暦、芸能、文化においても同じである。

最後に、この分野はまだ始まったばかりである。西日本の道中日記はまだほとんど発掘されていない。また道中日記が残っているのは宝暦《ほうれき》・天明《てんめい》期以降が圧倒的である。これは

「旅の大衆化」によってそうなったのか、もしくは村落において識字率が上がってきたことに起因するのか、紙の普及によるものなのか、まだ解明されていない問題である。

（原　淳一郎）

【引用史料刊本】

最初の史料―『白鷹町史』上巻（一九七七年）

その他―慶應義塾大学図書館所蔵

【参考文献】

新城常三『社寺参詣の社会経済史的研究』（塙書房、一九六四年、新稿一九八二年）

小松芳郎「道中日記からみた伊勢への道のり」（『長野』八四―三、一九八四年）

山本光正「旅日記にみる近世の旅について」（『交通史研究』一三、一九八五年）

小松芳郎「道中記にみる伊勢参詣―近世後期から明治期を通して」（『信濃』三八―一〇、一九八六年）

桜井邦夫「近世における東北地方からの旅」（『駒沢史学』三四、一九八六年）

小野寺淳「道中日記にみる伊勢参宮ルートの変遷―関東地方からの場合」（『筑波大学人文地理学研究』一四、一九九〇年）

桜井邦夫「近世の道中日記にみる手荷物の一時預けと運搬」（『大田区立郷土博物館紀要』九、一九九八年）

高橋陽一「多様化する近世の旅―道中記にみる東北人の上方旅行」（『歴史』九七、二〇〇一年）

原淳一郎『近世寺社参詣の研究』（思文閣出版、二〇〇七年）

あとがき

敗戦からまもない一九四六年六月に刊行された石母田正《いしもだしょう》著『中世的世界の形成』は、戦後歴史学に多大な影響を与えた、というより、今もなお、影響を及ぼし続けている著作として名高い。同書では平安時代から室町時代にかけて、伊賀国南部に存在した東大寺領黒田荘を舞台に、そこで展開された古代的支配者＝東大寺と、中世の担い手＝武士団との戦いの歴史が活写されている。「一つの庄園の歴史をたどりながらそこに大きな歴史の潮流をさぐりたい」という著者の意図がしっかりと貫かれているのである（岩波文庫版）。

ここで『中世的世界の形成』を持ち出したのはほかでもない。同書初版跋《ばつ》において、石母田が「資料の点で多大のお世話」になった人として竹内理三《りぞう》の名をあげており、また別の場でも、竹内から何かと教示をうけたことを、「生涯わすれられないことの一つである」と述べているからである（拙稿「竹内理三」――『20世紀の歴史家たち（5）』二〇〇六年、刀水書房）。竹内といえば、奈良・平安・鎌倉各時代の古文書を収めた『寧楽《なら》遺文』『平安遺文』『鎌倉遺文』全六九巻（索引編等をも含む）の編纂という画期的な大事業を独力で成し遂げたことで知られるが、名著『中世的世界の形成』誕生の陰には、石母田・竹内という二人のすぐれた研究者の学問的交流が存在したのである（石母田・竹内の生年は、各々、一九一二年・一九〇七年である）。

しかも、さらに注目すべきは、同書の中で引用されている一通の史料の解釈をめぐって、両者が真摯に向きあっていることである。その史料とは、室町期の永享十一（一四三九）年、黒田荘側が荘内八カ村の荘民五〇名の連署をもって東大寺に提出した請文《うけぶみ》である。より具体的にいえば、室町幕府の守護が要求してくる、さまざまな課役を、東大寺の尽力によって免れたことを感謝し、その恩を子々孫々に至るまで忘れないこと、また東大寺に対して毎年五〇石の年貢を確実に納入することなどを誓約したものである。

まず石母田は、請文に署名した荘民たちを「黒田悪党またはその後裔」とみなし、この請文の「一字一句に黒田悪党の敗北が刻まれている」と言い切る。黒田悪党とは、鎌倉中期以来、古代的支配者＝東大寺への敵対行動を盛んに行なってきた在地領主層で、黒田荘における中世の担い手＝武士団にほかならない。すなわち石母田は、この請文をもって古代に対する中世の敗北を語り、『中世的世界の形成』の最後を「われわれはもはや蹉跌《さてつ》と敗北の歴史を閉じねばならない」と結んでいるのである。

この石母田の解釈に対し、請文は、「一見黒田荘民が東大寺に屈服したごとくに見える。しかし果してこれが荘民の屈服であろうか」との疑問を呈したのが竹内である(「荘園研究の新展開―石母田正著『中世的世界の形成』―」〈『古代から中世へ(下)』一九七八年、吉川弘文館〉、初出は一九四七年)。竹内が着目したのは、荘民たちが請負った五〇石という年貢の額である。竹内は、これを平安末期に比べて格段に少ない額であるとして、そこから室町期の荘園一般に見られる、荘民側の意向を大きく反映した、村主体の年貢請負い(地下請《じげうけ》)の成立を想定し、請文の提出は東大寺に対する荘民の屈服ではなく、前進を意味するものだと論じたのである。「したがって我々は、蹉跌と敗北の繰返しをもって黒田荘の歴史を閉ずべきではあるまい」という竹内の言葉は重い。のち一九五七年、『中世的世界の形成』が改版された際の「はしがき」で、石母田は竹内の指摘を率直に認め、自身の解釈について、「このような欠陥は古文書の技術的解釈を越えた歴史認識の基本に関することである」とまでいっているが、二人が示した史料への迫り方は、史料解釈の奥深さを学ばせてくれる好例であろう。

さて本書の出版を企画された小径社の稲葉義之氏は、右に紹介してきた竹内執筆の高校日本史教科書に編集者として関わっていたお一人である（最初の出版元は自由書房、のち桐原書店、稲葉氏は後者）。竹内の手がけた教科書の編集を通じて、史料にもとづく歴史教育の大切さを学び、さらに、高校日本史史料集の企画・編集にもあたってこられた氏が、独立後の最初のお仕事として本書を企画されたことは、長年、教科書・史料集等の作成を通じてお付き合いしてきた筆者には、よく理解できるところである。

稲葉氏もまじえての編集委員会での討論によってまとまった、執筆にあたっての共通理解は以下のとおりである。

「歴史」の裏付けとなっている様々な史料も、視点を変えて読み解くと新たな側面がみえてくる。近年の研究により従来の「歴史」の記述が塗り換えられた、あるいは塗り換えられつつある事例をやさしく解説することにより、史料を研究することのおもしろさと歴史研究のダイナミズムを読者に提示する。

本書は、右の趣旨に賛同いただいた執筆者各位の御協力と稲葉氏の励ましのおかげで、ようやく刊行に至ることができた。心よりお礼を申しあげたい。

二〇一一年五月

編集委員代表　樋口州男

【編集委員略歴】

村岡　薫（むらおか　かおる）
一九四七年生まれ。埼玉県出身。早稲田大学大学院文学研究科修士課程修了。現在、拓殖大学教授。
▼『民衆史の課題と方向』（共著、三一書房）ほか。

戸川　点（とがわ　ともる）
一九五八年生まれ。東京都出身。上智大学大学院文学研究科博士後期課程中退。現在、高等学校教諭。
▼『検証・日本史の舞台』（共編著・東京堂出版）、「軍記物語に見る死刑・梟首」（『歴史評論』六三七号）ほか。

樋口　州男（ひぐち　くにお）
一九四五年生まれ。山口県出身。早稲田大学大学院文学研究科博士課程単位取得。博士（文学）。現在、拓殖大学非常勤講師。
▼『中世の史実と伝承』（東京堂出版）、『日本中世の伝承世界』（校倉書房）、『武者の世の生と死』（新人物往来社）ほか。

野口　華世（のぐち　はなよ）
一九七二年生まれ。東京都出身。東京都立大学人文科学研究科博士課程単位取得退学。博士（史学）。現在、國學院大學兼任講師。
▼「中世前期公家社会の変容」（『歴史学研究』八七二号）、「中世前期の王家と安楽寿院」（『ヒストリア』一九八号）、「安嘉門院と女院領荘園」（『日本史研究』四五六号）ほか。

武井　弘一（たけい　こういち）
一九七一年生まれ。熊本県出身。東京学芸大学大学院修士課程修了。現在、琉球大学法文学部准教授。
▼『鉄砲を手放さなかった百姓たち』（朝日新聞出版）ほか。

藤木　正史（ふじきまさし）
一九七九年生まれ。東京都出身。立教大学大学院文学研究科史学専攻博士課程前期課程修了。現在、東京学芸大学附属国際中等教育学校教諭。
▼「内乱と飢饉の中世―歴史研究と歴史教育の接続を試みた授業―」（『歴史地理教育』七七一号）ほか。

【執筆者略歴】

関根　淳（せきね　あつし）
一九七〇年生まれ。茨城県出身。上智大学大学院文学研究科博士前期課程修了。現在、富士見丘中学高等学校教諭。
▼「日本古代政治史研究の射程と方法」（『日本古代・中世史　研究と資料』一八号）、「長屋王の「誣告」記事と桓武朝の歴史認識」（『日本歴史』六六七号）、「国史編纂の資料と作業」（『歴史学研究』八二六号）ほか。

亀谷　弘明（かめたに　ひろあき）
一九六九年生まれ。神奈川県出身。早稲田大学大学院文学研究科博士後期課程史学（日本史）専攻満期退学。博士（文学）。現在、早稲田大学非常勤講師。
▼「古代王権と贄」（『歴史学研究』七八一号）、「上総・安房の古代氏族について」（『千葉史学』五六号）ほか。

皆川　雅樹（みながわ　まさき）
一九七八年生まれ。東京都出身。専修大学大学院文学研究科歴史学専攻博士後期課程修了。博士（歴史学）。現在、専修大学附属高等学校教諭。
▼「九～十世紀の「唐物」と東アジア―香料を中心として―」（『人民の歴史学』一六六号）、「平安期の「唐物」研究と「東アジア」」（『歴史評論』六八〇号）、「「ヒト・モノ・情報」の交流と遣唐使研究」（『東アジア世界史センター年報』三）ほか。

高松　百香（たかまつ　ももか）
一九七三年生まれ。秋田県出身。東京都立大学大学院人文科学研究科博士課程修了。博士（史学）。現在、首都大学東京非常勤講師。
▼「院政期摂関家と上東門院故実」（『日本史研究』五一三号）、「一条聖帝観の創出と上東門院」（『歴史評論』七〇二号）、『王朝人の婚姻と信仰』（共著、倉田実編森話社）ほか。

伊藤 瑠美（いとう　るみ）
一九七六年生まれ。静岡県出身。東京都立大学大学院人文科学研究科博士課程単位取得退学。博士（史学）。現在、東京大学史料編纂所特任研究員。
▼「11～12世紀における武士の存在形態―清和源氏重宗流を題材に―」（『古代文化』五六巻八・九号）、「鳥羽院政期における院伝奏と武士」（『歴史学研究』八三二号）、「白河～後鳥羽院政期の院近臣に関する一考察」（阿部猛編『中世政治史の研究』日本史史料研究会）ほか。

田中 大喜（たなか　ひろき）
一九七二年生まれ。東京都出身。学習院大学大学院人文科学研究科博士後期課程修了。博士（史学）。現在、駒場東邦中学・高等学校教諭。
▼『中世武士団構造の研究』（校倉書房、近刊予定）、『上野新田氏』（編著、戎光祥出版）、「平氏の一門編制と惣官体制」（『日本歴史』六六一号）ほか。

清水 克行（しみず　かつゆき）
一九七一年生まれ。東京都出身。早稲田大学大学院文学研究科博士後期課程単位取得退学。博士（文学）。現在、明治大学商学部准教授。
▼『喧嘩両成敗の誕生』（講談社）、『大飢饉、室町社会を襲う！』（吉川弘文館）、『日本神判史』（中央公論新社）ほか。

松井 吉昭（まつい　よしあき）
一九五三年生まれ。石川県出身。早稲田大学大学院文学研究科博士課程前期修了。現在、都立向丘高等学校教諭、早稲田大学・女子美術大学非常勤講師。
▼『「川」が語る東京』（共編、山川出版）、『暦を知る事典』（共著、東京堂出版）、『木曾義仲のすべて』（共編、新人物往来社）ほか。

櫻井 彦（さくらい　よしお）
一九六四年生まれ。東京都出身。早稲田大学大学院文学研究科修士課程修了。博士（文学）。現在、宮内庁書陵部図書課文書研究官。
▼『悪党と地域社会の研究』（校倉書房）、「『日根荘』の悪党をめぐって」（『中世の内乱と社会』東京堂出版）、「公家政権と神人」（『中世の紛争と地域社会』岩田書院）ほか。

錦 昭江（にしき　あきえ）
一九五五年生まれ。神奈川県出身。東京学芸大学大学院。博士（文学）。現在、鎌倉女学院高等学校校長。
▼刀禰と中世村落』（校倉書房）、『鎌倉歴史散歩』（共編、河出書房）ほか。

田中 暁龍（たなか　としたつ）
一九六一年生まれ。東京都出身。東京学芸大学大学院修士課程修了。博士（史学）。現在、桜美林大学准教授。
▼『近世前期朝幕関係の研究』（吉川弘文館）、「京都所司代就任時の勤方心得とその変容」（『日本歴史』第七三五号）ほか。

山本 英二（やまもと　えいじ）
一九六一年生まれ。長野県出身。國學院大學大学院文学研究科博士課程後期単位取得満期退学。博士（歴史学）。現在、信州大学人文学部教授。
▼『慶安御触書成立試論』（日本エディタースクール出版部）、『慶安の触書は出されたか』（山川出版社）、『〈江戸〉の人と身分　二　村の身分と由緒』（共著、吉川弘文館）ほか。

兼平 賢治（かねひら　けんじ）
一九七七年生まれ。岩手県出身。東北大学大学院文学研究科博士後期課程修了。博士（文学）。現在、盛岡大学・東北学院大学非常勤講師。
▼『東北史を読み直す』（共著、吉川弘文館）、「東北の馬にみる江戸幕府御用馬購入策の変遷」（『日本歴史』七一一号）、「江戸幕府証人制度の運用にみる幕藩関係の展開」（『歴史』一一二輯）ほか。

岩下 哲典（いわした　てつのり）
一九六二年生まれ。長野県出身。青山学院大学大学院博士後期課程満期退学。博士（歴史学）。現在、明海大学ホスピタリティ・ツーリズム学部教授。

▼『増補訂正版　幕末日本の情報活動』（雄山閣）、『江戸情報論』（北樹出版）、『江戸のナポレオン伝説』（中央公論新社）ほか。

原　淳一郎（はら　じゅんいちろう）
一九七四年生まれ。神奈川県出身。慶應義塾大学大学院後期博士課程修了。博士（史学）。現在、山形県立米沢女子短期大学日本史学科准教授。
▼『近世寺社参詣の研究』（思文閣出版）、『江戸の寺社めぐり』（吉川弘文館）、『寺社参詣と庶民文化』（共著、岩田書院）ほか。

小径選書 ❶

再検証
史料が語る新事実　書き換えられる日本史

2011年5月15日　第1刷発行

編著者　村岡薫・戸川点・樋口州男（代表）・野口華世・武井弘一・藤木正史
発行者　稲葉義之
印刷所　株式会社カシヨ

発行所　株式会社 小径社 Shokeisha Inc.
〒350-1103　埼玉県川越市霞ケ関東5-27-17　TEL 049-237-2788

ISBN　978-4-905350-00-2
◎定価はカバーに表示してあります。
◎落丁・乱丁はお取り替えいたします。